Zeit für Mitgefühl

Die wichtigste Übung im Leben

Helmut Kuntz

Zeit für Mitgefühl

Die wichtigste Übung im Leben

Theseus Verlag

© Theseus in J. Kamphausen Verlag & Distribution GmbH, Bielefeld 2012
Layout/Satz: Ingeburg Zoschke, Berlin
Lektorat: Susanne Klein
Umschlaggestaltung: Morian & Bayer-Eynck, Coesfeld, www.mbedesign.de
Abbildung auf dem Umschlag: © Sandra Dionisi, www.sandradionisi.com
Druck & Verarbeitung: Westermann Druck Zwickau GmbH

www.weltinnenraum.de

1. Auflage 2012
Bibliografische Information der Deutschen Nationalbibliothek:
Die Deutsche Nationalbibliothek verzeichnet diese Publikation in der Deutschen
Nationalbibliografie; detaillierte bibliografische Daten sind im Internet über
http://dnb.d-nb.de abrufbar.

ISBN 978-3-89901-541-6

Dieses Buch wurde auf 100 % Altpapier gedruckt und ist alterungsbeständig.
Weitere Informationen hierzu finden Sie unter www.weltinnenraum.de

Inhalt

Vorwort: Für ein richtiges Leben im falschen

Es gibt nur eine Zeit, in der
es wesentlich ist aufzuwachen.
Diese Zeit ist jetzt.

Buddha

Es gibt ein richtiges Leben im falschen! Der Sozialphilosoph Theodor W. Adorno (1903–1969) hat sein berühmtes Bonmot: »Es gibt kein richtiges Leben im falschen« noch zu Lebzeiten korrigiert, nachdem er erkennen musste, wie verheerend sich dessen demotivierende Tendenzen auswirkten. Es eröffnet sich uns ein konstruktives richtiges Leben, selbst im falschen, sobald wir uns darum bemühen und es zu leben versuchen. Ein Weg zu mehr »Richtigkeit« und »Ganzheit« ist ohne Zweifel der Weg des Mitgefühls, und sei noch so viel Beschädigung und Falschheit im Außen.

Sollten Sie nach diesen ersten Zeilen jetzt weiterlesen, dann Achtung: Risiko! Falls Sie nämlich zu den Menschen gehören sollten, die alles im Leben so belassen möchten, wie es ist, die nichts verändern möchten, am allerwenigsten sich selbst, dann sollten Sie dieses Buch umgehend wieder aus den Händen legen. Es ist nämlich kaum möglich, ausführlich über Mitgefühl zu lesen oder zu hören, ohne dass das die erfreulichsten Veränderungsimpulse im eigenen Fühlen und Denken bewirkt, welche ein richtigeres Leben im falschen bestärken.

Nach diesem Hinweis zu den »Risiken und Nebenwirkungen« ist es Zeit für die wichtigste Übung im Leben: Zeit für Mitgefühl! Der Appell ist doppeldeutig. Zum einen meint Zeit für Mitgefühl die Minuten, Stunden, Tage, Wochen oder Jahre, welche sich jeder von uns ganz individuell für sein Sich-Üben in mitfühlender Lebensgestaltung nimmt – oder nicht nimmt und seine Zeit vertut. Zum anderen enthält er die Mahnung, dass es höchste Zeit für kollektives, weltweites Mitgefühl ist, soll die Welt nicht am Fehlen von Mitgefühl, an Krieg, Hass, Anfeindung, Gleichgültigkeit und verbreiteter Unachtsamkeit zugrunde gehen. Allzu viel Zeit bleibt uns als Menschheit da nicht. Höchste Zeit also aufzuwachen.

Höchste Zeit für Mitgefühl. Es gibt tausend gute Gründe, sich selbst, den Mitmenschen und der Schöpfung gegenüber in mehr Mitgefühl zu üben. Sollten 999 dieser guten Gründe Sie persönlich nicht berühren, bleibt ein letztes überzeugendes Motiv, diese Tugend zu entwickeln. Eines kann ich Ihnen nämlich guten Gewissens versprechen: Ein höheres Maß an Mitgefühl bringt ein höheres Maß an Glück in Ihr Leben. Ein höheres Maß an Glück in Ihrem Leben steigert das Glück der Welt. Ein Mehr an Mitgefühl ist in der Tat eine nie versiegende Quelle für Glück im Leben.

»Mitgefühl« – was wollen wir eigentlich darunter verstehen? Ich mache Ihnen einen ersten Vorschlag für eine »Definition«: Nach meinem Verständnis und Empfinden ist Mitgefühl eine ausgeprägte Herzensqualität, die ihrem Wesen nach eine innere feinsinnige Haltung sich selbst, den Mitmenschen, dem Leben und der Schöpfung gegenüber zum Ausdruck bringt. Treue Begleiter des Mitgefühls sind Liebe, Güte und Achtsamkeit. Eine um Mitgefühl bemühte Lebensführung ist von der Logik des vitalen Lebensvollzugs her untrennbar verbunden mit der Frage nach dem Sinn des Lebens: Weshalb und zu welchem Zweck sind wir auf dieser Welt?

Ein Sinn und Zweck unseres Da-Seins auf dieser Welt, wenngleich lange nicht der einzige und tiefgründigste, ist sicherlich das Empfinden von Lebensglück, welches uns als Geburtsrecht quasi in die Wiege gelegt wird. Was jedoch aus unserem Lebensglück wird, dafür sind wir selbst verantwortlich. Und so heißt es schon im Volksmund: »Jeder ist seines Glückes Schmied«, und damit beginnen die Schwierigkeiten, *wie* wir glücklich sein können. Von dem Aufklärer Jean-Jacques Rousseau (1712–1778) stammt der Hinweis: »Jeder Mensch will glücklich werden; um das Ziel aber zu erreichen, müsste er zunächst wissen, was das Glück eigentlich sei.« (1998) Und Henri Bergson (1859–1941), jener so nordisch klingende französische Lebensphilosoph und Literaturnobelpreisträger, relativiert ebenso: Das Wort Glück »wird gewöhnlich verwendet, um ein komplexes und unbestimmtes Phänomen zu beschreiben, eine jener Vorstellungen, die wir Menschen absichtlich unbestimmt gelassen haben, damit jeder Einzelne sie auf seine ureigene Weise interpretieren kann«. (1992)

Haben wir Glück oder sorgen wir für unser Glück? Welch eine Frage! Entweder wir haben Glück oder wir haben keins, aber wie sollten wir für unser Glück selbst aktiv sorgen können? Wir können es doch nicht herbeizwingen. Nein, zwingen können wir unser Glück nicht, aber sicherlich etwas dafür tun. Ganz zweifelsfrei gibt es den Teil des Glücks, den wir haben oder der uns zufällt, und den anderen Teil, für den wir selbst sorgen. Das sind zwei Paar Schuhe und darüber hinaus wieder Fragen unseres Schmiedens und Interpretierens von Glück. Die einen finden, sie haben Glück, wenn sie beim Preisausschreiben oder im Lotto gewinnen. Die anderen empfinden unbändiges, tief von innen kommendes Glück, wenn sie in die Sterne schauen, einem Sonnenaufgang oder -untergang beiwohnen, einen Blick mit einem geliebten Menschen tauschen, dem Fallen von Schneeflocken zusehen oder einen Moment des absoluten inneren Friedens mit sich und der Welt erleben dürfen. Glückserleben ist relativ. Tragisch bloß, wenn wir die Voraussetzung in uns angreifen oder gar zerstören lassen, Glück überhaupt zu empfinden. Doch bei vielen Menschen unserer Kultur hat unsere angeborene primäre Glücksfähigkeit erheblichen Schaden genommen, weil ihnen eine zu wenig Mitgefühl neigende Konsumgesellschaft ihre Empfindungsfähigkeit immer unverschämter und dreister regelrecht abkauft.

Ein Mythos lautet:»Geld macht glücklich.« Das gegenteilige Verdikt behauptet:»Geld macht nicht glücklich.« Können Sie sich mit Geld Mitgefühl oder aufrichtige Liebe kaufen? Die Antwort spricht für sich. Manche Menschen vermeiden aus einem bestimmten Aberglauben heraus oder mit einem weisen Blick auf das Leben, aktiv nach ihrem Glück zu streben, weil das aktive Streben nach Glück das kostbare Gut quasi vertreiben könnte. Wenn uns das Streben nach Glück nicht glücklich macht, dann sollten wir das *Streben* sein lassen, belehrt uns eine buddhistische Lebensweisheit. Folgen wir dem Kern der Weisheit, heißt dies, dass wir jede Erwartung an das Glück aufgeben und loslassen müssen, um befreit von der ideellen Idee des Glücks Beglückung finden zu können, wo wir sie am wenigsten

suchen würden. So befreien wir unser Leben von einem Drang nach
Glück und können in aller Ruhe, mit Gleichmut und Gelassenheit für
ein gutes Nähren unseres Lebens Sorge tragen. Durch dieses gute
Nähren unseres Lebens braucht es in der Folge keinerlei Streben nach
Glück mehr. Stattdessen zielt unser Bestreben darauf ab, unsere Le-
bensfähigkeit zu erhalten und zu schützen sowie das Lebenspotenzial,
mit welchem wir von Geburt an ausgestattet sind, voll zur Entfaltung
zu bringen.

Es mag vielleicht paradox oder befremdlich klingen und ist sicherlich
leichter gesagt als getan, aber wenn wir unser Leben gut nähren,
können wir uns auch entschließen, einfach glücklich zu sein. Das setzt
eine Art innere Erlaubnis voraus. Wir dürfen uns entschließen, einfach glücklich zu sein. Leo Tolstoi (1828–1910), einer der Giganten
der russischen Literatur, formulierte schlicht und ergreifend: »Wenn
du glücklich sein willst, sei!«

Voltaire (1694–1778), der französische Vordenker der Aufklä-
rung, gibt sich den gleichen Auftrag: »Da es sehr förderlich für die
Gesundheit ist, habe ich beschlossen, glücklich zu sein.« Bisweilen
braucht es keinen Vorsatz, keinen entschlossenen Eigenanteil am
Glück. Fügen wir uns in den Lauf der Dinge, fällt das Glück vom
Himmel, es fällt uns zu, besucht uns, ohne dass wir das Gefühl haben,
wir hätten absichtsvoll etwas dafür getan. Beglückung stellt sich am
ehesten ein, wenn wir uns vom zielgerichteten Streben nach Glück
losgesagt haben.

Es spricht viel dafür, sich auf schöne Art vom Glück überraschen
zu lassen. Allerdings spricht genauso viel dafür, nicht bloß auf unvor-
hergesehene Überraschungen zu warten, sondern selbst gut für unser
Glück zu sorgen, indem wir selbstfürsorglich unser Leben nähren.
Eine kleine Kontemplation des zeitgenössischen französischen Philosophen François Jullien über den Ursprung des Nährens legt uns diese
tiefreichende Wahrheit nachdrücklich ans Herz: »Nähren ist das ele-
mentarste, grundlegendste und am tiefsten verwurzelte Wort.« (2006)
Nähren bezeichnet die erste, primäre, allem Leben zugrundeliegende
Tätigkeit, bevor wir überhaupt das Licht der Welt erblicken und ei-
genständig zu atmen beginnen. Nur durch gutes Nähren halten wir

das Vitale in uns am Leben und aufrecht. Dabei gibt es körperliche, geistige und seelische Nahrung. Es liegt in unserer Verantwortung zu unterscheiden, was davon für uns bekömmlich ist und was nicht.

Da trifft es sich gut, dass wir über einen untrüglichen Gradmesser verfügen können: über Mitgefühl. Wer in Geist und Tat mitfühlend mit sich selbst umzugehen versteht, wird jede Form schlechter, unbekömmlicher Lebensnahrung zunehmend aus seinem Leben herauszuhalten wissen. Und auf der Gegenseite wird sich ohne bewusste Anstrengung ein höheres Maß an Glück einstellen. Gut für unser Glück zu sorgen erwächst also aus einem mitfühlenden und achtsamen Gewahrsein dem Leben gegenüber, welches sich der Beglückung öffnet, das Glück aber keinesfalls strebend zwingen möchte. Mit einer für das Glück offenen Haltung von Präsenz und Gewahrsein entdecken wir das kostbare Gut viel zuverlässiger dort, wo es uns begegnen mag.

Tiefes Glücksempfinden hat sehr viel mit unserer eigenen Würde und Wertigkeit zu tun. Akzeptieren wir uns selbst als die Menschen, die wir sind? Bringen wir uns ausreichend Selbstliebe und Mitgefühl entgegen, oder können wir uns selbst nicht ausstehen? Fühlen wir uns wert genug, damit wir überhaupt Glück erlangen dürfen? Sind wir aufmerksam genug für das Leben, um unser Glück auch in den Kleinigkeiten zu erkennen, oder sind wir blind für das Glück in seinem alltäglichen Winken und Wirken?

Wir steigern jedenfalls erheblich unsere Chancen auf das Erleben von Glück und glücklichen Augenblicken, wenn wir unserem Leben gegenüber Mitgefühl und wache Präsenz an den Tag legen. Selbstschädigendes Verhalten in jeglicher Form, wie so viele Menschen es achtlos gegenüber der eigenen körperlichen, geistigen, seelischen und psychischen Unversehrtheit betreiben, lässt Mitgefühl vermissen und ist in keiner Weise unserem Glück förderlich. Indem wir unser Mitgefühl entfalten, können wir umgekehrt gut und aktiv unser Leben nähren und für unser Glückspotenzial sorgen.

Diesen Gedanken konsequent ernstnehmend, dienen alle Anregungen und Übungen in diesem Buch dazu, sowohl das Mitgefühl in Ihrem Leben als auch Ihr Glückspotenzial zu entwickeln. Welche

Mitgefühlsübungen Sie persönlich beherzigen oder umgekehrt mit gutem Grund oder achtlos verwerfen, bleibt Ihrem Gutdünken überlassen. Statt »*Rien ne va plus*«, nichts geht mehr, heißt es also: »*Faites vos jeux*«. Machen Sie Ihr Spiel und versuchen Sie Ihr Glück durch die Entfaltung Ihres mitfühlenden Wesens. Auf diesem Weg glückt Ihnen das Leben.

Unser Erleben von Glück hat auch etwas mit unserem Eingebundensein in bestimmte Lebensumstände zu tun, die uns das Leben erleichtern, erschweren oder sogar verunmöglichen oder zur Qual machen können. Für mich hat eine von Mitgefühl und Achtsamkeit getragene Lebenskultur daher sogar einen ausgeprägt politischen Aspekt, für den auch der doppeldeutige Titel dieses Vorworts steht. Ich möchte mich nämlich ausdrücklich zu der Aussage vorwagen, dass dem gelebten, in die Tat umgesetzten Geist des Mitgefühls die einzig noch verbleibende revolutionäre Sprengkraft innewohnt, welche die Geschicke unserer Welt noch zum Besseren zu wenden vermag. Bislang ist unsere sogenannte Zivilisation jedoch noch Lichtjahre davon entfernt, als Ganzes von den Leitgedanken eines von Mitgefühl geprägten Umgangs mit dem Leben und der Schöpfung durchdrungen zu sein. Folglich ist und bleibt Raum für dieses Buch zum Mitgefühl und für viele weitere Veröffentlichungen zum Thema, bevor der gesellschaftliche Nachholbedarf an dieser Tugend auch nur annähernd gesättigt ist.

Das Sich-Üben in Mitgefühl ist immer ein höchst individueller Prozess. Mitgefühl kommt nicht einfach angeflogen und nistet sich ein. Wir müssen es in uns entdecken, fördern, wachsen lassen und entwickeln. Wer sich jedoch einmal auf diesen spannenden Weg gemacht hat, wird sich ungemein bereichert fühlen in seinem Lebensvollzug. Die Idee zu meiner Version eines Buches über Mitgefühl, über dieses rare Gut in unserer Welt, ist lange in mir gereift und untrennbar an meinen eigenen privaten wie beruflichen Lebensweg gebunden. In meinem Alltag bin ich immer wieder aufs Neue berührt davon, erstaunt, verwundert, bestürzt, wie viele Menschen sich unendlich schwer damit tun, sich selbst gegenüber wirkliches Mitgefühl zu empfinden. Das gilt ganz allgemein für jedermann und jedefrau, besonders aber für Kollegen und Kolleginnen mit helfendem und psychotherapeutischem Hintergrund. Auch in meiner familientherapeutischen Ausbildung spielte Mitgefühl keine herausgehobene Rolle. Erste Einsprengsel, die spürbar an den Geist des Mitgefühls in mir rührten, fand ich im körpertherapeutischen Setting. Mein eigenes Mich-Üben in Mitgefühl mir selbst, den Mitmenschen und der Schöpfung gegenüber besonders befördert hat jedoch das Kennenlernen und Praktizieren von Methodenschätzen aus dem Bereich der Imaginationen. In den letzten Jahren schlägt mein menschliches wie fachliches Herz daher immer stärker für eine Zusammenführung hochwirksamer Methoden aus dem weiten Feld der Körperpsychotherapie, der imaginativen sowie im weiten Sinne spirituell orientierten Arbeitstechniken. Ich sehe darin einen schönen Weg, wie Menschen sich in ihrem Leben heimischer fühlen können. Die Inhalte dieses »Mitgefühlsbuches« sind also aus dem unmittelbaren Leben und Arbeiten erwachsen, weshalb ihnen eine Menge Bodenhaftung innewohnt. Alle Übungen sind problemlos anwendbar, haben unmittelbaren Bezug zum privaten wie beruflichen Alltag, selbst dort, wo sie als geistiges Gut in weitere Zusammenhänge gestellt werden oder sich die Vorstellung hin zu weniger vertrauten Räumen unseres Denkens weitet. Verstehen Sie dieses Buch als eine Art »Sesam öffne dich«, dem Sie täglich ein Kleinod, einen Methodenschatz zur Übung in Mitgefühl entnehmen können, sowohl zur dauerhaften Bereicherung Ihres leiblich-seelischen Wohlbefindens wie auch zur Unterstützung bei der akuten Bewältigung von Krisenzeiten. Denn auch das ist eine Lebenstatsache: Sich in Mitgefühl zu üben bringt zwar auf der einen Seite mit traumwandlerischer Sicherheit ein höheres Maß an Glücksempfinden in unser Leben, ist aber auf der anderen Seite keine Garantie gegen das Erleben von Lebenskrisen, welche mit tiefem Leid und Schmerz einhergehen. Mein eigener Lebensweg ist gesäumt von einer ganzen Reihe schmerzhafter Verluste und Todesfälle. Jeder einzelne ist eine ganz besondere Station auf meinem persönlichen Mitgefühlsweg. Und da schließt sich der Kreis wieder: Je tiefer ausgeprägt die Qualität des Mitgefühls in uns ist, desto hilfreicher und tröstlicher steht sie uns zur Verfügung, um Leid, Schmerz und Krisen in unserem Leben mit größerem innerem Frieden zu bewältigen.

Sie werden im Verlauf des Buches als Leser oder Leserin, als menschliches Wesen aus Fleisch und Blut sowie als Frau oder Mann immer wieder direkt von mir angesprochen. Ihr Mitdenken und Ihr inneres Mitgehen sind ausdrücklich gefragt. Sie werden zum Sich-Üben in Mitgefühl, zur Liebe, zur Achtsamkeit und Selbstfürsorge sowie zum Glück angehalten, ohne dass Sie mit Mühe danach streben sollen. Ich lege Ihnen Mitgefühl in kleiner wie großer Dosierung sowie eine gute Portion Selbstliebe ans Herz, die Sie sich guten Gewissens angedeihen lassen dürfen. Sie werden sich ermuntert sehen, Wertigkeiten in den Kleinigkeiten und Banalitäten Ihrer alltäglich vollzogenen Handlungsabläufe zu überprüfen, in große und edle Gefühle eintauchen, und bei alledem als Ihr eigener Steuermann oder Ihre eigene Pilotin darüber befinden, welches jeweils das für Sie richtige Maß ist.

Mitgefühl ist etwas Ganzes, Umfassendes. Es überwindet Grenzen. Daher folgen die einzelnen Kapitel meines Buches zwar einer inneren Logik des mitfühlenden Denkens. Letztlich entspringt die gewählte Untergliederung jedoch den bewussten Überlegungen meines Denkens, da Mitgefühl bloß willentlich in Einzelteile aufzuspalten ist.

Nach einer Bestandsaufnahme im Hier und Heute, wie mitfühlend oder wenig mitfühlend Sie selbst mit sich und Ihrem Leben umgehen, machen wir uns ein erstes Bild vom mitfühlenden Geist: wo, ob überhaupt und in welcher Form er uns in den Kulturen der Welt begegnet. Ich lade Sie ein, in mein Verständnis von Mitgefühl als »Herzensqualität« einzustimmen und sich darüber zu wundern, wie fröhlich Mitgefühl zu stimmen vermag. Wir schauen, wie sich Mitgefühl sowie unser Gefühl von uns selbst miteinander vertragen und ob uns eigentlich irgendeines der uns geläufigen Welt- und Menschenbilder zu erklären vermag, wieso wir als fühlende Wesen überhaupt zu so etwas Wunderbarem wie Mitgefühl fähig sind. Ich ermuntere Sie, sich groß und erhaben zu fühlen in Ihrer relativen Winzigkeit und sich jeden Tag aufs Neue durch Mitgefühl ins Leben hinein zu gebären.

Die Fülle der konkreten Vorschläge und Methoden zur Verwirklichung von Mitgefühl folgt dem Prinzip der Leichtigkeit. Sie sollen hier schließlich keinen Leistungskurs absolvieren. Ausgewählte Fantasiereisen, imaginative Übungen, heilsame Bilder und Meditationen werden Sie dazu anhalten und Sie konkret darin unterstützen, sich bewusst in Mitgefühl zu üben. Entweder um sich Ihnen als Mensch und Person überhaupt erstmalig in mitfühlender Weise zuzuwenden und anzunähern oder um bereits empfundenes Mitgefühl weiter zu befördern. Darüber hinaus zapfen alle Übungen tiefe innere Kraftquellen an und nähren darüber in ebenso schöner wie gesunder Weise das Leben. Im Extremfall können sie sich sogar als echte Überlebenshilfen bewähren.

Ich werde Ihnen das von mir sehr geschätzte kleine Einmaleins des grundlegenden Mitgefühls ebenso entschieden ans Herz legen wie »aufsteigende« und »tiefer reichende« Übungen, welche Ihnen immer stärker das Herz zu öffnen vermögen. Mitgefühl löst die Ringe und Bänder um unser aller Herz. Da tiefes Mitgefühl auch die Frage nach dem Sinn des Lebens stellt, werden Sie sich beim Lösen dieser Bänder mittendrin finden in den Teilantworten des mitfühlendes Geistes auf diese existenzielle Frage: märchenhaft, sinnlich, poetisch, tragisch, dramatisch.

Falls Sie geneigt sind, dürfen Sie sich in Theorie wie Praxis als »goldener Mensch« wiedererkennen, sich in tiefen Blicken spiegeln und das Rätsel der »liebenden Güte« lösen. Sofern Sie es nicht längst sind, können Sie sich über Mitgefühl endlich mit sich selbst sowie dem Leben im Allgemeinen wie Besonderen versöhnen und sich im Geiste der Versöhnung Ihrem im weitesten Sinne spirituellen menschlichen Kern zuwenden. Mit der Einladung, einen weiten Blick in Ihre eigene Zukunft zu werfen, verabschiede ich Sie gegen Ende aus dem Buch.

Inhalte gehen immer mit Form einher, daher ein paar Hinweise zum Verständnis mancher Formalien im Buch: »Zeit für Mitgefühl – Die wichtigste Übung im Leben« richtet sich an ein breites Publikum aus allen Bereichen der Gesellschaft. Ich schreibe es nicht im Stile eines wissenschaftlichen Fachbuches, wiewohl Sie darin ein paar theoretischere Kapitel finden werden, die Mitgefühl in einen umfassenden Kontext stellen. Persönlich bemühe ich mich so weit als möglich um eine leichter lesbare, flüssige Sprache. Auch gute Unterhaltung ist nichts Anrüchiges. So fließen nach dem Motto: »Vertrautes neu entdeckt« auch Sagen, Märchen, Geschichten und Gedichte in den Text ein. Um dem Thema »Mitgefühl« in all seinen Facetten gerecht zu werden, werde ich wesentlich öfter Gedanken anderer Autoren aufgreifen als in meinen vorigen Büchern. Ich habe in der gedanklichen Auseinandersetzung mit »Mitgefühl« und den Vorarbeiten zu meinem Buch mit offenen Sinnen, Neugier und Wissensdurst selbst viel quergelesen. Unsere westliche Kultur ist äußerst bescheiden in ihren Beiträgen zu Mitgefühl. Diese Geisteshaltung ist eher eine Domäne in der langen Tradition buddhistischen Denkens. Außerdem finden sich versprengte Beiträge zu Mitgefühl im Denken und Wirken unterschiedlicher spiritueller Lehrer, Meister und Heiler. Etliche von ihnen werden vom westlichen Denken kaum ernst genommen geschweige denn gewürdigt. Manche sehen sich eher misstrauisch beäugt oder gar als »Gurus« oder »Sektierer« herabgewürdigt, insbesondere von den Weltanschauungsbeauftragten der großen Amtskirchen. Nichtsdestoweniger sind ihre Anmerkungen zu Mitgefühl wert, geprüft und überdacht zu werden. Ich habe dies jedenfalls vorbehaltlos getan und werde daher auch gelegentlich Autoren anführen, die sich im Diskurs eines »Mainstreams« eher ausgegrenzt sähen. Da ich nicht der Überzeugung bin, die Weisheit mit Löffeln gegessen und den Stein der Weisen gefunden zu haben, mache ich aber die liebsten Anleihen bei der Weisheit von Menschen, denen in Tat und Wort Weisheit, Mitgefühl und Humor aus jeder Pore sprechen. Wo ich andere Autoren namentlich erwähne oder zitiere, gebe ich in Klammern den Autor und das Erscheinungsjahr der zitierten Ausgabe an. Mache ich keine Angabe, leihe ich mir ein Zitat aus dem Fundus des Allgemeinwissens. Ich zitiere auch nicht als Selbstzweck, sondern aus dem Wunsch heraus, Sie und mich in den Zeugnissen von Menschlichkeit und Mitgefühl zu verorten. Das mag Balsam für manch geschundene Seele sein.

Um den *Lesern* und *Leserinnen* meines Buches in der Verwendung von männlicher und weiblicher Schreibweise gleichermaßen gerecht zu werden, behelfe ich mich durch den Kompromiss, mal die weibliche und mal die männliche Form zu benutzen oder möglichst gleichmäßig beide Geschlechter zu berücksichtigen, was die Sätze geringfügig verlängert.

Von innen kommenden Dank und Respekt bringe ich meinen Klienten, Patientinnen und Gruppen entgegen, die ein hohes Maß an Vertrauen und Hoffnung in die gemeinsame Arbeit setzen. Es ist immer eine leise Freude, gemeinsam mit Methodenschätzen zu arbeiten und deren Veränderungspotenzial bezeugen zu dürfen. Außerdem bereichern meine Klienten, Patientinnen, Kurs-, Seminar- und Gruppenteilnehmer über die Jahre hinweg den bereits vorhandenen »Sesam« immer wieder mit neuen überraschenden Erfahrungen. Das ist jedes Mal aufs Neue eine schöne Bestätigung für den Erfindungsreichtum der feinfühligen menschlichen Seele und für die Sinnhaftigkeit der eigenen Arbeit. Diese zwischenmenschlich geteilten Erfahrungen mit den Kindern, Jugendlichen und erwachsenen Männern und Frauen, mit denen sich mein Weg als Realperson, Therapeut und Gruppenleiter kreuzt, sind ein das Leben nährender, immaterieller Lohn meiner Profession. Sie helfen auf schöne Art und Weise den Glauben an das Überleben von Mitgefühl als »Prinzip Menschlichkeit« zu bewahren oder ihn in besonders dunklen Stunden neu auferstehen zu lassen.

Ausdrücklich bedanke ich mich auch beim Theseus Verlag für den Mut, dieses Buch herauszubringen. Andere namhafte Verlage scheuten davor zurück mit der Begründung: »Das Thema Mitgefühl trauen wir unseren Lesern und Leserinnen nicht zu!« Meiner Lektorin bei Theseus, Susanne Klein, gilt ein Dank für die Leichtigkeit in der Zusammenarbeit.

Und nun ebenso viel Erfolg wie Freude beim Verfolgen des einzigen Zieles dieses Buches – nämlich das Wichtigste in Ihrem Leben zu nähren, das Sie sich selbst und anderen entgegenzubringen vermögen: Mitgefühl, ohne das alles nichts ist.

Selbsterkenntnis ist der erste Schritt zur Besserung oder: Wie mitfühlend bin ich mir selbst gegenüber?

ÜBUNG

✳ Bevor Sie sich weiter in das Buch vertiefen, das Ihr Leben verändern kann, nehmen Sie sich bitte einige Minuten Zeit für eine erste kleine Einstiegsübung in Sachen Mitgefühl. Sie vermag mehr zu verdeutlichen als viele Worte.

Lesen Sie zunächst in Ruhe die Schritte 1 bis 3 zur Anleitung der Übung. Führen Sie die Übung anschließend durch. Erst danach widmen Sie sich den Hinweisen zum Sinn und Zweck des Ganzen.

Nehmen Sie dieses Buch und legen Sie es in der Mitte des Raumes, in dem Sie sich gerade befinden, auf den Fußboden. Betrachten Sie es als greifbares Symbol für das Thema Mitgefühl. Befindet sich ein Gegenstand in Form eines Herzens in Ihrer greifbaren Nähe, legen Sie dieses Herz als ein weiteres Symbol für Mitgefühl bitte zusätzlich auf den Einband des Buches.

Überlegen Sie: Wie stehen Sie zu sich selbst und zu Ihrem Leben? Wie mitfühlend oder umgekehrt wenig mitfühlend bis gänzlich achtlos gehen Sie mit sich und Ihrem Leben um? Drücken Sie das Maß Ihres empfundenen oder unterentwickelten Mitgefühls durch Nähe oder Distanz zu Ihrem momentanen Symbol für Mitgefühl aus, also zu dem Buch, das Sie in die Mitte Ihres Zimmers gelegt haben. Dieses Buch mitsamt dem Herzen ist jetzt ihr räumlicher Bezugspunkt. Haben Sie von sich den Eindruck, dass Sie in einem schönen Maße mitfühlend mit sich selbst und Ihrem Leben umgehen, stellen Sie sich entsprechend nahe an das Buch heran. Zweifeln Sie eher an Ihrem eigenen Mitgefühl oder sind Sie sogar der

Überzeugung, derzeit wenig mitfühlend und fürsorglich mit sich und Ihrem Leben umzugehen, stellen Sie sich entsprechend weiter weg. Eine räumliche Begrenzung gibt es nur durch die Grenzen des Raumes, in dem Sie sich während der Übung befinden. Probieren Sie Ihre Position so lange aus, bis Sie das zuverlässige Gefühl haben, am richtigen Platz zu stehen.

Wiederholen Sie die Übung noch einmal, indem Sie sich die Frage stellen: »Wie gut, weniger gut oder sogar schlecht sorge ich für mein Glück?« Sind Sie der Meinung, gut für Ihr eigenes Glück im Leben zu sorgen, stellen Sie sich entsprechend nahe an das Buch in der Raummitte heran. Müssen Sie sich eingestehen, dass es mit Ihrer Sorge um Ihr Glück nicht so gut bestellt ist, positionieren Sie sich entsprechend weiter weg vom Buch.

Nachdem Sie Ihre Nähe oder Distanz zu Ihrem eigenen Mitgefühl reguliert und damit ausgedrückt haben, wie Sie zu sich selbst stehen, wenden Sie sich bitte Ihrer inneren Haltung zum Thema Mitgefühl zu. Sie haben sicherlich eine Fülle von Gedanken, Vorstellungen und Gefühlen in Bezug auf Mitgefühl. Ihre inneren Bilder zeigen sich in einer ganz persönlichen Haltung gegenüber Mitgefühl. Drücken Sie Ihre innere Haltung aus, indem Sie eine konkrete Körperhaltung einnehmen, welche Ihre innere Haltung zu Mitgefühl verdeutlicht. Lassen Sie sich von Ihrer Körpersprache führen. Wenn Sie ein wenig ausprobieren, wird Ihr Körper die Übersetzungsarbeit zielstrebig für Sie ausführen. Sobald sich das Gefühl einstellt, dass Ihre Haltung stimmig ist, frieren Sie Ihre Position ein und verharren darin einen Moment. Nehmen Sie ganz bewusst wahr, was Ihre Körperhaltung ausdrückt, und machen Sie zum Schluss ein inneres Foto von sich selbst. Speichern Sie das Bild detailgetreu im Gedächtnis ab.   ✳

Nun zum Sinn und Zweck der Übung: Wir alle haben unsere ganz eigene Art, wie wir mit uns selbst und unserem Leben umgehen. Die einen bringen sich selbst ein hohes Maß an Mitgefühl entgegen, den anderen ermangelt es in hohem Maße oder vielleicht sogar völlig an Mitgefühl gegenüber sich selbst, und sie gehen infolgedessen weniger selbstfürsorglich oder sogar sträflich nachlässig bis selbstzerstörerisch mit sich und ihrem Leben um. Oft bleibt allerdings gänzlich unreflektiert, wie wir zu uns selbst und zu unserem Leben stehen und weshalb gerade so und nicht anders. Die eingenommene Körperhaltung während der Übung verdeutlicht die innere Haltung unserem eigenen Mitgefühl gegenüber daher oft besser als tausend Worte.

Wie haben Sie Nähe und Distanz reguliert? Hatten Sie Abstand zum Buch über Mitgefühl, weil Sie mit sich selbst wenig mitfühlend schludern, oder waren Sie ganz dicht dran? Haben Sie sich vielleicht sogar auf das Buch gesetzt, weil Sie so mitfühlend und gut mit sich und Ihrem Leben umgehen, dass Sie zwischen die Buchdeckel schlüpfen könnten? Welche Haltung hat Ihr Körper eingenommen? Hatten Sie in mitfühlender Selbstüberzeugung einen festen, sicheren Stand? Oder standen Sie eher geknickt oder verstockt da? Möglicherweise sind Sie gleich ganz in die Knie gegangen vor lauter Erbarmen darüber, wie wenig mitfühlend und schlecht Sie eigentlich mit sich selbst umgehen? Signalisierte Ihr Körper angespannte Unentschiedenheit, weil Sie gar nicht recht wissen, wie das funktioniert mit dem Mitgefühl sich selbst gegenüber? Waren Sie dem mitfühlenden Geist aufmerksam zugewandt und hatten ihn fest im Blick? Oder haben Sie dem Mitgefühl und sich selbst gar den Rücken gekehrt? Haben Sie Ihre Hände vielleicht ruhig und beschützend auf Ihr Herz oder auf Ihren Bauch gelegt, weil Sie sich selbst jederzeit mitfühlend begegnen, sich gut spüren und entscheiden können, was gut und weniger gut für Sie ist? Waren Ihre Hände in Ermangelung von Mitgefühl möglicherweise zu Fäusten geballt, weil Sie ein hohes Maß an Aggression in sich tragen? Hatten Sie Ihre Hände ratlos oder auch trotzig in den Hosentaschen versenkt? Waren vielleicht die Arme in Gleichgültigkeit der Tugend Mitgefühl gegenüber hinter dem Rücken versteckt oder wie eine abweisende Barriere vor der Brust verschränkt? Wollten Ihre Hände fast verzweifelt nach dem Mitgefühl greifen, weil es Ihnen immer wieder entgleitet? Haben Sie sich vielleicht sogar ganz zusammengekauert, weil Sie sich jeglichen Mitgefühls mit sich selbst gar nicht für wert erachten? Wie auch immer Ihre eigene Haltung gewesen sein mag, Ihr Körper spricht in jedem Falle seine eigene, glasklare Sprache. Was auch immer Sie erlebt haben mögen, werten Sie es

nicht. Nicht zu werten ist ein sehr mitfühlender Akt. Nehmen Sie
wahr, nehmen Sie zur Kenntnis. Freuen Sie sich, falls Sie bereits mit
sich zufrieden sein können. Machen Sie sich auf den Weg, falls Sie
berechtigten Anlass dazu sehen. Selbsterkenntnis ist in jedem Falle
der erste notwendige Schritt zu jedweder Veränderung im Sinne von
Besserung.

Nachdem Sie eine erste Übung zum Zwecke der Selbsterkenntnis
durchgeführt haben, hoffe ich, dass Sie nun in die weitere Lektüre des
Buches einsteigen mögen und »Zeit für Mitgefühl« investieren wollen. Im Verlauf der Lektüre werden Sie auf eine Fülle weiterer gezielter Anregungen zu mitfühlender Selbsterfahrung stoßen. Ich werde
Sie als Leser und Leserin unmittelbar zur Kommunikation und Interaktion mit sich selbst einladen. Es ist meine erklärte Absicht, dass Sie
nach der Verinnerlichung der Buchinhalte mitsamt den Erfahrungs-
proben einen deutlich mitfühlenderen Umgang mit sich selbst und
Ihrem eigenen Leben pflegen, und zwar ohne dadurch unter einen
neuen Leistungsdruck zu geraten.

Mitgefühl zwischen den Welten:
Annäherung an einen schillernden Begriff und ein rares Gut

Fühlen Sie bitte mit mir und sich selbst mit und bringen Sie noch ein wenig Geduld auf. Wir können uns nicht Hals über Kopf auf das Mitgefühl stürzen und links wie rechts alles beiseitelassen. Das wäre die falsche Annäherung. Mitgefühl ist schließlich eingebunden in unsere alltäglichen Lebensvollzüge. Bevor ich Ihnen folglich Mitgefühl als Herzensqualität nahebringe, lassen Sie uns bitte zuerst gemeinsam schauen, wie es bislang um das Mitgefühl in unserer Gesellschaft bestellt ist. Welches ist der Geist dieser Tugend, die ich so entschieden als die wichtigste Übung in unser aller Leben bezeichne? Doch denke ich auch, dass es überstürzt wäre, in ein Sich-Üben von Mitgefühl einzusteigen, solange noch gar nicht klar ist, was es da überhaupt zu üben gilt und weshalb. Es wäre also schade, wenn Sie die vorgeschlagene sachte Annäherung an die Tugend Mitgefühl übersprängen, denn so viel Gedankengut zu Mitgefühl zwischen den Welten muss sein. Falls Sie es dennoch vorziehen, umgehend zu den konkreten Übungen vorauszueilen, empfehle ich, die Lektüre der einführenden Gedanken später nachzuholen.

Gebe ich »Mitgefühl« als Suchbegriff ins Internet ein, erhalte ich von Google zwar über 2.610.000 Ergebnisse (im Oktober 2011), aber bereits die Haupttreffer bestätigen die gefühlte Tatsache, dass unsere eigene Kultur zu Mitgefühl bemerkenswert wenig Bedeutsames geschweige Erhellendes zu vermelden hat. Trotz der vielen Einträge scheint Mitgefühl ein äußerst rares Gut zu sein. Wofür auch die überraschende Tatsache spricht, dass der Begriff in der »guten alten«, noch gedruckten Version von Meyers Großem Taschenlexikon in 24 Bänden aus dem Jahr 1981 überhaupt nicht auftaucht. Völlige

Fehlanzeige. Mitgefühl existiert da schlichtweg nicht. Im Internet sieht es nicht sehr viel anders aus. Mitgefühl als eigene Qualität menschlichen Empfindens wird in unserer Tradition kaum thematisiert. Tatsächlich finde ich mich sehr schnell verwiesen auf Ähnlichkeiten oder gar Gleichsetzungen mit dem Kunstwort »Empathie«. Überbordend dagegen sind die Einträge und Verweise zu Mitgefühl bei den Treffern, die dem buddhistischen Welt- und Menschenbild entstammen. Außerdem werde ich fündig bei Quellen der Hindus und den zahlreichen Einträgen über mitfühlendes Denken bei spirituellen Heilern, Lehrern und Meistern unterschiedlichster Herkunft und Bedeutung.

Eine notwendige Klärung:
Mitgefühl ist nicht gleich Empathie

Machen Sie doch bitte ein kurzes Blitzlicht: Was verstehen Sie bislang unter »Empathie«? Sagt Ihnen der Begriff etwas? Ist er vertraut? Oder ist er Ihnen fremd, bleibt er sperrig? Und was verbinden Sie mit »Mitgefühl«? Welches Wort bedeutet Ihnen mehr, und weshalb?

In unserer Alltagspsychologie ist ständig von Empathie die Rede. Frühzeitig gilt es daher, eine notwendige Klärung vorzunehmen, um sowohl Konfusion wie Beliebigkeiten zu vermeiden. Mitgefühl ist in keiner Weise gleich Empathie, selbst wenn noch so viele Wege über Google oder über im weitesten Sinne psychologische wie psychotherapeutische Schriften zu diesem Eindruck führen mögen, weil beide Begriffe unablässig miteinander vermengt oder unterschiedslos gebraucht werden.

Mitgefühl ist nicht lebbar ohne die Fähigkeit zur Empathie. Es ist die absolute Steigerungsform von Empathie. Empathie im Gegensatz kann auch ohne einen einzigen Funken von Mitgefühl funktionieren.

Ganz allgemein verstehen wir unter Empathie »Einfühlungsvermögen«. Es gilt als ein ganz wesentlicher Bestandteil unserer emotionalen Intelligenz, welche der amerikanische Psychologe John D. Mayer sowie seine Mitstreiter definieren als die Fähigkeit »zur akkuraten

Beurteilung und zum angemessenen Ausdruck von Emotionen bei sich selbst und anderen sowie zur Regulation von Emotionen in einer Weise, »die das Leben fördert«. (zit. n. Staemmler 2009) Die Richtung, die der Empathie hier zugeschrieben wird, ist jedoch eine von wohlmeinenden Menschen hinzugedachte. Empathie wohnt nicht per se eine Richtung inne, die das Leben fördert. Denken wir bloß an die Beispiele von Verbrechern und Sadisten, welche sich tief in ihre Opfer einzufühlen vermögen, sie darüber sogar erst zum Opfer erwählen. Sie fördern nicht das Leben durch ihre Fähigkeit zur Empathie. Auch der Heiratsschwindler und oft auch ein Lügner können sich empathisch einfühlen, kennen aber keine Spur von Mitgefühl, welches in der Tat das Ziel verfolgt, das Leben zu fördern. Der empathische Mensch kann sich durchaus als unmenschlich erweisen, sogar mit einem Lächeln auf den Lippen töten, der mitfühlende niemals.

Nehmen wir das Gute in den Blickwinkel, ist es naheliegend, dass wir der Fähigkeit zur Empathie umgehend und fraglos die positive Zielgerichtetheit zuschreiben. So tut es auch Heinz Kohut, einer der großen empathischen und sicherlich auch mitfühlenden Köpfe in der Welt der Psychotherapie und -analyse. Er würdigt die menschliche Fähigkeit zur Einfühlung wie einen unserer Sinne: »Das empathische Verstehen der Erfahrungen anderer menschlicher Wesen ist eine ebenso fundamentale Begabung wie Sehen, Hören, Fühlen, Riechen und Schmecken.« (1979) Er denkt aber ebenfalls eine Richtung dazu und bereits eine große Dosis Mitgefühl hinein. Für den Empfänger des empathischen Beobachtens ist »das annehmende, bestätigende und verstehende Echo«, das ihn in die Wahrnehmungswelt eines anderen einschließt, nämlich wie »eine psychologische Nahrung, ohne die menschliches Leben, wie wir es kennen und schätzen, nicht bestehen könnte«. (1975)

Die »psychologische Nahrung«, welche das Überleben sichert, ist genauer betrachtet das Mitgefühl. Die Vermischung oder Entdifferenzierung von Empathie und Mitgefühl erklärt sich mit dem zeitgenössischen Verständnis beider. Zu Leb- und Schaffenszeiten Kohuts (1913–1981) war in der psychotherapeutischen Welt noch weniger die Rede von Mitgefühl als heutzutage. Als Vordenker hatte Kohut schon Mühe genug damit, sich mit seinem zutiefst humanen Verständnis von Empathie in der therapeutischen Behandlung zu behaupten. Näher am ursprünglichen Verständnis von Einfühlungsvermögen erklärt er es als »Essenz« des »Eintauchens« und Beobachtens: »Empathie ist nicht nur ein nützlicher Weg, der uns Zugang zum Innenleben des Menschen verschafft – die Idee selbst von einem menschlichen Innenleben und damit von einer Psychologie komplexer psychischer Zustände ist undenkbar ohne unsere Fähigkeit, mittels stellvertretender Introspektion – meine Definition der Empathie – zu wissen, was das Innenleben des Menschen ist, was wir selbst und andere denken und fühlen.« (1979)

»Stellvertretende Introspektion« ist für Kohut Empathie. Sich wahrhaft stark für das »menschliche Innenleben« zu interessieren, dafür, »was wir selbst und andere denken und fühlen«, geht schon einen guten Schritt weiter und trägt Züge von Mitgefühl.

Carl R. Rogers (1902–1987), der Begründer der »klientenzentrierten Psychotherapie« definiert Empathie behandlungstechnischer, trotz seiner zwischenmenschlichen Bezogenheit: »Empathisch zu sein bedeutet, den inneren Bezugsrahmen des anderen möglichst exakt wahrzunehmen, mit all seinen emotionalen Komponenten und Bedeutungen, gerade so, als ob man die andere Person wäre, jedoch ohne jemals die ›als ob‹-Position aufzugeben. Das bedeutet, Schmerz oder Freude des anderen zu empfinden, gerade so, wie er empfindet, dessen Gründe wahrzunehmen, so wie er sie wahrnimmt, jedoch ohne jemals das Bewusstsein davon zu verlieren, daß es so ist, als ob man verletzt würde usw. Verliert man diese ›als ob‹-Position, befindet man sich im Zustand der Identifizierung.« (1989)

Das Ringen um wissenschaftliche Anerkennung sowie eine Überbewertung von Behandlungstechniken haben der Psychoanalyse und Psychotherapie, von der sich so viele Menschen eine Heilung oder Linderung ihrer seelischen Nöte erhoffen, von Beginn an Schwierigkeiten im Umgang mit Empathie, spezifischer Einfühlung und vor allem Mitgefühl eingetragen. Das von Sigmund Freud (1856–1939), dem Begründer der Psychoanalyse, beschriebene Verständnis von Einfühlung in den anderen klingt arg naturwissenschaftlich und behandlungstechnisch. Einfühlung bestand für Freud vor allem darin, unsere »primären Sinneswahrnehmungen« sowie »die Leistungsfähigkeit unserer Sinnesorgane« bis aufs Äußerste zu steigern: »Wir haben die technischen Mittel gefunden, um die Lücken unserer Bewußtseinsphänomene auszufüllen, deren wir uns also bedienen wie die Physiker des Experiments. Wir erschließen auf diesem Wege eine Anzahl von Vorgängen, die an und für sich ›unerkennbar‹ sind, schalten sie in die uns bewußten ein.«

Freuds Einfühlung sucht zwar den anderen zu erschließen, doch »das Reale wird immer ›unerkennbar‹ bleiben«. (1940) Als Psychoanalytiker war es Freud über die gesamte Zeitspanne seines Wirkens hinweg wichtig, sich nie mit einem Patienten zu »identifizieren«, indem er die Grenzen seiner spezifischen Einfühlung zu verschieben getrachtet hätte. Nicht nur, dass ein bloßes Erschließen ihm das Ichfremde des anderen nicht unbedingt erkennbar machte. Auch er selbst sorgte gemäß den von ihm selbst erstellten Behandlungsregeln, insbesondere der Abstinenzregel, immer für genügend Distanz und Fremdheit zwischen sich als Realperson und seinen Patienten.

Die über Jahrzehnte wie ein Monopol verfochtenen Regeln der klassischen Freud'schen Psychoanalyse lassen sich zwar aus dem Zeitgeist, nicht jedoch aus dem Geist eines wahrhaft mitfühlenden Mitgehens mit Rat und Hilfe suchenden Menschen ergründen. Sie haben längst nicht nur Gutes und Heilsames bewirkt. Glücklicherweise hat sich in den mittlerweile über hundert Jahren Geschichte der Psychotherapie doch manches bewegt und verändert, obgleich das im Einzelfall nach wie vor nicht bedeutet, dass Hilfe suchenden Menschen über die spezifische Einfühlung von Empathie hinaus von Herzen kommendes Mitgefühl begegnet.

Wo Freud noch von »Abstinenz« und »Fremdheit« spricht, fühlt sich Carl Rogers verstärkt in den anderen ein, betont aber mit der Aufrechterhaltung seiner Gesondertheit und Unterschiedlichkeit den Alsob-Charakter seiner empathischen Einfühlung. Damit steht Rogers beileibe nicht allein. Sich tiefer in Klienten einzufühlen, im aufrichtigen Mitgefühl für sie die eigenen Grenzen zu weiten oder gar zu »transzendieren«, wird im therapeutischen Dialog bis heute eher misstrauisch beäugt oder sogar als risikobehaftet abgewehrt. Zudem ist im traditionellen Verständnis von Empathie eine mitgedachte Richtung enthalten: Der Therapeut oder die Helferin verhält sich empathisch. Der Klient als genauso empathisch empfindendes Gegenüber, welches uns »auf Augenhöhe« begegnen kann, ist nicht selbstverständlich vorgesehen. Empathie geht als aktive Aufmerksamkeit vorzugsweise vom Therapeuten aus und bleibt darüber, ungeachtet zweier Beteiligter, eine Einbahnstraße, welche zum Klienten führt: »Charakteristisch für frühere ... Konzepte von Empathie ist die egozentrische Vorstellung von getrennten Individuen, bei der eines – der Therapeut – etwas zu entdecken versucht, das innerhalb der Haut des anderen – des Klienten – vorgeht ... Als ob sie jeder psychischen Organisation argwöhnisch gegenüberstünden, die nicht auf dem modernistischen Ideal von Individuation beruht, haben Psychologen analytischer, existenzialistischer und humanistischer Tradition ... darauf bestanden, dass Empathie von eher regressiven Prozessen zu unterscheiden sei, die ... ›Verschmelzung‹ genannt werden.« (O'Hara, zit. n. Staemmler, 2009)

Es ist das Verdienst des Gestalttherapeuten Frank Staemmler, dass er dieses traditionelle Konzept von Empathie in mehrfacher Hinsicht erweitert und korrigiert, um einen großen Schritt in Richtung Mitgefühl zu machen. Seine Vorschläge für eine Erweiterung des herkömmlichen Empathieverständnisses bewegen sich auf drei Ebenen:
- Indem er die Einbahnstraße der therapeutischen Gerichtetheit auch in die Gegenrichtung – vom Klienten zum Therapeuten – befahrbar macht, würdigt er die Gegenseitigkeit der therapeutischen Beziehung.
- Empathie ist nicht bloß ein verbales, entkörperlichtes Geschehen. Durch Aktualisierung innerer Erlebniswelten im prozessualen therapeutischen Geschehen wird das empathische Miterleben durch die leibliche Resonanz erweitert. Der menschliche Körper kommt zu seinem Recht.

• Dem postmodernen Menschenbild, welches so stark dem Individu-
  alismus huldigt, setzt Staemmler das Bedürfnis des Menschen nach
  unmittelbarer Verbundenheit gegenüber, welches aus der Isolation
  herausführt.

Vor diesem Hintergrund definiert Staemmler die Einfühlung in der
Psychotherapie neu: »Neben dem, was der traditionelle Empathiebegriff beschreibt, verstehe ich Empathie als eine auf Intersubjektivität
beruhende, sich leiblich vollziehende und gegenseitige Bezugnahme
(im Sinne des *social referencing*) zwischen zwei (oder mehreren) Personen – eine Bezugnahme sowohl auf die Erfahrungswelt der jeweils
anderen Person(en) als auch auf die Situation und deren emergente
Eigenschaften.« (2009)

So abstrakt das im Fachjargon auch klingen mag, so weitet Staemmler meiner Meinung nach doch nicht bloß den herkömmlichen Empathiebegriff, sondern geht gleich noch einen Schritt weiter. Vor allem
durch die Hervorhebung von Bezugnahme und Verbundenheit betritt
er den heilsamen Raum des weit über Empathie hinausreichenden
Mitgefühls.

Mitgefühl im westlichen Denken

Ein recht weit oben angezeigter Eintrag im Internet zum Thema Mitgefühl führt mich als Erstes zu Friedrich Kirchners Umschreibung des
Begriffs in seinem »Wörterbuch der philosophischen Grundbegriffe«
von 1907.

Dort heißt es: »Mitgefühl ist die Nachempfindung fremder Gefühle, welche aus der lebhaften Vorstellung derselben entspringt. Indem
wir uns an Stelle des anderen setzen, empfinden wir dessen Gefühle
nach. Die Phantasie ist also der eine, die Gleichheit der Verhältnisse
der andere Faktor dabei. Das allseitigste und innigste Mitgefühl empfindet z. B. eine Mutter für ihr hilfloses junges Kind in den ersten Le-
bensjahren desselben; später, wenn die Vorstellungskreise des Kindes
und der Mutter sich sondern, empfindet diese weniger lebhaft mit

ihm. Der Kummer weckt leichter unser Mitgefühl als die lebhaft geäußerte Freude. Kinder, Kranke, Mütter sympathisieren lebhaft miteinander. Greise, die sich bei reicher Lebenserfahrung rege Empfänglichkeit bewahrt haben, besitzen viel Mitgefühl. Das monogamische Familienleben entwickelt das Mitgefühl mehr als die Polygamie. Gehen die Vorstellungskreise weit auseinander, so hört das Mitgefühl auf. Der tragische Held muß uns verständlich sein, wenn anders wir mit ihm fühlen sollen. Asketen, Verdüsterte und solche, die durch sehr gute oder sehr schlechte Fügungen isoliert von der übrigen Welt sind, haben selten Mitgefühl. Die kühle Höflichkeit, die nicht auf fremde Vorstellungskreise eingehen will, untergräbt das Mitgefühl. Im ganzen ist das Mitgefühl durch die moderne Kultur gesteigert und zu einer Bedingung wirklicher Bildung geworden.«

Diese Definition des Mitgefühls von Kirchner lebt von den Umschreibungen und den Beispielen. Voraussetzung für das Empfinden von Mitgefühl sind Ähnlichkeiten in den »Vorstellungskreisen«. Gehen diese zu weit auseinander, hört das Mitgefühl nach Kirchners Verständnis auf. Aus heutiger Sicht enthält diese Behauptung eine hochsensible psychische Komponente sowie eine ebenso hochpolitische Implikation: Wie viel Mitgefühl ist möglich für das Fremde in uns selbst sowie das Fremde im Außen mit »Vorstellungskreisen«, welche den eigenen nicht entsprechen? Charakteristisch erweist sich in dieser Definition von Mitgefühl bereits die Betonung, dass der Kummer unser Mitgefühl weitaus stärker weckt als lebhaft geäußerte Freude. Zudem ist Mitgefühl ein Produkt von Kultur und Bildung.

Ausführlich beschäftigen wird uns noch die Richtung des Mitgefühls: In dieser ersten Definition ist es eine »Einbahnstraße«, die als ein Nachempfinden nicht eigener Gefühle zum anderen führt. Ich sehe darin nicht bloß einen Denkfehler, sondern, gewichtiger für unser Thema Mitgefühl, einen »Fühlfehler«, der einer ähnlichen Einseitigkeit entspricht, wie der ursprüngliche, von Frank Staemmler korrigierte Empathiebegriff.

Auf der weiteren Suche nach Mitgefühl leitet mich das Internet frühzeitig weiter zu einer Definition dieser Tugend von Eisenberg und

Miller. Sie ist 82 Jahre jünger als das Verständnis von Mitgefühl im »Wörterbuch der philosophischen Grundbegriffe«. Eisenberg und Miller sehen in Mitgefühl eine »affektive Reaktion, die von der Wahrnehmung des emotionalen Zustandes eines anderen stammt und durch auf den anderen orientierte Gefühle von Betroffenheit und Bedauern charakterisiert ist«. Ohne respektlos sein zu wollen, scheint mir das eine Definition im Geiste eines abstrakten wissenschaftlichen Denkens, die auf Grund ihrer Abstraktion beinahe frieren macht. Im Übrigen zementiert auch dieses Verständnis von Mitgefühl die bereits oben in Frage gestellte »Einbahnstraße«: Mitgefühl stammt ausschließlich von der Wahrnehmung des anderen und ist auf ihn orientiert. An dieser einseitigen Sichtweise hat sich in über 80 Jahren nichts Nennenswertes verändert.

Noch einmal fast anderthalb Jahrzehnte später fügt Daniel Goleman einen neuen Gedanken hinzu (2003): Mitgefühl ist »eine anteilnehmende, tiefempfundene Fürsorge, ein Wunsch, etwas zu tun, um das Leid des Menschen zu lindern«. Dieses Verständnis von Mitgefühl tritt in Aktion. Es fühlt nicht bloß mit, sondern positioniert sich hinsichtlich eines klaren Ziels. Es möchte etwas tun: nämlich das Leid des Menschen lindern; genauer: das Leid des anderen Menschen. Der Fokus liegt eindeutig auf dem Leid, nicht auf etwas Freudigem, das mitgefühlt werden könnte. In dieser Hinsicht bewegt sich Golemans Verständnis von Mitgefühl entlang der Traditionen buddhistischer Sicht dieser menschlichen Tugend. Das ist eine logische Entwicklung, gehört Daniel Goleman doch zu den wichtigsten Emotionsforschern und Wissenschaftlern, welche in einen fruchtbaren Dialog mit dem Dalai Lama eingetreten sind. In der gemeinsamen Blickrichtung auf das menschliche Leid nähern sich der Westen und der Osten in ihrem Verständnis von Mitgefühl an. Durch die angestrebte Linderung von Leid liegt das Ziel des Mitgefühls im Wohlbefinden, oder zumindest in der Besserung der Zustände, welche andere leiden lassen. Die Einbahnstraße ist aber selbst dadurch nicht aufgehoben.

Nicht wesentlich anders sieht es bei Paul Ekman aus, einem weiteren Emotionsforscher im Dialog mit dem Dalai Lama. Ekman bleibt in seiner Begegnung mit dem Oberhaupt des tibetischen Buddhismus zunächst ganz seinem wissenschaftlich kategorialen Denken verhaftet, indem er Mitgefühl abzugrenzen sucht von Emotionen und Stimmungen: »Ein zweiter wichtiger Unterschied zwischen Emotionen und Mitgefühl besteht darin, dass die Emotionen nicht gefördert werden müssen; sie sind ein Teil von uns, der uns von der Natur aus mitgegeben wird. Mitgefühl muss jedoch, wenn es über die unmittelbare Familie hinausgeht, gefördert werden. Die Natur gibt uns nur eine Starthilfe.«

Anschließend nimmt Ekman eine Standardisierung seines Verständnisses von Mitgefühl in vier Punkten vor: »1. Mitgefühl muss gefördert werden, während dies bei Emotionen nicht der Fall ist; 2. Mitgefühl ist, wenn es einmal gefördert wurde, ein bleibendes Merkmal der Person, während Emotionen kommen und gehen; 3. Mitgefühl verzerrt unsere Wahrnehmung der Welt nicht, während dies am Anfang der Refraktärzeit *(das ist die Zeitspanne, bis eine Emotion ihre beherrschende Gewalt verliert, H. K.)* auf Emotionen zutrifft; und 4. beim Mitgefühl ist der Fokus auf die Linderung des Leidens beschränkt.« (Dalai Lama/Paul Ekman, 2009)

Wieder liegt der Fokus auf der Linderung des Leidens. Das ist einmütig geteiltes Denken. Ich werde mir trotzdem erlauben, das traditionelle Verständnis von Mitgefühl weiter unten aus meiner Sicht zu erweitern. Außerdem werde ich später im Kapitel über »Mitgefühl und das Rätsel der ›liebenden Güte‹« beschreiben, wie Paul Ekman durch die Begegnung mit dem Dalai Lama eine bis in seinen innersten Kern hineinreichende Veränderung in seinem Denken und Handeln erfuhr. Dieses Beispiel verdeutlicht nämlich wie kaum ein anderes die bewusstseinsverändernden Wirkungen mitfühlender Präsenz auf uns Menschen. Doch dazu später …

Am meisten Einfühlungsvermögen in das Mitgefühl bringt in der Tradition des westlichen Denkens der Philosoph, Psychoanalytiker und Sozialpsychologe Erich Fromm (1900–1980) auf. Fromm schlägt außerdem als eine der ersten geistigen Größen seiner Zeit die Brücke zu den Traditionen des östlichen Kulturkreises, indem er sich vom Zen-Buddhismus inspirieren lässt. In seinem Verständnis von Mitgefühl klingt bereits viel von der Verbundenheit allen Seins an, die uns als eine unabdingbare Bedingung des mitfühlenden Geistes später noch ausführlich beschäftigen wird.

»Das Wesen des Mitgefühls besteht darin, daß man mit einem anderen ›leidet‹ oder im weiteren Sinn ›mit ihm fühlt‹. Das bedeutet, daß ich ihn nicht von außen als ›Gegenstand‹ meines Interesses oder meiner Anteilnahme betrachte (ein Gegenstand ist ja stets etwas, das ›entgegengestellt‹ ist), sondern daß ich mich in den anderen hineinversetze. Das heißt, daß ich das von ihm Erlebte auch in mir erlebe. Es ist dies eine Bezogenheit nicht des ›Ichs‹ mit dem ›Du‹, sondern es handelt sich um das, was in dem Satz ›Ich *bin* du‹ ausgedrückt ist. Mitgefühl und Einfühlungsvermögen bedeuten, daß ich das, was der andere erlebt, in mir selbst erlebe und daß daher er und ich in dieser Erfahrung eins sind … Die Möglichkeit zu dieser Art von Erkenntnis … setzt natürlich die oben erwähnte humanistische Hoffnung voraus, daß jeder Mensch alle Möglichkeiten von Menschsein in sich trägt … und daß daher im anderen nichts ist, was wir nicht auch als Teil unserer selbst empfinden könnten. Diese Erfahrung hat zur Voraussetzung, daß wir uns von der engen Auffassung freimachen, nur mit denen in enger Beziehung zu stehen, die uns entweder durch Blutsverwandtschaft vertraut sind oder die uns in einem weiteren Sinne nahestehen, weil sie dasselbe essen, die gleiche Sprache sprechen oder das gleiche wie wir für den gesunden Menschenverstand halten. Wenn wir die Menschen auf eine mitfühlende und einfühlsame Weise kennenlernen wollen, so müssen wir uns von den einengenden Bindungen an unsere spezielle Gesellschaft, Rasse und Kultur freimachen und zur Tiefe der menschlichen Realität durchringen, in der wir alle nur noch Menschen sind.« (1968)

Angesichts der menschlichen wie politischen Realitäten in unserer Welt klingen Fromms Äußerungen zu Mitgefühl wie ein hochaktuelles politisches Manifest mit dem ethischen Auftrag zur unbedingten weltweiten Umsetzung.

Es mag stimmig sein für unseren Zeitgeist, verwundern oder betrü-
ben, aber viel mehr als diese angeführten Beiträge zu Mitgefühl gibt
unsere westliche Betrachtungsweise des Mitgefühls nicht her. Zwar
finden sich immer wieder mal vereinzelte und verstreute Anmerkungen zu Mitgefühl in der Philosophie, der Poesie, der Psychotherapie
oder der Medizin, aber fest verankert in unserem Bewusstsein ist Mitgefühl nicht. Der Dalai Lama bietet uns in einem Dialog mit dem
Emotionsforscher Paul Ekman (2009) aber zumindest eine Teilerklä-
rung, weshalb dem so ist: »Mitgefühl war schon immer ein zentrales
Thema im buddhistischen Denken, und auch in anderen Weltreli-
gionen wird sehr viel Wert darauf gelegt; dagegen hat man es erst in
neuerer Zeit zum Gegenstand wissenschaftlicher Untersuchungen
gemacht. Das ist bemerkenswert, aber wenn man berücksichtigt, welchen herausgehobenen Platz das Mitgefühl im spirituellen Bereich
einnimmt, dann scheint es dadurch für wissenschaftliche Untersuchungen als tabu angesehen worden zu sein.«

Erst durch die erwähnten fruchtbaren Dialoge einer wachsenden Zahl
von Emotionsforschern und Wissenschaftlern anderer Disziplinen mit
dem Dalai Lama tritt das Mitgefühl als menschliche Qualität verstärkt in unser Bewusstsein, freilich ohne dass es einen Konsens unter
den Wissenschaftlern gäbe, wie Mitgefühl denn nun zu verstehen und
definieren sei. Unabhängig von Diskussionen im Geiste westlicher
Abstraktion, ob Mitgefühl denn nun eine Emotion oder ein Gefühl
oder etwas ganz anderes sei, bleibt zu wünschen, dass es am Ende
eines langen Prozesses hoffentlich den Platz im Fühlen, Denken und
Handeln der Menschen auf der Erde einnehmen wird, der ihm fraglos
gebührt.

Einen winzigen Schritt auf dem langen Weg der Veränderung gehen
zwei neuere Bücher, die aus psychotherapeutischer Sicht den Blickwinkel zu weiten und den Stellenwert von Mitgefühl zu erhöhen suchen. Im Gefolge der Achtsamkeit beschreiben sie Mitgefühl als eine
wesentliche Qualität der menschlichen Seele (Reddemann 2011; Red-
demann/Wetzel, 2011).

Mitgefühl in der Tradition des buddhistischen
Welt- und Menschenbildes

Das einzig gültige buddhistische Welt- und Menschenbild existiert nicht. Auch der Buddhismus hat sich über die Jahrhunderte hinweg durch mündliche wie schriftliche Überlieferungen in unterschiedliche Linien, Wege und konkurrierende Strömungen aufgegliedert. Mag ihr Weg zum Heil, zum Glück, zur Erleuchtung auch verschieden sein, im herausgehobenen Verständnis von Mitgefühl sind sich alle buddhistischen Traditionslinien weithin einig. In erster Linie ist Mitgefühl demnach »die eigentliche Essenz eines spirituellen Lebens und die Hauptpraxis derjenigen, die ihr Leben der Erlangung der Erleuchtung widmen«, wie es auf der offiziellen Internetseite der Internationalen Union des Neuen Kadampa-Buddhismus heißt. In zweiter Linie ist Mitgefühl im Wesentlichen »ein Geist, der durch die Wertschätzung anderer Lebewesen motiviert ist« und den dringlichen Wunsch verspürt, dass andere von ihrem Leiden befreit sein mögen. Das Mitgefühl, der Blick ist auf die anderen gerichtet. Die Linderung des physischen oder psychischen Leidens der anderen in der Welt ist aus buddhistischer Sicht ein unaufhörlich anzustrebender mitfühlender Akt, doch das Ziel besteht letztendlich in der Aufhebung allen Leides, das durch den ewigen Prozess der Wiedergeburt, den sogenannten Samsara, immer wieder und wieder neu entsteht. Der Glaube an Wiedergeburt, an Reinkarnation ist im Buddhismus weit verbreitet. Dem westlichen Denken, vor allem dem der kognitiven Naturwissenschaften, ist er eher fremd, gewinnt aber zunehmend an Zustimmung bei Menschen aller Schichten, welche nach dem Sinn ihres Da-Seins über den Tod hinaus fragen. In Mitgefühl üben können wir uns allerdings auch ohne den Glauben an Wiedergeburt.

Da Mitgefühl im westlichen Denken erst in jüngster Zeit das Interesse der Menschen beflügelt, besteht für den Dalai Lama, der in der Weltöffentlichkeit als geistiges Oberhaupt des tibetischen Buddhismus hohes Ansehen genießt, ein noch zu lösendes Problem darin, »dass die Menschen, obwohl sie Mitgefühl meistens auch für etwas sehr Wertvolles halten, ein recht naives Verständnis von Mitgefühl haben. Aber die Menschen spüren vielleicht auch, dass es sich um einen edlen Wert handelt. Wir müssen den Menschen ein tieferes Verständnis von Mitgefühl vermitteln, das auf der Würdigung seiner Notwendigkeit und seines Werts beruht.« (2009)

Im Buddhismus findet sich fraglos die längste Tradition in Bezug auf Mitgefühl. Dabei besteht Einigkeit darüber, dass sich Mitgefühl oder liebevolle Güte nicht spontan und ohne eigenes Zutun entwickeln, sondern sich erst durch Schulung und Einübung entfalten. Die Förderung des Mitgefühls ist ein feinsinniger Entwicklungsprozess. Aus heutiger Sicht möchte ich hier präzisieren, dass dies nicht bloß den individuellen Bewusstseinsprozess einzelner Menschen meinen kann, sondern auch die Bereiche Gesellschaft, Wirtschaft und Politik einschließen muss, wofür heutzutage exponierte Vertreter eines engagierten Buddhismus eintreten.

Die Grundlage für Mitgefühl bei allen Menschen ist das gemeinsame Mensch-Sein oder unsere »Mitgeschöpflichkeit«, eine zwar ungebräuchliche, aber wie ich meine schöne Begrifflichkeit, welche der Dalai Lama (2009) für unsere gemeinsame Verbundenheit schuf.

In der philosophischen Tradition des Buddhismus einschließlich der seiner Linien und Wege werden verschiedene Verwirklichungsstufen des Mitgefühls beschrieben und geübt. Auf der ersten Stufe wird unter Mitgefühl, ähnlich der Empathie, das Einfühlungsvermögen verstanden, welches befähigt, sich in andere hineinzuversetzen, ihre Gefühle nachzuempfinden oder ihr Leid bis zu einem gewissen Grad zu teilen. Für Buddhisten ist es eine Lebensaufgabe, diese Fähigkeit so weit fortzuentwickeln, dass das Mitgefühl nicht nur ohne jeden Aufwand in Erscheinung treten kann, sondern dass es zugleich bedingungslos ist, keine Unterschiede macht und allumfassend ist. Darüber erwächst ein Gefühl der Nähe zu allen anderen Lebewesen, wobei Buddhisten nicht müde werden zu betonen, dass dazu selbstverständlich auch all jene zählen, die sich uns eher wenig freundlich gesinnt zeigen oder uns sogar wehtun. Diese Gelassenheit, der Gleichmut allen Lebewesen gegenüber ist aber noch nicht die letzte Stufe der Entwicklung. Der Dalai Lama nennt sie »das Sprungbrett zu einer noch größeren Liebe« (2000), zur höchsten Stufe des Mitgefühls, welche im tibetischen Buddhismus das »Große Mitgefühl« genannt wird. Als »allumfassendes Mitgefühl« ist es das Herz des Mahayana-Buddhismus, einer der beiden großen Schulrichtungen des Buddhismus, die sich vor allem dadurch auszeichnet, dass sie allen Wesen den Weg zur Erlösung öffnen möchte. In diesem allumfassenden Mitgefühl ist die Empfänglichkeit für das Leid anderer in einem Maße gesteigert, dass es einen mitfühlenden Menschen veranlasst, sich ganz und gar dem anderen zu widmen, indem er sich für dessen Leid ganz bewusst öffnet und ihm hilft, sowohl das Leid selbst als auch dessen Ursachen zu überwinden. Der Dalai Lama betont aber zur Entlastung von Menschen mit begrenztem Mitgefühl, dass kein Normalsterblicher diese höchste Stufe des Mitgefühls erreichen muss, um ein ethisch stimmiges Leben zu führen. Sonst könnte das bedingungslose Mitgefühl, selbst wenn wir es bloß als Ideal betrachteten, etwas Entmutigendes haben. Haben doch die meisten Menschen schwer zu kämpfen, um auch nur den Punkt zu erreichen, an dem es ihnen nicht mehr schwerfällt, die berechtigten Anliegen anderer den eigenen Interessen gleichzusetzen. Der Dalai Lama gesteht sogar immer wieder ein, dass er selbst als buddhistische Heiligkeit mit dem Anspruch des großen, allumfassenden Mitgefühls zu kämpfen hat.

Wir Menschen westlicher Prägung sind in aller Regel keine besonders geübten Praktizierenden der buddhistischen Logik oder Ethik des Mitgefühls, selbst wenn wir mit dem Welt- und Menschenbild des Buddhismus sympathisieren oder uns ausdrücklich damit identifizieren. Dennoch gereicht es uns zu unserer menschlichen Ehre wie zu unserem Glück, uns in Mitgefühl zu üben und auf dem Weg des Mitgefühls so weit voranzuschreiten, wie es uns irgend möglich ist. Wer den Geist des Mitgefühls erst einmal in sich entdeckt und geweckt hat, wird diese Tugend konstant und dauerhaft weiterentwickeln. Der entscheidende Schritt ist, dass wir dem Mitgefühl erlauben, einen Raum in unserem Bewusstsein einzunehmen. Danach wächst und gedeiht es.

Matthieu Ricard, dieser prominente französische »Botschafter« des Buddhismus, der in jüngster Zeit wiederholt der wissenschaftlichen

Erforschung von Mitgefühl und Meditation seine unschätzbaren Dienste erwiesen hat, ermutigt denn auch: »Sobald das Mitgefühl Bestandteil deines Bewusstseinsstroms geworden ist, musst du es nicht mehr jedes Mal wieder neu erzeugen und aufrechterhalten.« (Singer/ Ricard 2008) Das Schöne am Mitgefühl ist nämlich obendrein, dass es sich dabei um ein Gut handelt, das nicht wie ein »Bodenschatz« verbraucht werden kann, sondern das sich im Gegensatz unerschöpflich vermehren lässt. Es wohnt ihm quasi eine Tendenz zur Selbstausdehnung inne. Und so schreibt Sogyal Rinpoche, einer der großen lebenden tibetisch-buddhistischen Weisen und Lehrer: »Mitgefühl ist das wunscherfüllende Juwel, dessen Strahlen in alle Richtungen dringen.« (2004)

Der Dalai Lama empfiehlt uns, Mitgefühl in einem menschlichen Normalmaß zu üben, und erklärt dazu: »Mit Liebe und Freundlichkeit und Mitgefühl schlagen wir eine Brücke des Verstehens von uns zum anderen. Und auf diese Weise gelangen wir zu Einheit und Harmonie.« (2000)

Weiter betont der Dalai Lama: »Mitgefühl und Liebe sind kein Luxus. Als Quellen des inneren wie äußeren Friedens sind sie von grundlegender Bedeutung für das weitere Überleben unserer Art. Auf der einen Seite ermöglichen sie gewaltloses Handeln, und zum anderen bringen sie alle geistig-spirituellen Qualitäten hervor: Vergebung, Toleranz und all die anderen Tugenden. Darüber hinaus sind sie es, die unseren Handlungen Sinn geben und sie konstruktiv werden lassen. Eine gute Ausbildung allein hat nichts Sensationelles an sich, auch Reichtum als solcher nicht. Erst wenn der Betreffende ein großes Herz hat, erweisen sich diese Eigenschaften als wertvoll.«

Für Menschen unseres Kulturkreises heruntergebrochen auf ein einfaches, ganz lebensnahes Verständnis fasst Matthieu Ricard das Ziel von Mitgefühl und seinem Begleiter Weisheit zusammen als das Bestreben, »echtes Glück und ein gutes Herz zu erlangen. Das kann man als das Ziel des Lebens ansehen.« (Singer/Ricard 2008)

Quellen des Mitgefühls im technischen Zeitalter: Spirituelle Vordenker

Bei meiner Suche nach weiteren sowohl sprudelnden wie ernstzuneh-menden Quellen zu Mitgefühl springt umgehend wieder ins Auge, dass es kaum konzentrierte Aussagen aus unserem westlichen Kultur-kreis zu dieser menschlichen Tugend gibt. Falls doch, sind sie zumeist gespeist aus spirituellen, esoterischen oder New-Age-Quellen, welche nicht für alle Menschen in gleichem Maße konsensfähig sind. Ge-meinsam müssen wir jedoch dafür verantwortlich zeichnen, dass un-sere vornehmsten Wissenschaften vom Menschen bescheiden wenig zu Mitgefühl beizusteuern wissen. Sehen wir es als Symptom und als Anlass, ein Mehr an Mitgefühl zu entwickeln, und lassen wir inzwi-schen weitere Zeugnisse von Menschen sprechen, welche uns Mitge-fühl zu lehren suchen.

Osho (1931–1990) nennt Mitgefühl »Die höchste Blüte der Liebe«. (2006) Osho ist vielen Menschen noch besser bekannt unter seinem früheren Namen: Bhagwan Shree Rajneesh, kurz Bhagwan. Seine orangefarben gekleideten Sannyasins waren zur Hochzeit seines Wir-kens allgegenwärtig. Mit »Osho«, einem Titel aus dem Zen-Bud-dhismus, wurde er erst in seinem letzten Lebensjahr angesprochen. Er gilt sicherlich als einer der schillerndsten und umstrittensten spiritu-ellen Lehrer der letzten Jahrzehnte. Wer ihm distanziert gegenüber-steht, mag nichtsdestoweniger sein nahezu poetisches Verständnis von Mitgefühl gelten und auf sich wirken lassen. Darüber hinaus gäbe es ohne »Bhagwan« oder »Osho« einige der berühmtesten Alben der Musikgeschichte nicht: von Carlos Santana, John McLaughlin und vielen weiteren Größen, die sich durch Bhagwans Worte und Wirken inspiriert fühlten.

Für Jiddu Krishnamurti (1895–1986), einen der weltweit anerkann-testen spirituellen Lehrer indischer Herkunft, ist Mitgefühl ein umfas-sendes großes Gefühl: »Mitgefühl bedeutet Leidenschaft für alle.« (2000) Weiter lehrt er: »Mit-Leiden bedeutet, Leidenschaft für alle Dinge zu haben, nicht nur die Leidenschaft zwischen zwei Menschen, sondern für die ganze Menschheit, für alle Wesen auf der Erde, Tiere, Bäume, alles, was die Erde trägt.« (2001) Da er »Leidenschaft für alle« aber bereits Mitgefühl nennt, ist »Mit-Leiden« fast gleich oder sogar identisch mit Mitgefühl. Mitgefühl ist für Krishnamurti das tragende menschliche Gefühl überhaupt, die Basis für »das Wahrnehmen der Ganzheit und Einheit des Lebens. Das ist nur möglich, wenn Liebe und Mitgefühl da sind«. Und er präzisiert weiter, dass nur die Qualität des Mitgefühls den Menschen überlebensfähig erhalte: »Nur wenn Mitgefühl da ist, existiert jene Intelligenz, die der Menschheit Sicherheit und Stabilität, ein ungeheures Gefühl der Stärke gibt.« (2000a) Aus diesen engagierten Worten dürfen wir herauslesen, dass Mitgefühl nicht bloß eine zutiefst menschliche und spirituelle Kraft ist, sondern obendrein eine von existenzieller Notwendigkeit, und zwar umso mehr, als Krishnamurti einer der radikalsten spirituellen Freidenker der Neuzeit ist. Er stellt den Menschen in die »vollkommene Freiheit«, überantwortet ihm aber gleichzeitig die Verantwortung, dieser Freiheit durch die Kultivierung von Mitgefühl gerecht zu werden.

Fast alle großen Menschen, die als spirituelle Lehrer, Meister oder Heiler wirken, haben ihre Anhänger und Befürworter sowie ihre Gegner, Kritiker oder Spötter. Nicht anders verhält es sich bei Sri Chinmoy (1931–2007), der als Philosoph, spiritueller Lehrer und Künstler fernöstlicher Herkunft und Prägung in Erscheinung trat. Im Zentrum seines mitfühlenden Denkens und Wirkens steht »das spirituelle Herz« als Wohnsitz der menschlichen Seele. Sein spiritueller Pfad ist der »Weg des Herzens«. Hohe Anerkennung wurde Sri Chinmoy zuteil, als er 1970 auf Einladung und Ermunterung des damaligen UNO-Generalsekretärs U Thant die Friedensmeditationen am Sitz der Vereinten Nationen in New York ins Leben rief. In seinem Verständnis von Mitgefühl beleuchtet Sri Chinmoy das Verhältnis von wahrem Mitgefühl ohne Hybris und Mitleid, welches auch in der buddhistischen Praxis in Mitgefühl eine entscheidende Rolle spielt.

In »Schwingen der Freude« (2006) lesen wir: »Mitgefühl und Mitleid sind ein spiritueller Magnet, der uns zu anderen Menschen hinzieht. Wenn wir Mitleid und Anteilnahme empfinden, sehen wir, dass bereits ein innerer Magnet am Werk ist. Mitleid basiert auf unserem mitfühlenden Einssein. Wenn mein Knie schmerzt, lege ich meine Hand darauf und empfinde Mitgefühl für mein Knie. Warum? Weil mir bewusst ist, dass mein Knie ein integraler Bestandteil meiner eigenen Existenz ist. In ähnlicher Weise entwickeln wir sehr leicht Mitgefühl, wenn wir unser Einssein mit jemandem fühlen. Wenn wir das Leiden eines anderen Menschen als unser eigenes empfinden, wenn wir gewillt sind, uns als einen Teil im Leben des anderen zu sehen, dann kommen unser Mitleid, unser Mitgefühl, unsere Anteilnahme und andere göttliche Eigenschaften unmittelbar zum Vorschein.

Im Allgemeinen ist mit dem sogenannten Mitgefühl, welches ein Mensch für einen anderen empfindet, ein Gefühl von Getrenntsein und Unterlegenheit verbunden. Derjenige, der meint, Mitleid zu empfinden, fühlt sich überlegen; derjenige, der dieses Mitleid empfängt, fühlt sich unterlegen. Manche Menschen wollen uns das Gefühl geben, dass sie reiner und spirituell stärker sind als wir. Sie glauben, uns Mitgefühl zu schenken, doch in Wirklichkeit haben sie gar kein Mitgefühl.

Wahres Mitleid entspringt nicht einem Gefühl der Überlegenheit, sondern dem Gefühl des Einsseins. Wenn das Gefühl des Einsseins vorhanden ist, wird darin alles Göttliche, Inspirierende, Erleuchtete und Erfüllende ebenfalls anwesend sein. Wahres Mitleid oder Mitgefühl schließt all unsere guten Eigenschaften in sich ein: unser Wohlwollen, unsere selbstlose Hingabe, unsere Bereitschaft und Bereitwilligkeit, der Menschheit zu dienen. All diese Eigenschaften werden wir zum Vorschein bringen, wenn wir Einssein mit anderen Menschen fühlen.«

Mag die spirituell inspirierte Sprache Sri Chinmoys auf Anhieb vielleicht nicht jedermanns oder jederfraus Sache sein, so gehen aus seinen dem Herzen entspringenden Worten zwei wesentliche Aspekte hervor: Mitgefühl bedeutet in letzter Konsequenz tiefe Verbundenheit bis hin zum Einssein mit anderen Menschen, und Mitgefühl und Mitleid stehen hier und im Verständnis zahlreicher Menschen so eng zusammen, dass sie wie miteinander verbacken erscheinen. Es ist jedoch von ungemein großer Bedeutung für ein »fühlendes Herz« und einen

»mitfühlenden Geist« sie sauber auseinanderzuhalten, weshalb ich den gewichtigen Unterschieden im Buch ein eigenes Kapitel gewidmet habe (siehe ab S. 149).

Aus jüngster Zeit möchte ich noch Gregg Braden (2009) mit seiner Sicht auf Mitgefühl zu Wort kommen lassen. Braden, der von Beruf ursprünglich Geowissenschaftler und Raumfahrtingenieur war und in New Mexiko in den USA lebt, präsentiert sich heute als spiritueller Führer. Seine grundlegenden Aussagen zu Mitgefühl vermag ich uneingeschränkt zu teilen, die Gesamtschau seiner esoterischen Lehre weniger. »Mitgefühl« gehört für Gregg Braden zu den Wörtern, welche »die Einfachheit des Zulassens und Seins anstelle von Machen und Tun vermitteln« können. Als »Geburtsrecht« ist Mitgefühl »die lebendige Erinnerung an unsere Verheißung des Lebens« sowie der Schlüssel für unser Erwachen und für die Veränderung: »Mitgefühl ist ein Bewusstsein, zu dem du wirst, nicht etwas, was du gelegentlich tust«. In unserem mitfühlenden Bewusstsein »finden wir Richtlinien dafür, wie wir mit den Gaben des täglichen Lebens umgehen können«. Unser logisch denkender Verstand muss im Lebensvollzug des Alltags durch die »größere Weisheit des Herzens ausgeglichen werden«, welche das Mitgefühl darstellt. Da Braden zu Recht darauf verweist, wie sehr unsere im Denken enge Kultur »Gleichungen, logische Gedankenfolgen, beweisbare Konzepte und Definitionen von Mitgefühl« fordert, bietet er, abgeleitet von der »Weisheit des Herzens«, als Grundlage für die Diskussion um Mitgefühl Folgendes an: »Mitgefühl kann definiert werden als eine spezifische Qualität des Denkens, des Fühlens und der Emotion. Denken, ohne dem Ergebnis verhaftet zu sein. Fühlen, ohne die Verzerrung durch vorgefasste Meinungen. Emotion ohne Polarität.«

Aus der spezifischen Qualität des Mitgefühls leitet er anschließend, ähnlich wie im engagierten buddhistischen Denken, den ethischen Imperativ des Mitgefühls zur Einmischung ab: »Mitgefühl ist keine Einladung zur Tatenlosigkeit oder Selbstgefälligkeit. Es ist keine Entschuldigung, um sich faul hinzusetzen und den Ereignissen ihren Lauf zu lassen, ohne sich einzumischen. Zu Mitgefühl zu werden bedeutet, ganz in die Erfahrung des Lebens einzutauchen, was auch immer das Leben gerade bereithält, ohne es zu bewerten. Es ist vielleicht deine größte Aufgabe in diesem Leben und gleichzeitig das größte Geschenk, das du dir selbst und anderen machen kannst ... Das Leben ist jedem einzelnen von uns geschenkt! Wir sind aufgefordert, uns entsprechend zu verhalten, uns für alles Leben einzusetzen, unabhängig von dem Ausmaß an Unrecht oder Gewalt, das es bedroht.«

Gestolpert bin ich bei meiner Suche nach Mitgefühl noch über die eigene Verwunderung, es nicht dort zu finden, wo ich es mit am ehesten vermuten würde: In der weltberühmten »Autobiographie eines Yogi« von Paramahansa Yogananda (1950) findet sich das Mitgefühl nur ganz am Rande in Halbsätzen und Fußnoten wieder. Ich erkläre mir diese bemerkenswerte Tatsache vor dem positiven Hintergrund, dass diese Tugend in der hinduistischen Lebensphilosophie und Religion so selbstverständlich vorhanden ist, dass sie kaum mehr der ausdrücklichen Erwähnung bedarf.

Mitgefühl als Herzensqualität oder:
Mich wundert, dass ich so fröhlich bin

Keine Religion, keine Philosophie, kein Welt- oder Menschenbild kann den Anspruch auf ein Monopol auf das einzig wahre Verständnis von Mitgefühl erheben. Jeder Mensch geht seinen eigenen Lebensweg, auch den Weg zum Mitgefühl, falls er ihn denn überhaupt beschreitet.

Mein Weg zu Mitgefühl hat mich zu einem gelebten Verständnis dieser menschlichen Tugend geführt, das viele Aspekte der bisher angeführten Sichtweisen teilt. Obgleich ich als Realperson weder ideal noch vollkommen, geschweige denn unfehlbar bin, durchzieht Mitgefühl in schöner Weise immer stärker mein Leben, zum Beispiel in Form größerer Gelassenheit während sich dahinschleppender Arbeitssitzungen. Prävention ist damit nicht nur ein Aspekt, den ich den Menschen zu vermitteln suche, mit denen ich arbeite, sondern ich lebe ein Stück Prävention auch für mich selbst.

In einem Punkt wechsele ich allerdings entschieden den Blickwinkel. Die starke Fokussierung des Mitgefühls in seinem traditionellen Verständnis auf das Leiden und auf die anderen erscheint mir wie eine Einbahnstraße, die unserem Zeitgeist nicht gerecht wird. Ich empfehle ausdrücklich, die eigene Person viel stärker in unser Verständnis von Mitgefühl einzubeziehen, als dies bislang der Fall ist. Weil ich das auf keinen Fall missverstanden sehen möchte als Selbstbezogenheit oder gar Selbstsucht, will ich meine Ansicht begründen.

Der eine oder die andere unter Ihnen hat vermutlich den im Jahr 2009 in Programmkinos vielfach gespielten Dokumentarfilm »Mitgefühl, Weisheit und Humor« von Boris Penth über Sogyal Rinpoche gesehen. »Rinpoche« ist kein Name, sondern ein tibetischer Ehrentitel mit der Bedeutung »Kostbarer«. Sogyal Rinpoche zählt zu den großen lebenden tibetisch-buddhistischen Weisen und Lehrern. In dem Film über sein Leben und Wirken sticht ein ebenso fundamentaler wie vitaler Unterschied zwischen Menschen westlicher und fernöstlicher Prägung hervor. Mit offenen Augen und sehendem Herzen lässt er sich ohne Mühe erfassen.

Selbst wenn sich in unserer Republik die Armut in immer weiteren Kreisen der Bevölkerung ausbreitet, leben wir nichtsdestoweniger noch in relativ gesichertem Wohlstand. Für die Mehrheit der Menschen in den Ländern, in welchen traditionellerweise der Buddhismus stark verwurzelt ist, gilt das nicht. Sie wachsen vielfach in Kargheit und ärmlichen materiellen Verhältnissen heran. Den entscheidenden Unterschied zu Menschen unserer Kultur macht jedoch ihre spirituelle Herzensbildung aus. Bei Menschen, welche in einem vom buddhistischen Welt- und Menschenbild geprägten Denken aufwachsen, werden wir eines vergeblich suchen, was vielen Westeuropäern ins Gesicht geschrieben steht: Verbitterung und Unzufriedenheit. Selbst die Gesichter der ärmsten, in buddhistischer Tradition groß gewordenen Männer wie Frauen strahlen etwas völlig anderes aus: Freude, Sanftmut, Friedfertigkeit, Gelassenheit. Es ist, als läge immer ein leichtes Lächeln auf den Gesichtern. Es erscheint nicht aufgesetzt maskenhaft wie häufig bei uns, sondern ein von innen kommendes Leuchten lässt die Gesichter strahlen. Der oben erwähnte Film macht dies auf frappierende Weise deutlich. Diese Menschen sind ideell, spirituell reich. Materiell gesehen, sind sie eher arm. Selbst bei aller gebotenen Zurückhaltung mit Idealisierungen oder gar Verklärungen der buddhistisch inspirierten Lebensweise sind wir im Vergleich materiell zwar reich und satt, aber ideell, spirituell arm, regelrecht am Verhungern.

Vor dem Risiko schwärmerischer Verklärung und Idealisierung bewahrt leicht ein zweiter Dokumentarfilm aus dem Jahr 2010 über die Rückkehr eines anderen buddhistischen Lehrers, des »Dolpo Tulku« in seine vier Stammklöster im Himalaja. Ein »Tulku« gilt bei den tibetischen Buddhisten als die Wiedergeburt eines verstorbenen verwirklichten Meisters. Dieser zweite Film öffnet insofern die Augen, als er nachfühlbar macht, wie sehr das Welt- und Menschenbild des

Buddhismus, einschließlich der Fokussierung des Mitgefühls auf das Leid der anderen, gebunden ist an das feinste Detail im Alltag der Menschen. Himmel und Erde, die grandiose Weite, die überwältigende, aber von Armut geprägte Landschaft, jedes Tier, jeder Grashalm, jeder Windhauch, alles Denken, Fühlen und Handeln atmet den Geist von Mitgefühl, welches auf die Linderung von Leid zielt. Verständlich und nachfühlbar, wenn wir das Ausmaß des materiellen, täglich erfahrenen Leids, der erzwungenen Genügsamkeit erkennen müssen. Dazu gesellt sich das geschichtlich und politisch erfahrene Leid in vielen Ländern, in welchen der Buddhismus traditionell stark verbreitet ist. Das ist für mich eine sehr reale Erklärung dafür, dass das Leid der Menschen sowie aller fühlenden Wesen so stark im Zentrum des mitfühlenden Geistes steht.

Viele Menschen unserer Kultur leiden ebenfalls, nur gänzlich anders. Wir haben uns aus dem Sinn des Lebens fallen lassen und hungern spirituell. Deshalb geht uns auch in hohem Maße ab, was von Herzen kommt: tief empfundenes Mitgefühl. Weil echtes Mitgefühl in unserer materiell ausgerichteten Konsumgesellschaft ein rares Gut ist, führt der Mangel daran zu einer Erscheinung, die den buddhistisch geprägten Menschen wiederum gänzlich fremd ist. Viele Männer, Frauen und Kinder in unserer Gesellschaft sind kaum fähig zur Selbstliebe. Sie fühlen sich nichts wert. Sie leiden darunter, dass sie sich selbst nicht leiden mögen. Nicht wenige bringen sich sogar in gesteigerter Form einen selbstzerstörerischen Selbsthass entgegen. Dem an Mitgefühl reichen buddhistisch geprägten Menschen ist Selbsthass völlig fremd. Er hätte Mühe überhaupt zu verstehen, wieso Menschen sich selbst hassen können. Darin ist uns diese Kultur haushoch überlegen.

In meinem privaten Umfeld und stärker noch in meiner Arbeit bestürzt es mich immer wieder, wie viele Menschen erheblich zu kämpfen haben mit mangelnder Selbstakzeptanz, Selbstannahme und Selbstliebe. Sie wissen nicht, haben kaum ein Gespür dafür, wie sie sich selbst gegenüber Mitgefühl empfinden können, bestätigen in nachdenklich und einfühlsam geführten Gesprächen allerdings regelmäßig, wie sehr sie den Mangel daran wahrzunehmen in der Lage sind. Viele leiden still vor sich hin. Anders kennen sie es kaum.

Und deshalb plädiere ich aus guten und mitfühlenden Gründen dafür, den Blick des mitfühlenden Geistes erst einmal auf die eigene Person zu richten, um uns selbst ausreichend Mitgefühl entgegenzubringen. Nur wenn wir uns selbst vorbehaltlos annehmen können, vermögen wir auch anderen wahrhaftes Mitgefühl entgegenzubringen. Der Gedanke ist auch keineswegs neu, ich betone ihn bloß ausdrücklich durch fortwährende Ermunterung. Auch Sogyal Rinpoche lehrt sehr eindeutig: »Bevor Sie anderen Liebe und Mitgefühl mitteilen können, müssen Sie beides zuerst in sich selbst entdecken, erschaffen, vertiefen und stärken, und Sie müssen sich von Zögerlichkeit, Verzweiflung, Angst und Zorn befreien.« (2004) Leider finden sich derartige Belehrungen eher nebenbei und viel seltener als die Belehrungen, durch Mitgefühl das Leid der anderen zu lindern. Für unsere westliche Lebensrealität, welche so unendlich vielen Frauen, Männern und Kindern unendliche Zweifel an sich selbst und ihrem eigenen Wert als Mensch einimpft, braucht es die ermutigende Hervorhebung, uns selbst zu lieben und uns in barmherzigem Mitgefühl für die eigene Person zu üben. In diesem Sinne komme ich auf mein bereits im Vorwort kurz erwähntes Grundverständnis von Mitgefühl zurück und erweitere es.

Mitgefühl lässt sich weder als Begrifflichkeit noch als Kategorie verstehen. Es ist für den Verstand kaum greifbar, wohl aber für das Herz fühlbar und erfahrbar. Es ist ein umfassendes Empfinden, welches Ihr Herz, Ihren Geist, Ihr Fühlen und Denken in einen weiten Raum hinein öffnet. Mitgefühl weckt das Wertvollste im Menschen und bringt es hervor, was er in sich trägt: die Liebe. Nach meinem Verständnis und Empfinden ist Mitgefühl daher eine ausgeprägte Herzensqualität, die ihrem Wesen und ihrem Geist gemäß eine innere feinsinnige und liebende Haltung sich selbst, der eigenen Person, den Mitmenschen, dem Leben und der Schöpfung gegenüber zum Ausdruck bringt. Weitere treue Begleiter von Mitgefühl sind Güte, Toleranz und Achtsamkeit. Mitgefühl bringt Glück, Farbe und Poesie ins Leben und beschert uns Wohlbefinden. Gelebtes Mitgefühl zieht Ruhe und Gelassenheit nach sich, weil es aus sich heraus das Vertrauen darauf erwachsen lässt, dass sich alle Dinge letztlich gut fügen werden.

Insofern verschafft es Ihnen auch inneren Frieden. Es lässt Sie heimisch werden, den sicheren Ort finden in sich selbst. Sie fühlen sich wohl in Ihrer Haut und sind mit sich im Reinen. Mitgefühl rechnet nicht, vor allem nicht auf und schon gar nicht in Geld. Nicht zuletzt reinigt uns Mitgefühl von abträglichen Gefühlen und mindert unsere Ängste, einschließlich der existenziellen Furcht vor dem Tod.

Das unfassbar Wunderbare am Mitgefühl ist auch, dass es alle diese schönen Veränderungen in unser Leben bringt, ohne dass wir uns dafür angestrengt mühen und mühen müssten. Haben wir ihm nämlich erst einmal einen Raum in unserem Geiste eingeräumt und ihm gestattet, zu einer selbstverständlichen inneren Haltung in unserem Leben zu werden, vollzieht sich alles Weitere wie von selbst. Das Gefühl zunehmender Vertrautheit mit der Herzensqualität Mitgefühl sowie die Mühelosigkeit, sie aufrechtzuerhalten, sind nämlich auch der Tatsache zu verdanken, dass wir uns als fühlende menschliche Wesen durch Mitgefühl laufend verändern. Körper wie Geist wandeln sich. Wir organisieren uns sogar auf der neurobiologischen Ebene um, weil sich unser Gehirn durch die Kraft des Mitgefühls in seiner feinen Architektur verändert (Untersuchungen mit »Mönchen im Labor« haben dies nachgewiesen). Die Vertrautheit mit Mitgefühl führt zu dauerhaften Umbauten in unserem Gehirn, welche uns in der Folge ihrerseits wieder weiter und weiter darin fortschreiten lassen, zu anderen, besseren, innerlich schöneren Menschen zu werden. Seien Sie nicht verwundert, wenn Sie eines schönen Tages als ein Ergebnis Ihrer Vertrautheit mit Mitgefühl die lebendige Essenz des Satzes »Mich wundert, dass ich so fröhlich bin« in sich verspüren. Sie werden mit Mitgefühl fröhlicher durchs Leben gehen. Gleichzeitig werden Sie erheblich ernster. Ein Widerspruch ist das nicht, meint doch »ernster« nicht, dass Ihnen vor lauter Ernst des Lebens Ihr Lachen verginge. »Ernster« meint, dass Sie keine Selbsterkenntnis mehr scheuen und sich jedem Problem in Ihrem Leben vorbehaltlos stellen werden, um es im Geiste des Mitgefühls zu betrachten. Mitgefühl hat derart viele Vorteile im Leben, dass wir uns bloß verwundert die Augen reiben können, wie wenig es in der Realität vorhanden ist.

Mitgefühl bringt sogar eine besondere Farbe und ein Aroma in unser Leben. Die Farbe von Mitgefühl ist hell, licht, strahlend, rubinrot oder auch golden. Sein Geschmack ist pure liebende Güte. Geben Sie Mitgefühl eine Gestalt, dürfen Sie sich alles vorstellen, was Ihnen persönlich beliebt. In der tibetischen Ikonographie wird der Bodhisattva des Mitgefühls, Avalokiteshvara, häufig dargestellt mit tausend Armen, in deren Handinnenflächen sich jeweils ein Auge befindet, wodurch er seine Hilfe überallhin in die Welt zu bringen vermag, wo die Menschen ihrer bedürfen.

Mitgefühl ist eine mächtige, verändernde Kraft. Lassen wir sie uns selbst angedeihen, mag sich auf schöne Weise vollziehen, was der durch Kinderlähmung an den Rollstuhl gefesselte Gestalttherapeut Arnold Beisser mit seiner paradoxen Theorie der Veränderung meint: »Veränderung geschieht, wenn jemand wird, was er ist, nicht wenn er versucht, etwas zu werden, das er nicht ist. Veränderung ergibt sich nicht aus einem Versuch des Individuums oder anderer Personen, seine Veränderung zu erzwingen, aber sie findet statt, wenn man sich die Zeit nimmt und die Mühe macht, zu sein, was man ist; und das heißt, sich voll und ganz auf sein gegenwärtiges Sein einzulassen.« (1997)

Als schwerstbehinderter Mensch vollzog Beisser seine eigene paradoxe Veränderung. Er beschreibt also im Grunde keine Theorie, sondern im Vertrauen in die weisen universalen Kräfte des Lebens seinen eigenen weisen Lebensvollzug, um »ohne Flügel zu fliegen«: »Ich fühlte mich nicht nur eins mit mir, sondern auch mit dem Universum. ... Ich erfuhr, daß es nicht immer nötig ist zu kämpfen, um seinen Platz in der Welt zu finden, denn ich entdeckte den Platz, den ich schon in mir hatte. Je mehr ich mit diesem Platz vertraut wurde und mich auf ihn verlassen konnte, desto mehr fand ich heraus, daß es auch einen Platz in der Welt für mich gab. ... Sobald ich mir gestattete, vollständig zu sein, wie und wer ich in diesem Moment war, ohne mir Gedanken über den folgenden zu machen, änderte sich der Moment, und ich änderte mich. ... Zu sein, wer ich bin, eröffnet mir überdies auch einen Zugang zur Transzendenz. Mein Bewußtsein und meine Bewußtheit entwickeln sich auf höhere Ebenen hin, denn ich bin Teil eines evolutionären Prozesses. Die evolutionäre Entwicklung ereignet sich überall, in jedem Moment und in allem. Wenn ich einen

Schimmer von ihr erblicke, komme ich mit der Macht des Universums in Verbindung, mit einer unaufhaltsamen evolutionären Kraft. In diesem Sinne bedeutet die Erde der Realität paradoxerweise zugleich die Überwindung dessen, was hier und jetzt ist, und eine Bewegung zu dem hin, was kommt. ... Der Puls des Universums ist der Rhythmus des Lebens. ... Dieser Rhythmus entscheidet darüber, wann es Zeit ist, in die Welt einzugreifen, oder wann es darum geht, sich dem zu überlassen, was sie bereithält. Man kann ihr nur folgen, wenn man sich einer Weisheit zuwendet, die umfassender ist als eine Reihe menschlicher Glaubenssätze. ... Ich möchte mich jenem zeit- und raumlosen Prozeß anvertrauen, der paradoxerweise im Hier und Jetzt existiert.« (Beisser, 1997)

Die uns von Grund auf verändernde Kraft des Mitgefühls lehrt uns, »ohne Flügel zu fliegen« und das Leben im gegenwärtigen Sein voll und ganz zu entdecken. Mitgefühl macht uns vollends zu dem, was wir sind: zu Menschen. Und zwar zu Menschen, die eins sind mit sich und dem Universum und die folglich in der Lage sind, sich seinem Puls und dem Rhythmus des Lebens anzuvertrauen. Das Leben hört so auf, ein fortwährender Kampf zu sein.

Mitgefühl heißt Vertrauen zu haben in das Leben und in das, was kommt. Mitgefühl entwickeln kann jeder Mensch. Niemand braucht Buddhist zu werden, um diese Herzensqualität in sich zu erwecken. Nichtsdestotrotz können wir uns von buddhistischen Gesichtern eine Menge abschauen. Und wir können uns auf einen goldenen oder diamantenen Weg zu uns selbst begeben. Nicht zu unserem Ego, sondern zu unserem gegenwärtigen Sein. Jede um ein Da-Sein im Geiste des Mitgefühls bemühte Lebensführung ist von der Logik des vitalen Lebensvollzugs her untrennbar verbunden mit der Frage nach dem Sinn des Lebens: Weshalb und zu welchem Zweck sind wir auf dieser Welt? Und was erwartet uns danach? Erwartet uns überhaupt etwas nach jenem zeit- und raumlosen Prozess, der paradoxerweise im Hier und Jetzt stattfindet, oder ist das alles Illusion und bloße Erlösungssehnsucht?

Die Abwesenheit und Ermangelung
von Mitgefühl

Wer, wie der zeitgenössische Lebenskunstphilosoph Wilhelm Schmid (2004), der sich grundsätzlich mit der Gedankenlosigkeit und Gleichgültigkeit unserer Kultur auseinandersetzt, in unserer modernen Zeit »eine Auflösung von Zusammenhängen und somit von Sinn« sieht, empfindet gerade das Fehlen von etwas umso schmerzhafter. Uns fehlt in hohem Maße etwas ganz Entscheidendes, das uns über die Frage nach den Zusammenhängen immer wieder mit der Frage nach dem Sinn des Lebens überhaupt in Verbindung bringt und das bereits der Philosoph und Sozialpsychologe Erich Fromm (1900–1980) als die kranke Seele einer kranken Gesellschaft diagnostiziert hat: »Aber ganz abgesehen davon ist unverkennbar, daß der heutige Mensch einen erstaunlichen Mangel an Realismus in bezug auf alle Gebiete, auf die es ankommt, aufweist: in bezug auf die Bedeutung von Leben und Tod, in bezug auf Glück und Leiden, auf Gefühle und ernsthaftes Denken. Er hat die gesamte Wirklichkeit der menschlichen Existenz zugedeckt und durch ein künstliches, verniedlichtes Bild einer Pseudowirklichkeit ersetzt.« (1955)

Große Teile im Lebenswerk Erich Fromms drehen sich immer wieder um die totale Entfremdung des Menschen von seinem menschlichen Potenzial und gipfeln in der simplen Erkenntnis: »Der Mensch erlebt sich nur noch als das, was er *hat*, und nicht als das, was er *ist*« (1983), er zerreibt seine komplette Existenz als fühlendes soziales Wesen zwischen der Polarität von »Haben oder Sein«. (1976)

Der diagnostizierte Mangel an allem, worauf es wirklich ankommt, entfremdet den modernen Menschen von sich selbst, dem Leben, der

Schöpfung. Er versteht sich nicht mehr auf das Leben in der Geborgenheit eines sinnhaften Da-Seins. Nur so sind die Worte verständlich, die Jean-Paul Sartre als Existenzialist dem Protagonisten seines philosophischen Romans: »Der Ekel«, Antoine Roquentin, in den Mund legt: »Es ist wie eine Krankheit gekommen ... Und jetzt breitet sich das aus ... es ist gräßlich, wenn ich existiere, *so, weil* es mich graut zu existieren ... Das also ist der Ekel: diese die Augen blendende Evidenz? Was habe ich mir den Kopf zerbrochen! ... Jetzt weiß ich: Ich existiere – die Welt existiert –, und ich weiß, daß die Welt existiert. Das ist alles. Das ist alles. Aber das ist mir egal. Merkwürdig, daß mir alles so egal ist: das erschreckt mich. ... Der Ekel hat mich nicht losgelassen, und ich glaube nicht, daß er mich so bald loslassen wird; aber ich erleide ihn nicht mehr, das ist keine Krankheit mehr, kein vorübergehender Anfall: ich bin es selbst. ... Wenn man mich gefragt hätte, was die Existenz sei, hätte ich in gutem Glauben geantwortet, daß das nichts sei, nichts weiter als eine leere Form ... Wir waren ein Häufchen Existierender, die sich selber im Weg standen, sich behinderten, wir hatten nicht den geringsten Grund, dazusein, weder die einen noch die anderen, jeder Existierende, verwirrt, irgendwie unruhig, fühlte sich in bezug auf die anderen zuviel. ... Und *ich* – schlaff, schlapp, obszön, trübe Gedanken verdauend, wiederkäuend – *auch ich war zuviel*. ... Ich träumte unbestimmt davon, mich zu beseitigen, um wenigstens eine diese überflüssigen Existenzen zu vernichten.« (1982)

Wiewohl die deutsche Übersetzung von Sartres Roman schon um einiges weniger drastisch ist als die französische Originalfassung, entlarvt sie dennoch gnadenlos den Überdruss an allem, den Ekel vor allem, was das Leben ausmacht. Die Worte legen den Mangel an jeglichem Mitgefühl für die eigene Person, für andere, für die eigene wertvolle Existenz bloß. Die Realität übersteigt hierin leider sogar noch die Fiktion. Allzu viele vom Leben entmutigte Menschen träumen nicht bloß unbestimmt davon, sich zu beseitigen, sondern sie scheiden in der Tat aus dem Leben, setzen ihrer Existenz ein Ende, weil sie sich überflüssig, zu viel, unwert fühlen. Kein Mitgefühl erhält diese Menschen am Leben.

Unserer Kultur mangelt es in der Tat vor allem anderen am Geist des Mitgefühls. Wir kranken daran. Zu unserer Ehrenrettung dürfen wir vielleicht ein wenig einschränken: In den Beziehungen zwischen individuellen Menschen können wir verbreitet durchaus Anklänge von Mitgefühl sehen. Aber im wirtschaftlichen und politischen System, oder in dem, was wir unser Gemeinwesen nennen können, brauchen wir den gnädigen Blick, um auch nur Spuren von Mitgefühl zu entdecken. Wiederum diagnostiziert der Sozialpsychologe Erich Fromm: »Es ist eine bemerkenswerte Erscheinung, daß in der Entwicklung des Kapitalismus und seiner Ethik das Mitgefühl, das in der katholischen Welt des Mittelalters zu den wichtigsten Tugenden gehörte, überhaupt keine Tugend mehr ist.«

Die neue ethische Normenvorstellung huldigt dem »Fortschritt«, worunter indes nicht der Fortschritt des Menschen in seiner ethischen Entwicklung gemeint ist, sondern ausschließlich der wirtschaftliche und technische Fortschritt, dem alle nur denkbaren Opfer gebracht werden. Es käme einer »Revolution der Hoffnung« (Fromm, 1968) gleich, würden immer zahlreichere Menschen in der Welt sich ihres menschlichen Erbes besinnen und sich wieder auf den Weg des Mitgefühls machen. Sie hörten auf, Opfer zu sein und sich zu Opfern zu machen, statt den gesamten Globus dem Fortschreiten in die kaltherzige Unmenschlichkeit zu opfern.

Kaum jemand hat das Unmenschliche, die unerträgliche Abwesenheit von Mitgefühl in unserer Kultur während der letzten Jahrzehnte so pointiert formuliert wie der Psychoanalytiker Arno Gruen. Zwar ist sein Buch: »Der Verlust des Mitgefühls. Über die Politik der Gleichgültigkeit« (1997) entwicklungspsychologisch bereits in die Jahre gekommen, aber zwei an unsere menschlichen Grundfesten rührenden Passagen stehen wie in Stein gemeißelt da: »Die Frage nach dem Mitgefühl des Menschen ist die Frage nach seinem Menschsein, seiner Identität. Es ist zugleich die Frage, mit wie viel Schaden an Körper und Seele er noch an seinem Menschsein festhalten kann.«

Mit dem analytischen Skalpell des Wortes rührt Gruen weiter in unseren menschlichen Wunden: »Doch das Mitgefühl ist die in uns eingebaute Schranke zum Unmenschlichen. Mit seiner Unterdrückung und Verzerrung ist die Geschichte unserer Zivilisation nicht nur verflochten, sie ist ihr Fundament.«

Sofern Sie sich selbst ganz im Stillen die Frage zu beantworten suchen, wie viel Schaden an Körper und Seele Sie genommen haben durch den *Way of Life*, welchen wir unsere Zivilisation nennen, wie fällt dann Ihre ganz persönliche Bilanz aus? Welchen Preis zahlen wir alle für unsere Art zu leben? Wie sehr hat nicht einmal die willentliche Unterdrückung und Verzerrung von Mitgefühl in Politik und Wirtschaft System, sondern schlicht und ergreifend die pure Gleichgültigkeit? Wie oft müssen wir erleben, dass im Kleinen wie im Großen die einfachsten Prinzipien des Mitgefühls mit Füßen getreten werden? Und das nicht bloß bei den weit entfernten Nachbarn, sondern unmittelbar vor unserer eigenen Haustür!

So viel Schminke und Tünche können wir gar nicht auf die Realität auftragen, als dass nicht genügend gute Gründe blieben, uns vermehrt der wichtigsten Übung im Leben zuzuwenden: dem Mitgefühl, mit dem wir unser Menschsein verteidigen, die Schranke zum Unbarmherzigen. Grenzenloses Mitgefühl als Herzensqualität ist vermutlich die mächtigste revolutionäre Kraft, welche die Entwicklungen auf unserem Globus zum Guten zu wenden vermag, und als solche gänzlich unterschätzt. Hier kommt die politische Weite und Tragkraft von Mitgefühl ins Spiel. Bislang hat in der Geschichte noch jede politische Revolution sich selbst überlebt und ihre Kinder gefressen. Weil Mitgefühl aber weder ein System noch eine Ideologie oder eine Religion ist, sondern über alle Grenzen hinweg alle fühlenden Wesen in den mitfühlenden Geist einbezieht, ist es ein bis an die Wurzeln des Mensch-Seins reichendes demokratisch gesinntes Gefühl.

Das Wortfeld von »Mitgefühl«:
Die Unermesslichen im Bunde

Mitgefühl, Liebe, Mitfreude und Gleichmut gelten in den Lehren des Buddhismus als die »Vier Unermesslichen«, die »Vier Grenzenlosen Geisteszustände« oder auch die »Vier himmlischen Verweilungen«. Liebe, Mitfreude und Gleichmut sind die unermesslich wertvollen Begleiter von Mitgefühl. Persönlich sehe ich noch viele weitere »Unermessliche« im Bunde mit Mitgefühl. Treue Gefährten sind zumindest Achtsamkeit, Toleranz, Wohlwollen, Heiterkeit, Sanftmut, Barmherzigkeit, Gnade und Güte. Mit besonderer Würdigung weise ich zuletzt noch auf die »Hoffnung« und die »Zukunft« hin. Ich stelle mir vor, dass alle Eigenschaften, Emotionen, Gefühle oder Tugenden, die zum Wortfeld von »Mitgefühl« zählen, zusammen eine perfekte Form ergeben. Oder, um die vielarmige Gestalt von Avalokiteshvara, dem Bodhisattva des Mitgefühls, aufzurufen: Aus jedem seiner tausend Augen schaut er uns mitfühlend, liebevoll, voller Güte und Bestätigung an. Auf jeder seiner Handflächen trägt er die unermesslich wertvollen Begleiter und Gefährten des Mitgefühls und reicht sie der Welt zur Hilfe, überall, zu jeder Zeit, über alle Grenzen hinweg.

Ich werde hier nicht auf alle »Unermesslichen« im Wortfeld von »Mitgefühl« eingehen, mich aber der Liebe und der Mitfreude zuwenden. Auf Güte komme ich später zu sprechen.

Liebe als einer der »Vier grenzenlosen Geisteszustände« bedeutet im Buddhismus etwas viel Umfassenderes als das, was wir gewöhnlich unter Liebe verstehen. Unser herkömmliches Liebesverständnis hat viel mit Ansprüchen, mehr oder weniger gelingenden zwischenmenschlichen Paarbeziehungen sowie Erotik und sexueller Anziehungskraft zu tun. Sie ist mit Interessen verbunden, und nicht selten wird sie im Alltag mehr nach dem Motto »Ich brauche dich« als nach dem Motto »Ich liebe dich« gelebt. Das Verständnis von Liebe im Buddhismus lautet eher: »Wollen, dass andere glücklich sind«. Diese Art der Liebe ist umfassend, unbedingt, verlangt Mut und setzt voraus, den anderen wahrhaftig zu sehen und wahrzunehmen. Die egoistisch bedingte Liebe ist der »nahe Feind« dieser ideellen Liebe. Enttäuschte Liebe führt schnell zu negativen Gefühlen oder gar Taten, die von Eifersucht, Revanchegelüsten oder gar aufflammendem Hass angestachelt sein können.

Liebe als Begleiter von Mitgefühl meint eine andere verändernde Kraft, die für den Dalai Lama mit Hoffnung und Zukunft einhergeht. Seine Vision sticht wie ein Leitmotiv aus anderen im Internet nachzulesenden Definitionen zu den »Vier Unermesslichen« heraus: »Wenn Liebe vorhanden ist, dann ist auch Hoffnung vorhanden, dass wir eines Tages wirkliche Familien, wirkliche Bruderschaft, wirkliche Gleichheit und wirklichen Frieden erlangen werden. Wenn Ihr die Liebe in Eurem Geist verloren habt und Ihr deshalb andere Wesen als Eure Feinde betrachtet, so werdet Ihr nur Leid und Verwirrung erfahren, ganz gleichgültig, wie viel Wissen, Erziehung oder materielle Güter Ihr besitzt.«

Angesichts der oft wenig liebevollen Realität in unserer Welt mit ihrem Maß an Verwirrung und Leid erfordert allein diese Hoffnung ein überlebensfähiges Maß an Mut. Treffen sich der Westen und der Osten, das Abendland und das Morgenland, in der Liebe, dürfen wir vielleicht einfach sagen, dass die Liebe eine besondere, ja die höchste Qualität des Seins in der Welt ist.

»Mitfreude« ist in der deutschen Sprache ein kaum geläufiges Wort. Im Menschenbild des Buddhismus bedeutet Mitfreude, erfreut zu sein über das Glück und die Freude der anderen. Mitfreude ist in dieser Hinsicht eine absolut selbstlose Tugend. Wir gönnen dem anderen sein Glück, seine Freude aus tiefstem Herzen. Mitfreude ist ein unversehrter Bestandteil unserer angeborenen primären Glücksfähigkeit. »Nahe Feinde« oder gar Todfeinde der Mitfreude sind Vortäuschung, Heuchelei, Eifersucht, Neid und missgünstige Konkurrenz.

An ihrer Haltung zu unserer Freude, an ihrer Mit-Bewegung können wir unsere wahren Freunde ausmachen. So heißt es schon bei Nietzsche (1844–1900) in »Menschliches, Allzumenschliches«, seinem Buch für freie Geister (1878): »Mitfreude, nicht Mitleiden macht den Freund«. Vielleicht hat sich der Poet Oscar Wilde (1854–1900) an eben diesem Gedanken orientiert, als er ganz Ähnliches formulierte: »Mit den Leiden eines Freundes mitzufühlen, das kann jeder, aber nur eine sehr ausgebildete Persönlichkeit wird am Erfolg des Freundes teilnehmen«.

Mitgefühl bildet unsere Persönlichkeit aus. Eine eher problematische Mit-Bewegung zeigt, wer sagt: »Das freut mich für dich!«, wie in einem Internet-Forum zu Recht vermerkt wurde. Zwar ist das eine in der Umgangssprache geläufige Wendung, aber Sprache ist eben auch verräterisch. »Das freut mich für dich« geht uns über die Lippen, wenn wir eher keinen echten Anteil an der Freude des anderen nehmen können. Da klingen im Hintergrund wenig mitfühlend eher Vorbehalte an, heimlicher Neid, versteckte Missgunst. In »Das freut mich für dich« gibt es nur ein sachliches »das«. Darin ist kein Herz, keine Eigenbeteiligung, keine Mit-Bewegung enthalten. Anders klänge: »Ich freue mich aufrichtig mit dir.« So verleihen wir dem Mitschwingen mit dem anderen viel zutreffender Ausdruck.

Auf keinen Fall zum Wortfeld von »Mitgefühl« gehört »Mitleid«, obwohl »Mitleid« nicht selten fast synonym gebraucht wird. Über den gewichtigen Unterschied können Sie weiter unten mehr erfahren.

Hirnforschung: Die Spiegelneurone als neurobiologische Basis des Mitgefühls

In den letzten Jahren feierten Neurophysiologen und Hirnforscher eine aufsehenerregende Entdeckung, die sie zufällig machten, während sie nach etwas ganz anderem suchten: die Spiegelneurone. Seither haben sich nahezu alle forschenden wie praktischen Disziplinen, welche sich um den Menschen drehen, enthusiastisch dieser Entdeckung angenommen. Die Spiegelneurone müssen für alles Mögliche herhalten. In dem Buch: »Empathie und Spiegelneurone« von Giacomo Rizzolatti und Corrado Sinigaglia werden sie im Untertitel als »die biologische Basis des Mitgefühls« (2008) qualifiziert. Wie selbstverständlich taucht hier die altvertraute Vermischung von Empathie und Mitgefühl wieder auf, welche die Grenzen zwischen beiden verwischt. Gleichwohl existiert eine Schwelle für Mitgefühl, welches es von bloßer Empathie abgrenzt. In einem Interview mit dem Biophysiker Stefan Klein für das »ZEITmagazin« (21/08) trennt Vittorio Gallese, einer der Entdecker der Spiegelzellen, entschieden das eine vom anderen: »Tatsächlich können Sie Empathie und Mitgefühl völlig voneinander entkoppeln. Denken Sie nur an einen Sadisten, der Lust erlebt, gerade weil er sich in das Leid seines Opfers einfühlen kann«. Auf die Nachfrage »Wovon hängt es ab, ob aus Einfühlung Mitgefühl wird?« antwortet er frank und frei: »Das ist die entscheidende Frage. Wir wissen noch sehr wenig darüber.«

Verständigen können wir uns sicherlich darauf, dass die Entdeckung der Spiegelzellen eine enorme Bereicherung für unser Wissen um das Wunder des Menschen ist. Sie ermöglichen uns, wechselseitig intuitiv zu wissen, »warum ich fühle, was du fühlst«. So sind sie eine Basis unseres geteilten Empfindens, wie der Freiburger Psychosomatiker und Hirnforscher Joachim Bauer über unsere einzigartige und existenzielle Fähigkeit zur Einfühlung schreibt: »Spiegelzellen zu haben, die tatsächlich spiegeln, gehört zu den wichtigsten Utensilien im Gepäck für die Reise durch das Leben. Ohne die Spiegelzellen kein Kontakt, keine Spontaneität und kein emotionales Verstehen.« (2006)

Weiter in Richtung Mitgefühl entwickeln wir uns, wenn wir getreu einem Versprechen des Lebens einem sozialen Prinzip folgen: dem »Prinzip Menschlichkeit«. (Bauer, 2007) Joachim Bauer macht sowohl menschlich entschieden wie wissenschaftlich exakt darauf aufmerksam, dass wir als Menschen gerade aus neurobiologischer Sicht Wesen sind, die auf soziale Resonanz (wörtlich: Klingen und Schwingen) und Kooperation angelegt sind. Bauers Betonung liegt auf unserer Anlage. Ob sich aus der Anlage stimmige Spiegelungs- und Resonanzprozesse ergeben, hängt indes davon ab, wie wir unser Potenzial nutzen. Spiegelneuronen, die nicht menschlich stimmig eingespiegelt werden, spiegeln auch nicht tauglich. Wir sind aber nicht bloß mittels unserer Spiegelzellen sozial mitschwingende Wesen. Darüber hinaus ist unser gesamter leib-seelischer Organismus ein einziger großer Resonanzkörper, und schließlich ermöglicht erst die fortwährende »Resonanz« von Gehirn und Organismus »die Voraussetzung für bewusstes Erleben«. (Fuchs, 2008) Da wir gemäß unseren zentralen inneren Antrieben und Motivationssystemen auf gelingende zwischenmenschliche Beziehungen hin orientierte Wesen sind, verfügen wir mit den Spiegelneuronen über einen Teil der dafür notwendigen Ausrüstung. In diesem Sinne ist unser Gehirn denn auch nicht bloß ein Denkorgan, sondern ganz eindeutig auch ein »Sozialorgan« (Hüther, 2001) oder, stärker noch, ein ausgewiesenes »Beziehungsorgan«. (Fuchs, 2008) Aber finden wir in diesem Organ und präziser in den Spiegelzellen tatsächlich die biologische Basis unseres Mitgefühls?

Die neurobiologischen lokalisatorischen
Kurz- und Fehlschlüsse

Ausgeklügelte Untersuchungen, welche die moderne Hirn- und Emotionsforschung an spirituellen und meditativ erfahrenen buddhistischen Lamas und Mönchen mit Hilfe der funktionellen Magnetresonanztomographie unternommen hat, lokalisieren die Neuroanatomie des Mitgefühls in der Hirnregion des linken *Gyrus frontalis medialis* (Goleman, 2003), also in der mittleren Hirnwindung des äußeren Temporallappens. Dort konnten die Forscher bei ihren Versuchen zu mitfühlendem Erleben eine starke Aktivität feststellen. Aber was haben sie damit an Erkenntnis gewonnen, was können sie mit ihren Befunden erklären?

Hüten wir uns vor dem Kurzschluss, dass wir aus irgendeiner beobachtbaren und messbaren Gehirnaktivität unmittelbar auf das Leben, die private Innenwelt oder gar auf die empfindende Seele eines Menschen schließen könnten. Mitnichten! Wie der Geist des Mitgefühls im Menschen entsteht, lässt sich selbst durch die neuesten Erkenntnisse der Hirnforschung allein nicht erklären. Dazu braucht es mehr Fantasie und ein anderes Denken. Ich befinde mich da sehr im Einklang mit Thomas Fuchs, einem ausgewiesenen phänomenologischen Querdenker im Bereich Psychiatrie, Psychopathologie und Psychotherapie, der die aus bildgebenden Verfahren abgeleiteten »lokalisatorischen Fehlschlüsse« der reduktionistischen Neurobiologie wieder in ein menschliches und phänomenologisches Ganzes einbindet. Nicht eine einzige Seite unseres Seelenlebens können wir ursächlich monokausal linear verständlich machen, indem wir sie mit beobachtbaren Hirnprozessen und neuronalen Verschaltungsmustern in Verbindung setzen. Schon gar nicht eine Herzensqualität wie Mitgefühl. Als »Organ der Möglichkeiten« verfügt unser Gehirn unter anderem über die Möglichkeiten der Spiegelzellen. Die Spiegelzellen allein aber vermögen wenig, denn nur unser Gehirn als Ganzes ist ein soziales Organ, nicht bloß einzelne »soziale Hirnzentren«. Deren Funktion bleibt in jedem Falle eingebettet in die leiblich-seelische Einheit des Erlebenden. Erleben und »Wahrnehmen heißt immer schon, an der

Welt teilzunehmen, sie zu berühren und von ihr berührt zu werden«. (Fuchs, 2008) Berühren und Berührt-Werden vollzieht sich als ganzheitliches leiblich-seelisch-geistiges Geschehen, denn ausschließlich »eine Begegnung von inkarnierten Wesen, deren Welten einander durchdringen, entspricht der gelingenden Kommunikation«. (Fuchs, 2000) Aus einer Begegnung dieser Qualität mag Mitgefühl erwachsen. Unser Gehirn dient da bloß als »Organ der Vermittlung, der Transformation, der Modulation«. (Fuchs, 2008) Es ist unser Mediator zur Welt. Aber nicht es lebt, sondern wir Menschen leben. Wir haben als Menschen Gehirne, die uns bei guter Benutzung vollkommen dienlich sind. Aber wir sind nicht nur in unserem Gehirn. Und so produzieren auch die Spiegelneurone nicht allein den vielschichtigen mitfühlenden Geist, von dem Menschen durchdrungen sein können. Eher stehen ·sie umgekehrt im Dienste desselben, wie Maximilian Gottschlich, ein Kommunikationswissenschaftler mit Schwerpunkt Medizin und Heilen, formuliert: »Mitgefühl und Mitleid sind Tugenden, Akte des sittlichen Bewusstseins und spulen nicht einfach nach (neuro-)biologischen Programmen ab, auch wenn diese Tugenden der (neuro-)biologischen Bedingungen und Voraussetzungen ihres Zustandekommens bedürfen. Aber die Biologie setzt nicht die Zwecke – es ist der Geist, der die Zwecke, also den Sinn setzt. Und: Es ist der Geist, der auch – wie die moderne Gehirnforschung und die Psychoneuroimmunologie ʼzeigen – die biologischen Strukturen und Gegebenheiten des Körpers zu verändern vermag.« (2007)

Wir können nicht einmal mit Gewissheit ausschließen, dass nicht noch weitere Ebenen bei der Entwicklung von Mitgefühl wie von Spiegelungsprozessen beteiligt sind. Solche, die weder bei der Hirnforschung noch bei sonstigen Human- oder Geisteswissenschaften auf Akzeptanz stoßen, sowie solche, die wir in den Grenzen unseres methodischen Denkens überhaupt nicht aufzuspüren vermögen, deren Existenz für Menschen, die über den Tellerrand hinausdenken, jedoch als erwiesen gilt. Kann sich die traditionelle Wissenschaft beispielsweise über die Existenz von Chakras erheben? Was wäre, wenn sie mehr zu Mitgefühl beitrügen als die Spiegelneurone, welche kurz entschlossen zur biologischen Basis des Mitgefühls gekürt wurden?

Chakras (Sanskrit, wörtl.: Räder) sind Zentren der ausstrahlenden Lebenskraft oder Energieknotenpunkte in unserem Körper sowie in dem uns umgebenden Energiefeld, das auch als Aura bezeichnet wird. Ähnlich wie es von den Spiegelzellen heißt, zeigt uns die Befindlichkeit unserer Chakras unsere eigene Innenwelt in der Außenwelt und die Außenwelt in unserer Innenwelt. Sind alle sieben Hauptchakras, von denen jedes ein universelles Lebensthema repräsentiert, geöffnet, können unsere Energien ungestört fließen, und wir leben im Einklang mit der Welt. Ist unser Herzchakra geöffnet, sind wir grundsätzlich liebesfähig und fähig zu Mitgefühl. Ist unser Herzchakra geschlossen, mangelt es uns auch an der Fähigkeit zu Mitgefühl. Sind neben dem Herzchakra auch noch das Stirn- und Kronenchakra geöffnet, sind wir in der Verfasstheit, unser Mitgefühl zu steigern und zu potenzieren. Die Heilerin Barbara Ann Brennan erklärt zum Zusammenhang: »Da die Chakras nicht nur Energie transformieren, sondern auch Sensoren für Energie sind, liefern sie uns Informationen über unsere Umgebung. Verschließen wir die Chakras, so können wir diese Informationen nicht aufnehmen.« (1989)

Auch wenn jemand nicht an die Existenz von Chakras glauben mag, kann er nichtsdestoweniger im Symbolischen bleiben: Ohne eine Öffnung unseres Herzens für uns selbst, für andere sowie die Schöpfung ist kein Funken Mitgefühl möglich. Dass wir uns da im Bereich der Metaphorik bewegen, wenn wir von Herzensöffnung sprechen, ist jedem Menschen bewusst. Das Herz wird kollektiv in allen Kulturen der Welt als Symbol für unsere Gefühle gesehen, als Quelle für Liebe, Zuneigung, Barmherzigkeit, Intuition oder Rechtschaffenheit. Es ist der geborene Sitz des Mitgefühls. In diesem Sinne sagen wir, jemand habe das Herz auf dem »rechten Fleck«.

Solange wir die Entstehung des mitfühlenden Geistes nicht wirklich erklären können – und ich erinnere an Vittorio Gallese, der als Mitentdecker der Spiegelneurone zugeben muss, keine logische Erklärung für das Aufkommen von Mitgefühl liefern zu können –, können wir doch eigentlich gut damit leben, dass weniger die verstandesmäßige Erklärung dieser Tugend das für uns Menschen Entscheidende ist als ihr Vorhandensein im menschlichen Zusammenleben.

Die evolutionstheoretischen Wurzeln
des Mitgefühls

Mitgefühl kann weder allein aus dem Vorhandensein von Spiegelneuronen resultieren, noch daraus, das Herz auf dem rechten Fleck zu haben. Es muss weitere Ursachen geben. Wir können Mitgefühl sogar bei Tieren beobachten, sicherlich in einer anderen Qualität als bei Menschen, aber es ist vorhanden. Es ist selbst bei Tieren beobachtbar, bei denen die Existenz von Spiegelzellen fraglich ist.

Mitgefühl bei und zwischen Tieren

Als herausragender Pionier jeglicher Evolutionsforschung gilt fraglos Charles Darwin (1809–1882). Er erforschte nicht bloß die Evolution der Tiere. Für die Entwicklung unserer menschlichen Spezies wies er der Ethik eine entscheidende Rolle zu. Mitgefühl ist eine Tugend der Ethik. Gibt es dann aber so etwas wie eine Ethik bei bestimmten Tieren? Darwin gibt jedenfalls unzweideutige Hinweise auf Verhaltensweisen bei Tieren, welche Mitgefühl erkennen lassen. Hier einige Beispiele Darwins: »Es sympathisieren indessen sicher viele Tiere mit dem Schmerz oder der Gefahr ihrer Genossen. Dies ist bei Vögeln der Fall. Kapitän Stansbury fand am Salzsee in Utah einen alten und vollständig blinden Pelikan, welcher sehr fett war und von seinen Genossen lange Zeit, und zwar sehr gut, gefüttert worden sein mußte. Mr. Blyth sah, wie er mir mitteilte, wie indische Krähen zwei oder drei ihrer Genossen, welche blind waren, fütterten; und ich habe von einem ähnlichen Fall bei einem Haushuhn gehört. Wenn man lieber will, kann man diese Handlungen instinktive nennen; doch sind derartige Fälle viel zu selten, als daß sie der Entwicklung irgendeines speziellen Instinktes zum Ausgangspunkt dienen könnten. Ich selbst kannte einen Hund, der niemals an einer ihm befreundeten Katze vorüberging, die krank in einem Korbe lag, ohne sie einigemal mit der Zunge zu lecken, – das sicherste Zeichen freundschaftlichen Gefühls beim Hund.«

Vorwiegend aus der Primatenforschung wissen wir mittlerweile sehr gut, dass Affen bei ihren Artgenossen Emotionen erkennen und darauf mit stimmigem Antwortverhalten reagieren können. Wollen wir uns damit begnügen, es »Trost« zu nennen, wenn Tiere andere Tiere unterstützen, ermutigen oder aufmuntern, oder dürfen wir das berechtigterweise als eine Qualität tierischen Mitgefühls bezeichnen? Was Darwin bei Tieren beschreibt, kommt jedenfalls seinen Beobachtungen an Menschen sehr nahe, die wir heutzutage fraglos als mitfühlendes Verhalten werten. In Anlehnung an Adam Smith, den Philosophen und Ökonomen mit seiner Theorie der Gefühle, erklärt Darwin: »Daher ›erweckt der Anblick eines unter Hunger, Kälte, Ermattung leidenden Menschen die Erinnerung an solche Zustände, die selbst in Gedanken noch unangenehm sind‹. So werden wir veranlaßt, die Leiden der anderen zu erleichtern, damit unsere eigenen peinlichen Empfindungen beseitigt werden. In derselben Weise werden wir veranlasst, an den Freuden anderer Menschen teilzunehmen.« (1871)

Darwin beschreibt hier diejenigen inneren Vorgänge im menschlichen Wesen, welche wir heute differenziert als empathische und mitfühlende Resonanz verstehen, wenngleich zu seiner Zeit weder vom einen noch vom anderen die Rede war. Für kurzzeitige Verblüffung sorgen können Darwins frühe Äußerungen, wie sich der Mensch in seinen Augen evolutionär zum »großen Mitgefühl« hin bewege.

Das Fortschreiten der menschlichen Spezies
in der Kultur

Es darf mit Fug und Recht bezweifelt werden, dass Charles Darwin
während seiner Reisen, auf deren Forschungsergebnisse er seine Theorien über die Evolution bei den Tieren und der menschlicher Spezies
gründete, mit buddhistischem Gedankengut in Berührung kam.
Gleichwohl kommt er in seinem ethischen Verständnis von der Entwicklung des Menschen erstaunlich nahe heran an die buddhistischen
Vorstellungen von umfassendem, großem Mitgefühl, welche heutzutage auf so große Resonanz stoßen. Darwin ist überzeugt, »daß die
Sittlichkeit tatsächlich seit den frühesten Zeiträumen der Menschen-
geschichte eine aufsteigende Linie verfolgt habe«, die nicht mehr um-
zukehren sei, sondern die Menschen ausschließlich auf noch höhere
Entwicklungsstufen führen könne: »Wenn der Mensch in der Kultur
fortschreitet und kleine Stämme zu größeren Gemeinwesen sich verei-
nigen, so führt die einfachste Überlegung jeden Einzelnen schließlich
zu der Überzeugung, daß er seine sozialen Instinkte und Sympathien
auf alle, also auch auf die ihm persönlich unbekannten Glieder desselben Volkes auszudehnen habe. Wenn er einmal an diesem Punkt
angekommen ist, kann ihn nur noch eine künstliche Schranke hin-
dern, seine Sympathien auf die Menschen aller Nationen und aller
Rassen auszudehnen. Wenn diese Menschen sich in ihrem Äußeren
oder in ihren Gewohnheiten bedeutend von ihm unterscheiden, so
dauert es, wie uns leider die Erfahrung lehrt, lange, bevor er sie als
seine Mitmenschen betrachten lernt. Wohlwollen über die Schranken
der Menschheit hinaus, d. h. Menschlichkeit gegen die Tiere, scheint
eines der am spätesten erworbenen sittlichen Güter zu sein. ... Diese
Tugend, eine der edelsten, die dem Menschen eingepflanzt ist, scheint
sich bei zunehmender Verfeinerung und Erweiterung unseres Wohl-
wollens nebenher zu entwickeln, bis sie mit der Ausdehnung desselben auf alle empfindende Wesen ihren Höhepunkt erreicht.« (1871)

Darwin spricht nirgends von Mitgefühl. Er spricht von »Sympathie«,
»Wohlwollen« und von kulturellem Fortschreiten. Doch erwähnt er
bereits, dass die Sympathie alle menschlichen Mitgeschöpfe gleich

welcher Nation und Rasse umfasst und sich als eine der späteren moralischen Erwerbungen schlussendlich ausdehnt auf alle fühlenden Wesen. Mit diesen Gedanken sind wir bereits im Kern des umfassenden, großen Mitgefühls, wie es die Buddhisten verstehen und worauf ich weiter unten zurückkommen werde.

Wie ist die menschliche Evolution vorangeschritten, seit Darwin seine Gedanken vom Fortschreiten in der Kultur formuliert hat? Wie zufrieden könnte er wohl sein mit der Evolution unserer Spezies? Es kommt bei der Antwort sehr auf unseren Blickwinkel an. Ohne in eine wissenschaftliche Evolutionsforschung einzusteigen, können Sie allerdings Ihre eigenen Rückschlüsse ziehen, ob und wie die Menschheit voranschreitet.

Sie brauchen bloß einmal ein Museum der Vor- und Frühgeschichte aufzusuchen und dort Szenen aus dem täglichen Leben der Menschen sowie deren Gesichter, Porträts und Familienbilder auf sich wirken zu lassen. Fragen Sie sich dann, wie es zu bestimmten früheren Zeiten um die Herzensqualität Mitgefühl bestellt gewesen sein mag, scheint der Fortschritt in der Kultur leicht ersichtlich. Auf Grund der Härte des Lebens schien Mitgefühl eher eine zu vernachlässigende Größe. Doch ganz so eindeutig ist es nicht: Schauen und hören wir in die große Kunst hinein, in die Poesie, in die Malerei zwischen Mittelalter und Neuzeit oder in die Werke der klassischen Komponisten, so vermögen wir über unsere Augen und Ohren sowie unser empfindendes Herz ungeheure Bekundungen von Mitgefühl und Barmherzigkeit wahrzunehmen. Als eines von unzähligen Beispielen nenne ich Rembrandts Bild »Der verlorene Sohn«.

Nichtsdestoweniger dürfen wir auf der einen Seite ganz fraglos feststellen und würdigen, dass es in der Geschichte der Menschheit noch nie ein so hohes Maß an Mitgefühl in der Welt gegeben hat wie zu unserer heutigen Zeit. Auf der anderen Seite müssen wir aber umgekehrt verbuchen, dass es gleichzeitig noch nie ein so ungeheures Potenzial an Zerstörungskraft und noch nie eine derartige Alltäglichkeit von Gräueltaten gegeben hat. So überzeugend sind die Fortschritte unserer Spezies in der Kultur und in Richtung Mitgefühl demnach bisher nicht gewesen. Die Menschheit ist weit davon entfernt, alle menschlichen Mitgeschöpfe zu achten, unabhängig von Geschlecht, Glaube, Rasse oder Nation. Ebenso weit sind wir als Spezies davon entfernt, unsere »Sympathie«, wie Darwin es nannte, über die Grenzen der Menschheit hinaus auf alle fühlenden Wesen auszudehnen.

Darwin hat uns eine Botschaft hinterlassen, welche von vielen Menschen sträflich ignoriert oder verdrängt wird: dass Tiere Gemütsbewegungen haben und verspüren. Nur durch diese Ignoranz, Verdrängung und Missachtung können wir als Menschen ein so hohes Maß an Humanität, Achtung und Respekt gegenüber dem Reich der Tiere vermissen lassen. Die unhaltbaren Zustände rund um unsere industrielle Massentierhaltung beispielsweise sind bar jeglichen angemessenen Mitgefühls für die lebendige Kreatur. Viele Tiere bringen uns Menschen mehr Mitgefühl entgegen als wir umgekehrt diesen gemütsbewegten Wesen.

Mitgefühl für Menschen bei Tieren

Gibt es tatsächlich eine Qualität von Mitgefühl für Menschen bei Tieren? Für Darwin gar keine offene Frage. Eines seiner Lieblingsbeispiele ist das eines kleinen Affen, dem er sympathisierendes heldenhaftes Verhalten bescheinigt in der Verteidigung seines Wärters im Zoologischen Garten, dem er sehr zugetan war. Jeder Besitzer von Katzen, Hunden oder Pferden würde diese Frage vermutlich ohne das geringste Zögern ebenso bejahen. Hierzu zwei Beispiele – eines, das sich mir selbst eingebrannt hat, und eines, welches mir zugetragen wurde. Sobald Sie persönlich Ihre Erlebnisse mit Tieren aller Art Revue passieren lassen, werden Sie mit hoher Wahrscheinlichkeit umgehend selber fündig.

Ich habe mich in meinem Leben längst nicht zu allen Zeiten so wohl in meiner Haut gefühlt wie heutzutage. Die beglückendste Veränderung habe ich vor allem ab der Zeit erleben dürfen, als mein eigenes Mich-Üben in Mitgefühl mehr als alles andere dazu beigetragen hat, mich mit mir und dem Leben im Reinen zu fühlen. Als junger Mann lebte ich für einige Jahre in einer Wohngemeinschaft, zu der während meiner Zeit dort auch vier Katzen zählten, darunter ein wahrhaft majestätischer, würdevoller schwarzer Kater. Nach einer aus unterschiedlichen Gründen überaus schmerzlichen Trennung von meiner damaligen Liebesgefährtin sowie einem existenziellen Vakuum auf Grund völliger Umorientierung auf meinem Lebensweg fühlte ich mich bis in meinen inneren Kern hinein derart wund, dass ich es mit mir selbst nicht mehr aushalten mochte. Ich fühlte mich von abgrundtiefer Trauer, beißendem, bohrendem Schmerz und Zweifeln bezüglich richtungsweisender Lebensentscheidungen wie gelähmt. »So kann und mag dich niemand mehr aushalten«, redete ich mir obendrein ein. An einem meiner übelsten Tage, als ich in meinem Zimmer Löcher in die Decke starrte, kam plötzlich dieser schwarze Kater in mein Zimmer, was er sonst eher selten tat. Dezent und behutsam trat er auf. Er kam mir nicht zu nahe, weil er in meiner Wahrnehmung mit feinsinnigen Antennen erspüren konnte, dass mir das in meinem Elend viel zuviel gewesen wäre. Er setzte sich im Halbprofil auf einen Raumteiler vor meinem Bett; und dort verharrte er unerschütterlich, wach und präsent. Gelegentlich wandte er den Kopf, schaute mich direkt an, gerade so dosiert, als kenne er instinktiv das für mich gerade noch verträgliche Maß. Die Botschaft, die dieses großartige, feinfühlige Tier ausstrahlte, war: »Ich bin hier bei dir, ich fühle mit dir, ich halte dich in deiner Stimmung aus.« Für mich war das von diesem fühlenden Wesen empfangene stumme Mitgefühl in dem Moment tröstlicher als mancher Versuch menschlichen Zuspruchs, der mich in meiner Verfassung nicht erreichen konnte, weil er zu viel an Beschämung aufgerührt hätte.

Ich beschreibe diese Situation nicht als Selbstentblößung oder Schwank aus meinem Leben, sondern weil jeder Mensch, männlich wie weiblich, vom eigenen Empfinden her nach- wie mitzuempfinden weiß, wie sich Liebesleid anfühlt. Steht das Leben obendrein existenziell auf dem Kopf, sucht jeder und jede die Ritzen des Entkommens, bis das schmerzliche Erleben verarbeitet ist und die Zukunft wieder lockt.

Das zweite Beispiel hat mir eine Klientin erzählt. Deren Großmutter, betagt und ebenso eigensinnig wie hinfällig, lebte allein mit ihrer Katze. Trotz ihrer Hinfälligkeit, welche zunehmend dazu führte, dass sie in der Wohnung stürzte und sich allein nicht mehr zu helfen in der Lage war, weigerte sie sich hartnäckig, ihre vertrauten Räumlichkeiten aufzugeben. Lieber wartete sie auf ihren Pfleger oder ein Familienmitglied, die ihr wieder auf die Beine halfen. Bevor dieser Zustand gänzlich unhaltbar wurde, erlebten sowohl der Pfleger wie auch Familienangehörige mehrere Situationen, in welchen die Katze der alten Dame sich auf sie gelegt hatte, um sie zu wärmen, wenn sie wieder einmal gestürzt war und hilflos auf dem kalten Boden lag.

Erzählungen und Berichte über Tiere, die ihre Besitzer getröstet, unterstützt oder ihnen gar das Leben gerettet haben, gibt es unzählige. Nennen wir das Instinkt oder messen wir diesem fürsorglichen Verhalten der jeweiligen Tiere eine eigene Qualität von Mitgefühl zu? Persönlich bin ich da sehr entschieden.

Mitgefühl und Selbstgefühl

Wer sind Sie? Wer ist das, der oder die gerade diese Frage liest? Wissen Sie wirklich und wahrhaftig, wer Sie sind? Sind Sie sicher, dass es Sie überhaupt gibt, oder bilden Sie sich bloß ein, es gäbe Sie entsprechend Ihren Vorstellungen von der eigenen Person? Stelle ich Ihnen hier Scheinfragen, welche in kaum nennenswerter Weise Ihre Realität berühren? Oder geht es hier ernsthaft um Sein oder Nicht-Sein? Und wie kommt Mitgefühl hier ins Spiel?

Da sich Mitgefühl als Herzensqualität sowohl auf uns selbst wie auf andere richtet, brauchen wir logischerweise eine Vorstellung davon, wer oder was das eigentlich ist, worauf sich Mitgefühl bezieht. Wir brauchen also eine Vorstellung davon, wer wir sind und wie es ist, diese Person zu sein, die wir »Ich« nennen, und wer die anderen sind und wie es ist, jemand anders zu sein. Das knüpft an die uralte Erkenntnisfrage an, wie sich eigentlich unser subjektiv empfundenes Ich- oder Selbstgefühl und dasjenige der anderen formt. Dieses Kapitel muss wegen des Nachdenkens über den Menschen zwangsläufig unsere grauen Zellen fordern. Denn da »das Schwert des konzeptorientierten Denkens«, wie Thich Nhat Hanh aus östlichem Blickwinkel kommentiert (1989), voll zuschlägt, was den Menschen buchstäblich den Kopf kosten kann, wird sein »Ich« oder »Selbst« nicht bloß in zwei, sondern in viele Teile zerlegt. Sie werden gleich verstehen, was ich damit sagen möchte. Deshalb wäre es auch schade, diese theoretischen Hintergründe zu scheuen und zu überspringen. Unser Mitgefühl entsteht schließlich nicht im luftleeren Raum.

»Ich« und »Selbst« im Verständnis der Wissenschaften vom Menschen: Gute Theorienbildung oder unbekömmliche Seelennahrung?

Keine der Wissenschaften vom Menschen, weder die moderne Gehirnforschung, die Entwicklungspsychologie noch die Philosophie oder die Religion sind bis heute in der Lage, *wirklich* zu erklären, was das »Ich« oder das »Selbst« ist, wie aus Leib und Körper sowie aus Gefühlen, Bewusstsein, Geist und Gehirn eine menschliche Identität oder »Seele« entsteht.

Aber alle derzeitigen wissenschaftlichen Strömungen, welche die Psyche, die Seele, den Geist oder das Gehirn zu erkunden suchen, gehen nahezu unisono davon aus, dass unser »Ich« oder das »Selbst« keine aus sich selbst heraus bestehenden Wesenseinheiten sind, sondern dass sie sich aus unterschiedlichen Zuständen zusammensetzen. Der deutsche Gehirnforscher Gerhard Roth stellt sich das »Ich« oder »Selbst« vor als »ein Bündel besonderer Bewusstseinszustände, die nacheinander erlebt und in diesem Erleben zu einer *Scheininstanz* integriert werden«. (Roth, 2003) Um die Verbindungswege zwischen Bewusstsein und Scheininstanz zu demonstrieren, unterscheidet er verschiedene funktionale Ich- oder Selbstzustände, die in ihrer Gesamtheit unser gefühltes, uns vertrautes Selbst ausmachen. Im Grunde genommen unterscheidet er in seiner Disziplin nichts anderes, als es Daniel Stern (1992) bereits in seinen entwicklungspsychologischen Überlegungen zur Organisation des Selbstempfindens beschreibt. Roth differenziert ein Körper-Ich und ein Verortungs-Ich, die bei Stern dem Empfinden von Selbst-Kohärenz entsprechen. Roths perspektivisches Ich und sein Ich als Erlebnis-Subjekt, welche die eigene Erfahrungswelt konturieren, entsprechen Sterns Selbst-Affektivität. Das Autorenschafts-Ich ist identisch mit dem Selbstempfinden von Urheberschaft bei Stern, und das autobiografische Ich bei Roth entspricht der Selbst-Geschichtlichkeit bei Stern.

Die Frage sei erlaubt: Fühlen Sie sich als Leser oder Leserin etwa als eine gebündelte Scheininstanz oder nicht doch vielmehr als lebendiges Wesen aus Fleisch und Blut? Der Abstraktionsgrad wissenschaftlicher

Fachlichkeit und lebendiges menschliches Fühlen lassen sich nicht so einfach unter einen Hut bringen. Folgen wir also erst einmal weiter unwidersprochen den derzeit angesagtesten wissenschaftlichen Strömungen und gehen wir davon aus, dass wir als fühlende und denkende Menschen nicht aus einem Guss sind, sondern wohl eher ein zusammengesetztes Puzzle aus identitätsstiftenden Teilen, die wir Ich-Zustände, Selbstanteile, Teilpersönlichkeiten, Rollen oder neuerdings Ego-States nennen können. Letztlich läuft es darauf hinaus, dass wir nicht ein »Ding« oder konsistentes Ich *sind*, sondern über ein multidimensionales Selbst verfügen. Trotz der Multidimensionalität unseres Selbst *fühlen* wir als halbwegs gesunde Menschen allerdings ein »Ich« oder »Selbst«, das unsere gefühlte Wirklichkeit ausmacht. Unser Selbstgefühl von uns als verkörperter Entität hindert uns gleichwohl nicht, gleichzeitig auch verschiedene Ich-Zustände zu unterscheiden. Falsch an unserer Wahrnehmung unserer selbst als eines kohärenten Ganzen ist dennoch nichts. Es sei denn, wir ließen uns permanent einreden, dass wir als Scheininstanz einem gefühlten Trugschluss aufsitzen. Wir kennen das kritische »Gefühlte« ja zur Genüge aus einem anderen Zusammenhang: Jedes Mal, wenn von der »gefühlten Inflation« seit der Einführung des Euro die Rede ist, wird den derart Fühlenden die objektive Richtigkeit ihrer Wahrnehmung bestritten.

Die Beschreibung verschiedener »Ich-Zustände« wurde von dem Wiener Arzt und Psychoanalytiker Paul Federn (1871–1950) erstmals in die psychoanalytische Theorie und Krankheitslehre eingeführt. (1956) Er beobachtete sie an Patienten mit Depersonalisationserscheinungen und Psychosen. Für Federn war das Ich zwar ein realer Gefühlszustand, aber keine Entität, sondern zusammengesetzt aus »Sub-Persönlichkeiten«, von denen jede als »Ich-Zustand« mit einem speziellen Ursprung, einer eigenen Geschichte und besonderen Gefühlen verwoben ist. Im Normalfall funktionieren sie miteinander und erlauben dem Menschen die Wahrnehmung seines subjektiven »Ich«.

Etliche theoretische Umdrehungen später präzisieren die US-Amerikaner John und Helen Watkins 1997 als geistige Urheber der Ego-State-Therapie: »Ein Ich-Zustand kann definiert werden als organisiertes

Verhaltens- und Erfahrungssystem, dessen Elemente durch ein ge-
meinsames Prinzip zusammengehalten werden und das von anderen
Ich-Zuständen durch eine mehr oder weniger durchlässige Grenze getrennt ist.« (Watkins/Watkins, 2003)

Für den deutschsprachigen Raum formuliert der Traumatherapeut
Jochen Peichl (2007) etwas konkreter: »Ego-States sind komplexe
neuronale Netzwerke, die Gefühle, Körpergefühle, Überzeugungen
und Verhaltensweisen in einem bestimmten Augenblick oder über
einen bestimmten Zeitraum festhalten. Es sind voneinander abgrenz-
bare psychische Einheiten.«

Der psychologische oder fast schon philosophische Grundgedanke
der Ego-State-Theorie ist der, dass sie sich den Menschen als ein
Modell aus unterschiedlichen Persönlichkeitsanteilen vorstellt, die sowohl sehr viel individueller wie auch zahlreicher sind, als so populäre
Schablonen wie Kind-Ich oder Erwachsenen-Selbst vorgeben. Das
einheitliche Ganze ist gefühlter Schein. Für das im Normalfall koope-
rativ harmonierende Miteinander all unserer diversen Ego-States
wählt Jochen Peichl ein konzertantes Bild: »Wir gleichen einem Or-
chester mit verschiedenen und sehr unterschiedlichen Instrumenten
wie Geigen, Trompeten, Flöten, einer Pauke usw. Jedes Ego-State hat
eine eigene Geschichte, Stimmung, Sichtweise, Kognition und Gedächtnis. Damit aber alle Instrumente zusammenstimmen und jeder
auch die gleiche Partitur spielt, bedarf es eines Dirigenten. Auch in
unserer Persönlichkeit benötigen wir ein Erwachsenen-Ego-State,
welches in der Lage ist, die verschiedenen Aspekte von uns zu bün-
deln und zu einer Handlungsorientierung zu fokussieren.« (2007)

Machen wir es noch konkreter: Mit einem Ego-State, einer Teilper-
sönlichkeit, einem Ich-Zustand oder einer Rolle schreibe ich in diesem Moment dieses Kapitel meines Buches. Das ist mein Autoren-Ich.
Mit meiner Rolle und Identität als Familien-, Körper- und Sucht-
therapeut werde ich mich anschließend dem therapeutischen Tanz mit
meinen heutigen Klienten und Patientinnen widmen, nicht ohne hierzu mein Herz wie meinen Geist zu öffnen für Teile, welche über mich

hinausweisen. Ganz körper- und hautnah freut sich der Koch in mir
darauf, gegen Abend ein schmackhaftes Essen zu bereiten. Der Haus-
mann räumt nach dessen genüsslichem Verzehr selbstverständlich die
Küche auf. Als Mann und Partner meiner Lebensgefährtin sitze ich
danach als Betrachter eines Films in meinem Lieblingskino, wobei
die Auswahl des Films nicht der Cineast in mir trifft, sondern ein
erfahrungsdurstiger Teil, der geistige Magerkost heute für zu leicht
befindet und lieber etwas über das »Kreative Universum« zu erfahren
sucht. Zu noch späterer Stunde verhelfe ich dann sowohl dem spiel-
freudigen Kind wie Erwachsenen in mir zu seinem Recht, indem
ich mit meiner Partnerin und mit Freunden gemeinsam geteiltes Erleben über ein vergnügliches Gesellschaftsspiel herstelle. Der Stratege
in mir plant vorausschauend seine Züge. Den sozial geprägten und
frustrationstoleranten Teilen in mir ist das verbundene Gemeinsam-
keitserleben jedoch wichtiger als das ehrgeizige Ziel zu gewinnen.
In allen Situationen kann ich den mitfühlenden Teil oder Bewusst-
seinsstrom in mir wach und präsent halten. Ich verfügte aber auch
über die Entscheidungsfreiheit, mich aus dem Mitgefühl zurückzuziehen. Trotz des permanenten Wechsels zwischen Ego-States, Ich-
Zuständen, Teilpersönlichkeiten, Rollen und jeweils auflebenden Befindlichkeiten wie Emotionen bleibe ich den ganzen Tag über voll und
ganz »ich selbst«. Im Hintergrund weiß ich um alle meine Ego-States,
Selbstanteile, Rollen und Befindlichkeiten, fühle mich aber nicht als
zusammengesetzte multidimensionale Teilperson, sondern einheitlich
und konsistent. Real gefühlte Wirklichkeit und Teiletheorie sind in
keiner Weise deckungsgleich.

Es wird Ihnen mit sich selbst sicherlich kaum anders gehen. Und
so können wir auch beruhigt davon ausgehen, dass Ego-States ganz
normale Teile unserer verkörperten menschlichen Psyche oder Seele
sind. Im Normalfall sind wir uns ihrer bewusst genug, um mit ihnen
konzertant zu spielen.

Sofern Ihnen in diesem Kapitel bislang vieles zu abstrakt und theoretisch klingt, liegen Sie goldrichtig. Mir scheint, die Vorstellung vom
Menschen als einem aus vielen Ego-States, Ich-Zuständen und Selbstanteilen zusammengesetzten Wesen hat eine für unseren Zeitgeist

typische Eigendynamik entwickelt. Ich wage einmal die These, dass sich die Multidimensionalität, Dissoziierung und Fragmentierung des Forschungsgegenstandes »Mensch« als Übertragungssymptom im Wissenschaftsbetrieb wiederfindet, und zwar als eine Spielart der Fragmentierung und – schlimmer noch – der verborgenen, ins Selbstverständliche gerutschten Entmenschlichung, der weite Teile des mitfühlenden Geistes wie menschlichen Da-Seins zum Opfer fallen.

Woran ich dabei denke: Theorien zum »Selbst« oder zum »Ich« des Menschen gibt es mittlerweile wie Sand am Meer. Ich äußere das nicht einmal mit despektierlicher oder ketzerischer Absicht. Es ist die Beschreibung eines Ist-Zustandes. Allein Jochen Peichl (2007) listet mehr als ein Dutzend der unterschiedlichsten Theorien zur Multidimensionalität des menschlichen Selbst auf. Keine allerdings erfasst den Menschen als Ganzes, wird ihm als einzelne Theorie wirklich gerecht. Alle erklären sie bloß Teilaspekte des Wunders »Mensch«. Jede Theorie zum Wesen des Menschen ist um neue Erkenntnisse, um Originäres und Originelles bemüht. Zum einen ist das der logischen Weiterentwicklung des wissenschaftlichen Erkenntnisstandes zu danken, zum anderen ist es aber der charakteristische Ausfluss eines Wissenschaftsbetriebs, an dem die wirtschaftlichen Marktgesetze von Konkurrenz und Profilierung nicht spurlos vorübergehen.

Auch eine der wissenschaftlichen Gemeinde innewohnende eigene »Sucht nach ›Tiefe‹« (Dornes, 1997) trägt ihren Teil zur Fragmentierung der theoretischen Ideenschmieden und des wissenschaftlichen Menschenbildes bei. Immer differenziertere und noch ausgefeiltere Hypothesenbildung hat auf der einen Seite zwar etwas intellektuell Faszinierendes, auf der anderen Seite aber droht Ermüdung, wenn der Mensch durch ein Übermaß an Abstraktion seiner ureigensten Menschlichkeit beraubt wird. Es ist auch nicht wirklich dienlich, für gleiche oder ähnliche Tatbestände immer neue Begrifflichkeiten zu prägen, bloß um sich durch die Veränderung der Nomenklatur von einem anderen theoretischen Denkansatz abzuheben. Verloren geht der kleinste gemeinsame Nenner als Konsens. Das bereitet Grund zur Sorge, die selbst anerkannte Schwergewichte der Forschung teilen. So macht sich der Bewusstseinsforscher Antonio Damasio ernsthafte

Gedanken um »die Flut neuer Daten, mit der uns die Neurowissenschaft überschwemmt«, und betont explizit die »Gefahr, dass sie uns die Möglichkeit nimmt, noch einen klaren Gedanken zu fassen«. (Damasio, 1995)

Auf der Strecke bleibt der Mensch, mag, wenn wir es augenzwinkernd formulieren, seine Seele auch noch so sinnig wissend lächeln ob all der wissenschaftlichen Verrenkungen um ihre Existenz oder Nichtexistenz. Denn das ist die logische Frage: Wenn uns die Vorstellungen zum multidimensionalen Wesen des Menschen nicht einmal mehr ein »Ich« oder »Selbst« als ein Ganzes gewähren, wo bleibt dann erst der Platz für die Seele? Die innere Existenz von Ego-States, Ich-Zuständen und Selbstanteilen können wir nicht ernsthaft in Abrede stellen. Wir wissen fraglos um deren Existenz, weil wir sie fühlen können. Sobald daraus abgeleitet wird, dass es ein »Ich«, ein »Selbst« oder eine »Seele« bloß als Scheininstanz geben könne, stellt sich uns ein Problem: nämlich ein Denk- und Erklärungsproblem. Wer oder was ist dann die handlungsleitende Instanz für unser aller Leben? Überspitzt gefragt: Befreien uns solche theoretischen Ableitungen nicht letztlich von uns selbst, wenn sie uns ein Selbst als Lebensorganisator absprechen? Jedenfalls wird um das »Ich« oder »Selbst«, um die Einheit der Person, in vielen Forschungsdisziplinen nach wie vor heftig gerungen. Weder im Gehirn noch an einer sonstigen Stelle in uns findet sich dergleichen, selbst bei noch so genauem Hinsehen nicht. Zwar spüren Menschen, indem sie sich als Person leib-seelisch erfahren und urheberschaftlich handeln, sehr deutlich die Existenz ihres konsistenten Selbst, doch es existiert nichts in unserer Materie, vorzugsweise im Gehirn, was als neuronale Substanz einer solchen steuernden Instanz zu greifen wäre. In den unterschiedlichen Arealen der feinen Architektur unseres Gehirns laufen die merkwürdigsten Prozesse ab, die aber nirgendwo sichtbar von einem vereinheitlichenden »Prozessor« gesteuert werden. Folglich erleben sich halbwegs gesunde Menschen zwar als kohärente, fühlende und handelnde Personen mit einem Urheberschafts- und Wirksamkeitsgefühl, ohne aber freilich das entsprechende materielle oder substanzielle Korrelat mit festem Wohnsitz im Gehirn dingfest machen zu können. Unsere Seele findet sich erst recht nicht im Gehirn. Vor dem, was den Menschen zum Menschen macht, scheint alle Wissenschaft kapitulieren zu müssen, denn wie wir weiter oben gesehen haben, kann selbst die gefeierte Entdeckung der menschlichen Spiegelzellen in keiner Weise erklären, wie das Mitgefühl im Menschen erwächst. Zwar wird mit dem limbischen System, dem Zentrum im Gehirn für emotionale Intelligenz, ein Favorit benannt, unsere zentrale emotionale Schaltstelle zu sein. Unsere »Seele« oder unseren »Geist« treffen wir nichtsdestotrotz auch dort nicht an. Beide schlüpfen ungreifbar durch die Maschen der rein naturwissenschaftlichen Erkenntnisform.

Trotz noch so zahlreicher unterschiedlicher Theorien zu unserem »Ich« oder »Selbst« bleiben wir Menschen ein weitgehend unentschlüsseltes Rätsel, was unsere gefühlte Entität und Identität anbelangt. Was mein eigenes Welt- und Menschenbild betrifft, finde ich es daher persönlich ebenso wohltuend wie erfrischend, wie menschlich selbstverständlich Martin Dornes (2006) als Entwicklungspsychologe im Bewusstsein aller ungelösten Rätsel von der Existenz der »Seele« spricht. Nach seiner Überzeugung erschaffen »Glück und Trauer, Hochgefühl und Niedergeschlagenheit, Selbstachtung und Zweifel, Vertrauen und Misstrauen, Nähe und Ferne, Wärme und Kälte, Geborgenheit und Einsamkeit«, also das gesamte »emotionale Aroma und affektive Klima«, in welchem wir leben, arbeiten, uns freuen und leiden, »das Gewebe der Seele«. Die Seele oder der Geist fühlen sich gestreichelt durch solche menschlichen Worte und mögen in trauter Eintracht wieder verständnissinnig lächeln.

Was hat dieser Ausflug nun mit uns und mit unserem Thema »Mitgefühl« zu tun? Die Antwort ist denkbar einfach: In der erbittert geführten Diskussion um das naturalistische oder personalistische Bild vom Menschen sowie in der Frage nach der Beschaffenheit seines »Ich« oder seines »Selbst« kommen wir nicht umhin, uns als Menschen, als Privatpersonen zu positionieren. Aus der Fülle miteinander um Gültigkeit konkurrierender Theorieansätze um die Beschaffenheit des menschlichen Wesens wählen wir aus, welche Ideen und Vorstellungen wir uns zu eigen machen wollen und welchen wir skeptischer gegenüberstehen. Das hat unmittelbare Auswirkungen auf unser konkretes Leben und Handeln im Hier und Heute. Nicht die Theorien sind das Agens, sondern wir als Menschen im Zusammenspiel mit allen anderen sind die lebendigen Akteure auf der Lebensbühne.

Ich begebe mich für einen Augenblick noch einmal in die gute Gesellschaft des Psychotherapeuten Jochen Peichl, der meine Ausgangsthese von der Fragmentierung der wissenschaftlichen Ideenschmieden umschreibt: »Alle Therapiemodelle, mit denen ich mich in den 30 Jahren mehr oder weniger leidenschaftlich auseinandergesetzt und die ich zum Teil intensiv selbst erfahren und praktiziert habe, beleuchteten immer nur einen Aspekt des Denkens, Fühlens und Handelns und weiterer Funktionen. Zu jeder dieser Komponenten wurde von unseren Großvätern und Vätern eine Therapieschule gegründet, deren Erkenntnisse und Glaubenssätze dann in der nächsten und übernächsten Generation zugespitzt, radikalisiert und manchmal auch dogmatisiert wurden. Für das Verhalten war nur die Verhaltenstherapie zuständig, für das Fühlen die Gestalttherapie, für das Körpererleben die Körpertherapie nach Downing, für die inneren Bilder das Katathyme Bilderleben, für das bewusste Denken die Kognitive Therapie, für das Unbewusste die Psychoanalyse, für den Menschen in der Gruppe, in der Paarbeziehung, in der Familie die jeweilige Therapieform und so weiter und so fort. So oft konnte man die Wahrheit gar nicht aufteilen, dass sie für jeden gereicht hätte. Jeder beschrieb zwar nur einen Aspekt, gab sich aber selbstbewusst und wertete den anderen ab oder ignorierte ihn, um sich am Markte zu behaupten.« (Peichl, 2007)

Grundsätzlich kann jeder vom anderen lernen und profitieren, wenn er im Denken und Fühlen offen bleibt. Neugierde und Offenheit für das Denken und Schaffen anderer finden wir in der Fülle der Wirklichkeit daher genauso wie missionarisches Sendungsbewusstsein und den Anspruch auf die einzig gültige Wahrheit. Mäßigung, die das »Prinzip Menschlichkeit« gelten lässt, ist allerdings nicht das vordringlichste Merkmal unserer von Konkurrenzdenken beherrschten, an umfassendem Mitgefühl aber armen Zeit. Mitgefühl kleidet sich in wohlverstandene Demut, ist in keiner Weise interessiert an vergleichendem »Messen«, geschweige denn »Anmaßung«. Mitgefühl konkurriert nicht, ist weder eine Theorie noch ein Ich-Zustand oder Ego-State. In ihrer Ganzheit ist diese Herzensqualität in keiner Weise in Einzelteile zerlegbar. Mitgefühl ist schlicht Menschlich-Sein in reinster Form. Insofern stehen sich auf der Bühne des Alltags »Seelenmenschen« und »Dingmenschen« nicht selten relativ unverbunden und sprachlos gegenüber, getrennt durch neue Formen babylonischer Sprachverwirrung. Das ist nicht die Form von gut bekömmlicher Seelennahrung, deren wir bedürfen.

»Ich« und »Selbst« im buddhistischen und spirituellen Menschenbild: Alles ist mit allem verbunden

Theoretisch anfangs nicht viel einfacher, aber um Längen sympathischer und vor allem nährender wird es, wenn wir uns das »Ich« und das »Selbst« im Buddhismus bzw. allgemein im spirituellen Kontext anschauen. Ist im wissenschaftlichen Mainstream des Westens mit seiner Zentrierung auf das Selbst als Baustein unserer individuellen Persönlichkeit, wofür in ihrer Überhöhung Schlagwörter wie »Abgrenzung« und »Autonomie« stehen, kaum Platz für ein spirituelles Verständnis vom Menschen und seiner Existenz, so formuliert der Buddhismus zumindest den erklärten Anspruch, den Menschen und das Leben tiefer zu verstehen.

Bei Chandrakirti, der im 7. Jahrhundert in Indien gelebt und die Lehren Buddhas und Nagarjunas kommentiert hat, heißt es: »Erst entwickeln wir die Vorstellung von einem ›Ich‹ und klammern uns daran. Dann entwickeln wir die Vorstellung ›mein‹ und klammern uns an die materielle Welt. Wie Wasser in einem Mühlrad drehen wir uns hilflos im Kreis. Ich preise das alle Wesen einbeziehende Mitgefühl.«

Im buddhistischen Verständnis von »Ich« und »Selbst« dreht sich alles um »die Schleier des Ego« (Ricard, 2009), die es zu lüften gilt. Der Begriff »Selbst« hat dabei zwei Bedeutungen, die deutlich auseinandergehalten werden müssen, um nicht noch mehr Verwirrung zu stiften, als es die buddhistischen Vorstellungen vom »Selbst« ohnehin vermögen, wenn wir sie mit unseren westlich geprägten Denkschablonen vergleichen.

Die erste Bedeutung von »Selbst« ist »Person« oder »Lebewesen«. Gemeint ist damit ein Lebewesen, das fühlt, das liebt oder hasst, das geeignete oder ungeeignete Handlungen begeht und dadurch im Sinne von Ursache und Wirkung gutes oder schlechtes Karma anhäuft, das die Früchte oder Konsequenzen seiner Taten erfährt, wenn es im Daseinskreislauf wiedergeboren wird, und das sich auf dem spirituellen Weg in Mitgefühl üben kann. Das kommt am ehesten unserem Empfinden unserer selbst als Person oder Individuum nahe.

Die zweite Bedeutung des Begriffes »Selbst« zielt auf die »Selbstlosigkeit«. Für die Buddhisten existiert genau genommen kein Selbst, denn es ist nirgends zu finden. Unser Selbst ist zutiefst scheinhaft, weil es ausschließlich in unseren falschen Vorstellungen sowie durch die Überkonkretisierung von Eigenschaften, welche wir unserem Selbst zuschreiben, existiert. Unsere Illusion besteht darin zu glauben, dass unser Selbst in der Abhängigkeit oder im Zusammenspiel von Körper, Geist und Seele entstehe, wobei die Buddhisten den Begriff der »Seele« ablehnen. Sie sprechen vom klaren Geist des Bewusstseins. Doch es ist ähnlich wie bei den Forschungsbemühungen unserer konzeptorientierten Wissenschaftler: Weder im Körper noch im Bewusstsein, im Gehirn oder in der Seele kann eine Person gefunden werden, und außerhalb schon gar nicht. Wenn das »Selbst« oder das »Ich« aber nicht im Körper, im Bewusstsein oder im Gehirn zu identifizieren ist, nicht in allen zusammen und ebenso wenig als etwas Auffindbares, das von den dreien verschieden ist, dann ist es für die Buddhisten offensichtlich, dass wir auf nichts zeigen können, was rechtfertigen könnte, dass wir ein so ausgeprägtes Empfinden eines »Ich« haben. Unser Fehlschluss bzw. die Übertreibung oder Überkonkretisierung unseres »Selbst« oder »Ich« resultiert im buddhistischen Menschenbild aus der Unwissenheit. Unwissenheit meint nicht mangelnde Bildung, sondern das schlimmste Unwissen besteht darin, uns selbst und andere als voneinander getrennte Einheiten zu begreifen und nicht verstehen zu wollen, wie alle mit allen und alles mit allem verbunden ist.

Unser unwissender Geist betrachtet unser »Ich«, dem wir jeweils körperliche oder geistige Eigenschaften und Attribute zuschreiben, als etwas, das aus sich heraus existiert. Wir nehmen es wahr, also muss es da sein, folglich muss es existieren. Aus Sicht der Buddhisten gibt es jedoch überhaupt nichts, das aus sich heraus, also »inhärent«, existiert. Weder unser »Selbst« noch sonst etwas. Unser Selbst wie alle anderen Dinge und Erscheinungen existieren »nur dem Namen nach«. Lassen wir uns diesen zentralen Punkt durch zwei Textpassagen genauer vom Dalai Lama erklären: »Doch das, was nicht fündig wird, wenn es nach einem ›Ich‹ oder einem ›Selbst‹ sucht, dieses Wesen, das Freude und Schmerz empfindet, ohne beides zu analysieren, und das so ständig neue Ursachen und Entstehungsbedingungen ansammelt – dieses Wesen existiert tatsächlich. Das Individuum ist nicht etwa nicht vorhanden, es existiert nur nicht *an sich*. Wäre das Ich in den Aggregaten begründet, dann würde das Individuum aus sich heraus existieren. Geht man davon aus, dass das Individuum wesensmäßig existiert, dann müsste man es allerdings finden, wenn man es innerhalb der Aggregate sucht. Das Individuum existiert aber nicht aus sich selbst heraus. Da es nur dem Namen nach existiert, können wir es auch nicht finden.« (Dalai Lama, 2004)

Verstehen wir unter »Aggregate« ruhig die Orte, an welchen auch unsere Gehirn-, Emotions- und sonstigen naturwissenschaftlichen Forscher nach unserem »Selbst« suchen: Körper, Geist, Bewusstsein, Gehirn. Sie finden uns dort als verkörperte menschliche Wesen aber nicht. Das Bewusstseinsrätsel Mensch ist bislang nicht zu lösen, bekommt im buddhistischen Menschen- und Weltbild durch das Verständnis der Selbstlosigkeit jedoch eine weitere Dimension: »Wir alle haben ein Gefühl von ›Ich‹. Wir müssen aber erkennen, dass dieses ›Ich‹ nur bezeichnet wird in Abhängigkeit von Geist und Körper. Die Selbstlosigkeit, von der Buddhisten sprechen, bezieht sich auf die Abwesenheit eines Selbst, welches unvergänglich ist, nicht aus Teilen zusammengesetzt und unabhängig ist. Auf subtilere Art und Weise kann Selbstlosigkeit auf die inhärente Existenz eines jeden Phänomens bezogen werden. Buddhisten wertschätzen jedoch die Existenz eines Selbst, das sich von Moment zu Moment verändert und das in

Abhängigkeit vom Kontinuum von Geist und Körper bezeichnet wird. Jeder und jede von uns hat berechtigterweise dieses Gefühl von ›Ich‹. Wenn Buddhisten von der Doktrin der Selbstlosigkeit sprechen, dann meinen sie nicht die Nichtexistenz dieses Selbst. Mit diesem ›Ich‹ wollen wir alle Glück erreichen und Leid vermeiden. Nur wenn wir unsere Wahrnehmung von uns selbst und von anderen Phänomenen in die Bedeutung von etwas inhärent Existentem übertreiben, werden wir in zahlreiche Probleme verwickelt.« (Dalai Lama, 2002a)

Unsere Probleme beginnen, wenn wir aus Gewohnheit oder Vertrautheit heraus unser Selbst als etwas Konkretes betrachten. Obwohl wir zwischen Geburt und Tod unablässig Veränderungsprozesse durchlaufen und unser Leben zur Bühne für unzählige körperliche, seelische, emotionale und geistige Erfahrungen wird, halten wir doch an unserem Selbst fest wie an etwas Dauerhaftem, Eigenständigem, Einzigartigem. Wir hegen und pflegen unser Ego, jeder und jede auf eigene Art. In Wirklichkeit sind unser »Ego« oder »Selbst«, sind »ich« und »mein« höchst anfällige illusionäre Einbildungen.

Selbstverständlich ist jedes menschliche Wesen ein in seiner Einzigartigkeit unverwechselbarer Mensch mit einem Geburtsrecht auf Glück und Liebe. Es ist absolut wichtig, anzuerkennen und zu würdigen, wer wir als Menschen sind. Sobald wir jedoch unsere Vorstellung, ein von den anderen getrenntes »Ich« zu sein, durch Überhöhung für real nehmen, stehen wir nach buddhistischem Verständnis nicht mehr im Einklang mit der Wirklichkeit. In dieser Hinsicht unterscheidet sich das buddhistische Welt- und Menschenbild diametral von der individualistischen Egozentrik des Westens. Kreisen wir in unserem Denken vorzugsweise um uns selbst als Nabel der Welt, indem wir unsere Selbständigkeit, Abgrenzung und Autonomie betonen, steht für die Buddhisten der Gedanke der »Verbundenheit« im Vordergrund: »Alles ist mit allem verbunden«, nichts existiert aus sich selbst heraus. Als fühlende Wesen sind wir nämlich grundlegend abhängig von unseren Mitmenschen und unserer Umwelt, also von der gesamten Mitgeschöpflichkeit. Wir stehen mit allen und allem fortwährend in einer beständigen, wechselseitigen Verbindung. Wir bedingen einander. Matthieu Ricard, den der Dalai Lama nicht bloß als seinen französischen Übersetzer schätzt, sondern auch wegen der Schärfe seines Geistes, erklärt dazu:»Unsere Erfahrungen sind lediglich der Inhalt unseres Geistesstroms oder Geisteskontinuums, und es gibt keinen Grund, innerhalb dieses Geistesstroms das Selbst als eine völlig eigenständige Einheit zu betrachten. ... Allerdings haben wir uns so sehr daran gewöhnt, diesen Geistesstrom mit dem Etikett ›ich‹ zu versehen, dass wir uns mit diesem identifizieren und daher fürchten, es könne verschwinden. Das führt zu einem starken Anhaften an einem ›Selbst‹ und in der Folge zu der Vorstellung von ›mein‹ – mein Körper, mein Name, mein Verstand, mein Besitz, meine Freunde –, die wiederum entweder Besitzwünsche oder aber ein Gefühl von Ablehnung oder Abscheu den ›anderen‹ gegenüber bewirkt.

So kristallisieren sich in unserem Denken die Vorstellungen vom ›Selbst‹ und den anderen heraus. Diese ziehen unweigerlich die – falsche und irreführende – duale Wahrnehmung der Wirklichkeit nach sich, die den Boden bereitet für all unsere leidvollen Erfahrungen: entfremdende Gier, Hass, Eifersucht, Hochmut oder Selbstsucht. Von da an nehmen wir die Welt in einer durch den Zerrspiegel unserer Illusionen entstellten Weise wahr. Wir befinden uns nicht mehr in Einklang mit der wahren Natur der Dinge.« (2009)

Die wahre Natur der Dinge ist, dass wir immer schon über uns selbst hinausweisen, weil wir mit allem verbunden sind. Allein können Sie niemals werden, der oder die Sie sind. Wer stark seinem »Ego« verhaftet ist, wird ebenso niemals, der oder die er ist. Er verliert den Bezug zu sich selbst und nimmt sich heraus aus der Verbundenheit aller Dinge. In unserem westlichen egozentrischen Denken verwechseln wir nur allzu leicht unser »Ego« mit Selbstvertrauen. Das Ego baut ausschließlich auf künstlichem Selbstvertrauen auf, das wir aus vordergründigen Attributen ziehen: Macht, Geld, Erfolg, Statusobjekten, Schönheit, intellektuelle Brillanz usw. So existieren wir eher als das Bild, das wir uns von uns selbst machen und welches uns die anderen von uns vermitteln, denn als die, die wir wirklich sind.

Unsere trügerische »Ego-Identität« ist eine brüchige Erscheinung, die bisweilen schon durch eine unabsichtliche Kränkung ins Wanken geraten kann. Buddhisten haben es da besser. Sie sind weniger anfällig für Angriffe auf ihr Selbst, denn: »Im Buddhismus ist echtes Selbstvertrauen die *natürliche Qualität der Egolosigkeit*. Die Ego-Illusion hinter sich zu lassen bedeutet, sich von einer elementaren Verletzlichkeit zu befreien.« (Ricard, 2009)

Für Jiddu Krishnamurti, diesen großen indischen Weisheitslehrer, der sich allerdings erklärtermaßen weder als Buddhist noch als Anhänger einer anderen religiösen oder spirituellen Gruppierung versteht, resultiert unsere Anfälligkeit für elementare Verletzungen gleichfalls aus unserer trügerischen Identität: »Wenn Sie das Leben als Ganzes sehen, existieren keine Probleme. Nur ein fragmentarischer Geist, ein gespaltenes Herz schaffen Probleme. Und im Mittelpunkt des Fragments ist das ›Ich‹. Das ›Ich‹ wird durch das Denken geschaffen; *es besitzt keine eigene Realität*. Das ›Ich‹ – ›mein‹ Haus, ›meine‹ Enttäuschung, ›mein‹ Wunsch, jemand zu werden –, dieses ›Ich‹ ist das Produkt unseres trennenden Denkens.« (1995)

Die Befreiung von elementarer Verletzlichkeit sowie die Heilung des gespaltenen Herzens erfolgen nicht durch eine Demontage des Selbst, sondern durch die innere Stärke und Freiheit, uns über unsere Ichbezogenheit hinweg auszudehnen und die Erkenntnis zu leben, dass alles mit allem verbunden ist. Aufmunternd und ermutigend können wir erfahren, dass diese Ausdehnung durch die natürliche Qualität des Mitgefühls wie selbstverständlich gefördert wird. Ein schöner Effekt des Mitgefühls ist also unsere Befreiung aus der Blase der Ichbezogenheit, wie es noch einmal Matthieu Ricard erläutert: »Wenn du nicht in der Blase der Selbstbezogenheit gefangen bist und nicht immer alles auf dich beziehst, dann hört dein Ich auf, sich bedroht zu fühlen. Du hast nicht ständig das Gefühl, dich verteidigen zu müssen, du bist weniger ängstlich, und du machst dir nicht dauernd Sorgen um dich. Je mehr dieses Gefühl der Verunsicherung schwindet, desto mehr zerfallen die Mauern, die das Ich um sich herum errichtet hatte. Du wirst leichter zugänglich für andere, und du bist bereit, zu ihrem Wohl zu handeln. Das Mitgefühl zerreißt die Blase des Ich.« (Singer/Ricard, 2008)

Außerhalb dieser Blase lebt es sich wesentlich leichter, angenehmer, freudvoller, glücklicher, verbundener, menschlicher, zumal die Blase obendrein noch völlig »leer« ist.

Die Vorstellung von »Leerheit« ist im buddhistischen Welt- und Menschenbild ein ganz zentraler Aspekt, der von im westlichen Denken verhafteten Menschen erst einmal verstanden werden will. »Leerheit« im Verständnis östlicher Weisheit unterscheidet sich nämlich vom Begriff »Leere« im Alltagsgebrauch. Er transzendiert sozusagen unsere üblichen Vorstellungen von Leerheit bzw. Inhalt und Form. Buddhisten gebrauchen die Vorstellung der »Leerheit« im Zusammenhang mit ihrem Verständnis von der Existenz aller Wesen und Dinge. Wir haben bereits gesehen, dass für die Buddhisten nichts aus sich selbst heraus, also inhärent existiert, was aber nicht das Gleiche besagt, wie absolut nicht vorhanden zu sein. Die Unterscheidung zwischen »Abwesenheit von inhärenter Existenz« und »absoluter Nicht-Existenz« ist ein Grundpfeiler buddhistischen Denkens.

Der Dalai Lama erklärt dazu: »Das ist der Grund, warum die großen buddhistischen Weisen in Indien, wenn sie die Doktrin der Leerheit erläutert haben, nicht das Argument benutzen, dass Phänomene leer der Fähigkeit sind, eine Funktion zu erfüllen. Vielmehr haben sie gesagt, dass die Phänomene leer von inhärenter Existenz sind, weil sie etwas in Abhängigkeit Entstandenes sind. Wenn Leerheit auf solche Weise verstanden wird, dann werden ... Extreme vermieden: Die übertriebene Auffassung, dass Phänomene aus eigener Kraft heraus existieren, wird durch die Erkenntnis der Leerheit vermieden, und das Verleugnen von der Existenz einer Funktionalität, also das Verleugnen von Ursache und Wirkung, wird vermieden durch das Verständnis, dass die Phänomene etwas in Abhängigkeit Entstandenes sind und daher nicht absolut nicht-existent.« (2007)

Leerheit ist also nicht gleichzusetzen mit Nicht-Existenz, sondern meint, dass weder Wesen noch Dingen noch Phänomenen eine dauerhafte Existenz innewohnt. Außerdem entstehen und existieren sie ausschließlich in Abhängigkeit, weil alles mit allem verbunden ist. Um Verwirrungen über die Vorstellung von »leer« zu vermeiden, benutzen manche buddhistisch Lehrende den Begriff »Wahre Leerheit«.

Wenn alle Wirklichkeit darauf beruht, dass alles mit allem verbunden ist und nichts aus sich selbst heraus existiert, dann ist die Essenz unserer Wirklichkeit die Interaktion. Einer der derzeit bedeutendsten buddhistischen Lehrer, der vietnamesische Zen-Meister Thich Nhat Hanh, bezeichnet die Da-Seins-Form der Verbundenheit allen Seins deshalb als »Intersein«. (1989)

Denken wir uns in die drei Grundsäulen des buddhistischen Menschenbildes – die Selbstlosigkeit, die Leerheit und die Verbundenheit allen Seins – erst einmal hinein, dann sind sie im Endeffekt gar nicht so schwer zu verstehen, selbst wenn sie anfänglich kompliziert klingen. Sie haben zudem den unschätzbaren Vorteil, dass sie uns ungemein entlasten können. Wir müssen uns als Person nämlich nicht mehr so wichtig nehmen. Schon ernst nehmen als Menschen mit unserem Potenzial, aber nicht mehr so wichtig, indem wir an unserem kleinen bisschen »Ich« oder unserem aufgeblasenen »Ego« festhalten, um möglichst jemanden oder etwas darzustellen. Wer sich selbst in diesem Sinne nicht mehr so wichtig zu nehmen braucht, hat es augenblicklich leichter im Leben. Er braucht nicht mehr einen solchen Aufwand zu betreiben, um dieses kostbare »Ding«, das ihm als sein »Ich« oder »Selbst« erscheint, zu päppeln. Er kann sich fortan um die wirklich wichtigen Aspekte seines Menschseins kümmern. Wer sich mit allem verbunden fühlt, pflegt sein Mitgefühl. Und wer sein Mitgefühl pflegt, fühlt sich mit allem verbunden. Darin liegt die Bedeutung der buddhistischen Psychologie für die Freiheit des Geistes im Westen. Das ist ihr gewichtiger Bezug zur Realität unseres Alltags.

Das Bild des Menschen im Neuen Denken

Wer jetzt vielleicht der Meinung ist, die buddhistischen Vorstellungen vom menschlichen Selbst beruhten ihrerseits auf einer falschen Sicht der Wirklichkeit, irrt. In jedem Falle sind sie näher an der Wirklichkeit der Dinge als unser traditionelles westliches wissenschaftliches Denken. Das buddhistische Welt- und Menschenbild erfährt jedenfalls enorme Stützung durch die modernste derzeit existierende

Wissenschaft: die Quantenphysik. Obwohl die Quantenphysik bereits vor über 80 Jahren von Werner Heisenberg (1901–1976), einem philosophisch denkenden Physiker, begründet wurde, sind ihre Erkenntnisse bis heute nicht selbstverständlicher Bestandteil unseres wissenschaftlichen Denkens. Zu gewaltig ist ihr Bruch mit dem traditionellen mechanistischen Weltbild. Heisenberg selbst soll sinngemäß formuliert haben: »Ich kann die Quantenphysik zwar erklären, aber ich kann sie mit dem Verstand nicht verstehen.«

Die Quantenphysik stützt die Vorstellungen von der »Leerheit« der Dinge und der Verbundenheit allen Seins. Hans-Peter Dürr, Schüler und Nachfolger Heisenbergs sowie Träger des Alternativen Nobelpreises, erklärt das »Neue Denken für eine Welt im Umbruch«, in welcher es buchstäblich ums Ganze geht (2009): »Materie gibt es im Grund gar nicht. Diese bildet sich erst als ›Als ob‹-Erscheinung ... Die Wirklichkeit ist im Grunde keine Realität, keine dingliche Wirklichkeit. Was bleibt, ist – wie wir es nennen – *Potenzialität*. Es ist nicht die *Realität* selbst, sondern nur eine mögliche Fähigkeit, sich auf verschiedene Weise zu *realisieren*, sich in Materie zu verwandeln. Im Grunde gibt es nur Gestalt, eine reine Beziehungsstruktur ohne materiellen Träger. Wir können dazu vielleicht auch sagen: *Information* oder besser: ›*informiert sein*‹, denn es handelt sich um eine Information, die sich nicht greifen lässt. ... Unbelebtes und Belebtes sind nicht mehr grundsätzlich unterschiedlich, sondern erscheinen als ... geformte Teilhabende des Ganz-Einen. Mit der wichtigen Konsequenz: Mensch und Natur sind, wie alles, bei dieser Sichtweise prinzipiell nicht getrennt.«

Alles ist mit allem verbunden, bildet das »Ganz-Eine«. Nichts existiert aus sich selbst heraus, sondern bloß durch Beziehung, Information und Resonanz. Das Wesentliche ist nicht dingliche Materie, sondern ein Möglichkeitsraum: »Dieses Wesentliche, das Potenzielle, lässt sich wohl besser mit dem Geistigen als mit dem Materiellen (Realen) charakterisieren. Dieser geistigen Struktur ist eigen, dass sie ... unauftrennbar eine Einheit bildet. Die Wirklichkeit und in ihr das Biosystem bildet ein innig verwobenes Ganzes, das nur in einer Vergröberung oder Näherung als aus Teilen bestehend betrachtet werden kann. ... In dieser Welt, in der es keine Materieteilchen gibt, die zeitlich mit sich selbst gleich bleiben, entstehen und vergehen Dinge. Es gibt echt kreative Prozesse und etwas entsteht aus dem Nichts und vergeht im Nichts.«

Auf der Suche nach der Wahrheit transzendiert die Quantenphysik letztlich die Wissenschaft, weil sie die Begrenztheiten unseres rationalen Denkens übersteigt. Folglich kreuzt sich die wissenschaftliche Physik mit dem Spirituellen und Religiösen: »Die Schöpfung ist nicht abgeschlossen, sie ereignet sich in jedem Augenblick neu und wir sind alle – als Teilhabende eines nicht auftrennbaren Kosmos – am fortlaufenden Schöpfungsprozess beteiligt. Von Bedeutung ist dabei die Beziehung und nicht das Dingliche. Wir sind Mitschöpfer und die zukünftige Entwicklung hängt von uns allen, von allen Teilhabenden ab. Die Wirklichkeit ist nicht die verstümmelte Realität, sie ist Potenzialität. ... Es gibt ein einziges Beziehungsgefüge, das viele Namen hat, und diese sind alle nur Gleichnisse. Wir können es Geist oder Liebe nennen. Die Liebe ist das, was für mich am besten zum Ausdruck bringt, was wir als ›alles miteinander zusammenhängend‹ empfinden, und zwar in der sich ständig wandelnden Form eines geistig-lebendigen Kosmos und auf eine Weise, wie wir sie individuell unmittelbar durch Empathie erleben. ... Die Allverbundenheit, die wir Liebe nennen können und aus der Lebendigkeit sprießt, ist in uns und in allem anderen von Grund auf angelegt.«

Ist es nicht unfassbar, ja sogar wunderbar? Die Quantenphysik weist uns den direkten Weg zum tief in uns angelegten, kollektiv verwurzelten Geist des allumfassenden Mitgefühls.

»Ich bin« als Synthese:
Das Selbst als verkörpertes und gelebtes Wesen

Es ist wichtig, die Grundaussagen der Quantenphysik oder die drei Grundsäulen des buddhistischen Menschenbildes in den Grundzügen zu verstehen, weil sie uns aus unserem begrenzten materialistischen und dinglichen Denken zu etwas Größerem geleiten. Dieses Größere ist Bestandteil unserer menschlichen Potenzialität als des einzig wahren Selbst. Unsere Potenzialität zu verstehen oder zumindest zu erahnen ist sicherlich noch einfacher, als die Grundzüge der Quantenphysik zu verstehen. Es ist schlichtweg schwieriges neues Denken: zu realisieren, dass es letztlich keine Materie, sondern bloß Form und Gestalt gibt. Die Quantenmechanik erscheint uns wie von einem anderen Stern, scheint bis heute wie eine parallele Wissenschaft relativ unverbunden neben unserer normalen Alltagswelt zu stehen. Es will regelrecht unserer alltäglichen Wahrnehmung der uns umgebenden Realität widersprechen, dass nichts aus sich selbst heraus existiert. Folglich kann es uns auch erhebliche gedankliche oder geistige Mühe bereiten, die richtige Einstellung zu unserem illusionären »Ich« zu entwickeln. Da wir also im diesseitigen Leben in einer als materiell *empfundenen* Welt leben, benötigen wir angesichts all der um Gültigkeit konkurrierenden Aussagen zu unserem »Ich« oder »Selbst« eine Orientierung, wie wir es denn mit uns selbst halten mögen.

Dabei mag Ihnen und mir helfen, was angesichts unserer Herausforderungen durch den Alltag immer hilft: Aus dem bunten Markt theoretischer Denkansätze über das Wesen des Menschen und der Schöpfung wählen wir aus, was unserem Welt- und Menschenbild, unserem Denken, Fühlen und Handeln, kurz: unserem Herzen am nächsten ist. So finden wir am sichersten zu unserer inneren Einstellung zum Leben und der Welt, sagen wir ruhig zu unserer eigenen Identität. Anderes, das wir skeptischer betrachten oder selbst nicht praktizieren, lassen wir in mitfühlender Anerkennung der anderen trotzdem stehen, ohne es überheblich abzuwerten, weil innere Abwertung als negativer Affekt menschlich unweigerlich auf uns selbst zurückfallen würde.

Unser westliches Menschenbild ist ein verkopftes. Das buddhistische Denken führt uns über uns selbst hinaus und verbindet uns mit allem Sein. Das hat Charme wie Nutzen. Können wir realisieren, dass niemand von uns eine Insel ist, niemand aus sich allein heraus existiert und ausschließlich in der Verbundenheit mit anderen werden kann, wer er ist, dürfen wir uns getrost auch die innere Freiheit gestatten anzunehmen, wir besäßen so etwas wie eine »Identität«, ein »Ich« oder »Selbst«. Schließlich existieren wir dem Namen nach, haben ein Empfinden für unsere Kontinuität sowie für unser Fühlen und Handeln. Als verkörperte oder inkarnierte, fühlende, denkende und lebendige Wesen haben wir alle das Gefühl von uns selbst im Sinne von »Ich bin«.

In einem eher enger gefassten Verständnis ist »Ich bin« das, was wir von uns sagen können, ist es unsere begrenzte, gelebte Realität. So bewältigen wir unseren Alltag. In diesem Alltag brauchen wir auch unser Licht nicht unter den Scheffel zu stellen. Wir *sind* unser Licht. Falls Sie also über besondere Fähigkeiten oder Tugenden verfügen, die Sie als Bestandteil Ihres »Ich« oder Ihrer Persönlichkeit empfinden, dann dürfen Sie sich ruhig daran erfreuen. Gemeint ist das im Sinne der Verwirklichung Ihres Potenzials, nicht im Sinne von Eitelkeit und Selbstdarstellung. Nutzen Sie Ihre speziellen persönlichen Fähigkeiten, sowohl zu Ihrem Wohle wie zum Wohle aller anderen fühlenden Wesen, welche im Geiste des Mitgefühls direkt oder indirekt daran teilhaben dürfen.

In einem weit gefassten, universellen, verbundenen Sinne schließt die nicht weiter zurückführbare Erfahrung von »Ich bin« eine transzendente, kosmische Erfahrungsebene ein. »Ich bin« als die Wahrnehmung unserer Person ist existenziell verbunden mit einem Fühlen und Wissen um die Einheit allen mitgeschöpflichen Seins. »Ich bin« wird zur Erfahrung unseres Da-Seins, dessen tragender Grund die Verbundenheit aller mit allem ist. Können wir unser Seinsgefühl so betrachten, dürfen wir darauf vertrauen, dass nichts und niemand im Kosmos verloren gehen kann. Bloß: »Beweisbar ist es nicht. Beweise braucht es nicht. Die Gewissheit fließt aus dem Herzen nach oben, wenn der Verstand, rein logisch, schon längst nicht mehr weiterkommt.« Ob Sie diese nicht beweisbare Schlussfolgerung des Schweizer Psychiaters und Verfechters einer spirituell orientierten Therapie Jakob Bösch (2008) aus der Gewissheit Ihres Herzens heraus gelten lassen mögen oder ihn im Geiste von »Eso-Watch« eher ins anrüchige Abseits stellen, bleibt Ihrer Urteilskraft anheimgestellt.

Über sich hinauswachsen:
Wollen Sie die Sterne sehen, müssen Sie in
den Himmel schauen

Eine ebenso schöne wie hilfreiche Erfahrung, um aus der Blase der Ichbezogenheit herauszutreten und sich in der Verbundenheit allen Seins aufgehoben zu fühlen, soll nicht bloß »Romantikern« und professionellen »Sternenguckern« vorbehalten bleiben. Deshalb ermuntere ich Sie nach so viel Theorie über unser »Selbst« zu einer Übung, die Sie mit sich selbst und dem All in Kontakt bringt. Sie macht auf der unmittelbaren Empfindungsebene erfahrbar, wie es sich anfühlt, wenn die Gewissheit bloß noch aus dem Herzen fließen kann, weil der Verstand, rein logisch, schon längst kapituliert hat.

ÜBUNG

✳ Falls Sie es gelegentlich nicht ohnehin unwillkürlich tun, suchen Sie sich ganz bewusst einen Ort, an welchem Sie des Nachts in die Sterne sehen können. Dazu müssen Sie ein Stück weit aufs Land hinaus, an einen Meeresstrand oder in die Berge. In unseren hell beleuchteten Innenstädten ist diese Erfahrung schwer möglich, denn das Licht unserer Städte knipst das Licht der Sterne aus. Wollen Sie also in die Sterne sehen, braucht es ausreichend Dunkelheit um Sie herum. Erst die Dunkelheit öffnet uns bei klarer Nacht die Sicht für das Licht der Sterne. Um darin einzutauchen, müssen Sie Ihren Kopf heben und in den Himmel, zum Firmament, schauen. Augenblicklich verändert sich Ihr Maßstab. Aus der »Kleinheit« Ihres Ich, der Begrenztheit unserer Erde weitet sich Ihr Blick in die unfassbaren Dimensionen des Weltalls, des Universums, des Kosmos. Sie können kaum noch den Boden unter Ihren Füßen erkennen, sehen und erkennen aber umso deutlicher das für den Verstand absolut Unfassbare, Unerreichbare. Die Sterne, die Milchstraße, unser Sonnensystem, unsere Galaxie und eine unüberschaubare Anzahl fremder Galaxien, welche Milliarden Lichtjahre, Milliarden von Milliarden von Kilometern von uns entfernt sind – wenn Sie in den Nachthimmel schauen, können Sie manches davon zwar mit den Augen sehen, mit dem Verstand greifen können Sie es nicht. Sie können die Weite des Universums schauen, aber sie nicht mit Ihrem Denken erfassen, weil sie jede bewusste Vorstellung von Raum und Zeit übersteigt. Sie können mit den Augen sogar noch sehen, was es materiell schon lange nicht mehr gibt. Das Licht braucht so lange auf seiner Reise durchs All, dass Tausende von Sternen bereits nicht mehr existieren, bis Sie deren Licht mit Ihren eigenen Augen schauen können.

Sofern Sie in einem solchen Augenblick bereit und offen sind, sich hinzugeben, einzutauchen, sich zu verlieren, sich emporheben zu lassen, werden Sie in Ihrem Herzen die Ewigkeit verspüren können. Sie können eine der umwerfendsten Erfahrungen machen, die es ohne Aufwand zu eröffnen gibt. Die Welt unter Ihren Füßen ist Ihr fester Ort, der Sternenhimmel über Ihnen Ihre Perspektive der Ewigkeit, des Unvergänglichen. Was für eine gefühlte Erschütterung angesichts der Unermesslichkeit des Universums. Und vielleicht möchten Sie sich eher »dort« sehen als »hier«. Und wieso eigentlich gerade »jetzt« und nicht »früher« oder »zukünftig«. Was ist schon unser bisschen Zeit vor der Unermesslichkeit der kosmischen und zeitlosen Räume?

Die Unendlichkeit des Universums, die Sie sich nicht einmal in letzter Konsequenz vorzustellen vermögen, ist alles, und Sie sind fast nichts, winzig an Ihrem Ort. Sie werden sich Ihrer Winzigkeit bewusst. Und trotzdem ist Ihre Winzigkeit keine Kränkung für Ihre Seele oder für Ihren Geist, weil Ihr »Ego«, auf seinen Platz verwiesen, zur Ruhe kommt. Und außerdem: Welche Bestätigung! Mit all Ihrer Winzigkeit sind Sie Teil dieser empfundenen und geschauten Unendlichkeit, Unermesslichkeit. Sie sind darin enthalten. Welche Größe, teilzuhaben an dieser Ewigkeit von Raum und Zeit. Sie sind verbunden mit allem. Gäbe es Sie nicht, würden Sie fehlen. Eines »Ego« bedürfen sie nicht, es verflüchtigt sich schlichtweg in der Unermesslichkeit dessen, was sich vor Ihnen weitet. Demut vor der Unendlichkeit öffnet Ihr Herz für die Spiritualität Ihres unmittelbaren Erlebens, für das Wunder des Da-Seins. Das Universum ist in Ihnen und Sie sind in ihm. ✳

Durch Mitgefühl ganz geboren werden

Stellen Sie sich vor, Sie sind zwar physisch geboren worden, bringen sich selbst aber nicht voll und ganz zur Welt. Allein können Sie nicht werden, wer Sie wirklich sind! Um Ihr Potenzial zu verwirklichen, bedürfen Sie der anderen. Sie können nicht anders, als sich mit allen und allem zu verbinden und immerfort die Fragen zu beantworten, welche Ihnen das Leben stellt. Sind Sie sich dessen bewusst, dann können Sie *ganz sein, seelisch gesund leben* und *sich ganz zur Welt bringen.*

Allein der Umstand, dass Sie geboren worden sind, hat für Sie ein Problem aufgeworfen. *Sie* sind es nämlich, der oder die das Leben zu bewältigen suchen muss. Spätestens im Augenblick Ihrer Geburt, vermutlich sogar schon lange davor, hat das Leben begonnen, Sie mit Fragen zu konfrontieren, die Sie in jedem Augenblick Ihres Da-Seins durch Ihren konkreten Lebensvollzug beantworten müssen. Nicht Ihr Körper, nicht Ihr Geist, nicht Ihr Gehirn, nicht Ihre Seele, nicht allein der Mensch in Ihnen, der denkt und fühlt, der weint, lacht und sich freut, der schläft und wacht, der isst und trinkt, der Träume hegt und Hoffnungen begräbt, sondern *Sie* als der *ganze Mensch* mit dem Ihnen eigenen Potenzial müssen die Lebensfragen beantworten. Die Hauptfragen, die das Leben stellt, lauten: Wie können Sie das Leiden und seine Ursachen überwinden und das Glück finden? Wie stellen Sie die Verbundenheit mit sich selbst, Ihren Mitmenschen, der Natur und der Außenwelt her? Die gelebte Beantwortung dieser existenziellen Fragen mag Ihnen gelingen oder Sie scheitern daran.

Die Herausforderung zu meistern gelingt Ihnen umso mehr, je mehr Sie sich selbst gebären und in die Welt bringen. Ganz geboren zu werden bedeutet, Ihr Bewusst-Sein, Ihre Fähigkeit zu lieben, Ihren Geist umfassenden Mitgefühls bis zu dem Grad zu entfalten, dass Sie aus der Blase Ihrer Ichbezogenheit herausfinden und zu einem verbundenen Eins-Sein mit der Welt, dem Inter-Sein, gelangen. Auf diesem Weg begegnen Sie der Ehrfurcht und der Demut vor dem Leben, die als unermessliche Begleiter des Lebens den Menschen zu dem machen, was er seinen Anlagen und seinem Potenzial gemäß zu sein vermag, und was alle großen Religionen und Lebensphilosophien des

Westens wie des Ostens als »Spiritualität«, als »Göttlichkeit« oder
»Heiligkeit« verstehen.

Am weitesten auf diesem Weg bringt Sie die Entwicklung Ihres mitfühlenden Geistes. Durch Mitgefühl werden Sie ganz geboren, bringen Sie sich selbst voll und ganz zur Welt. In diesem Sinne ist Ihre
Geburt nicht ein einmaliges augenblickliches Ereignis, sondern ein
fortdauernder Vorgang. Das Ziel des Lebens ist es, wie der deutsch-
amerikanische Psychoanalytiker und Philosoph Erich Fromm (1900
bis 1980) betont, »ganz geboren zu werden, und seine Tragödie, daß
die meisten von uns sterben, bevor sie ganz geboren sind. Zu leben
bedeutet, jede Minute geboren zu werden. Der Tod tritt ein, wenn die
Geburt aufhört.« (1971)

Sowie Sie sich durch die Verbundenheit des mitfühlenden Geistes
ganz zur Welt bringen, erwecken Sie sich als der ganze Mensch, der
Sie sind, und Sie erwachen für die Wirklichkeit. Sie öffnen sich für die
Welt und das Leben und werden aufnahmefähig für die Seiten des
Seins, die mit dem bloßen Verstand nicht zu durchdringen sind. Sie
gelangen mehr und mehr hinter unsere gewohnten rationalen Gedan-
kengebilde, welche uns die wahre Einsicht in das Da-Sein versperren.
Die Einsicht in Ihr eigenes menschliches Wesen und in das Wesen
der Mitgeschöpflichkeit ist letztlich keine intellektuelle, sondern eine
zutiefst empfundene innere Einsicht auf der Ebene des Herzens. Ihre
Antwort auf die Fragen des Lebens geben Sie durch Ihr Leben im mitfühlenden Geiste selbst, nicht durch Ihr Denken. Durch Mitgefühl
ganz geboren zu werden, sich jeden Tag ganz ins Leben hineinzugebä-
ren, bringt Sie Schritt für Schritt der »Erleuchtung« näher als einem
Zustand auf dieser Seite des Universums, »in dem der Mensch mit
der Wirklichkeit in sich und außerhalb seiner vollkommen überein-
stimmt«. (Fromm, 1971) Diese Übereinstimmung heißt innerer und
äußerer Frieden, das Höchste, das wir auf dieser Welt anstreben und
erreichen können.

Zum guten Anfang:
Leichtigkeit und ruhige Gelassenheit
statt Übungsdisziplin

»Ich habe schon so manches probiert, um mehr Ruhe in meinem Alltag zu finden. Unter anderem habe ich mal mit einem Yogakurs angefangen, das auch eine Zeitlang zu Hause praktiziert, aber dann ist das wieder eingeschlafen. Ich hab mir die Zeit zum regelmäßigen Üben nicht genommen, und dann war es mir lästig und auch zu anstrengend und mühsam. So richtig meins habe ich noch nicht gefunden. Ich wurstele mich so durch.«

Kommt Ihnen da etwas bekannt vor? Vielen Menschen geht es jedenfalls ähnlich in ihrem Alltag. Sie suchen ein Mittel, zur Ruhe zu finden und sich zu entspannen, mit sich ins Reine zu kommen, inneren Gleichmut und Gelassenheit zu empfinden. Die tägliche Übungsdisziplin, die manche Entspannungsmethoden und paradoxerweise sogar manche durchstrukturierten, im weitesten Sinne meditativen Verfahren ihnen abverlangen, bringen sie aber auf Dauer nicht auf. Also versandet die Geschichte wieder, und der Stress bleibt. Ein sicherer Weg zu Gleichmut, Gelassenheit und Selbstannahme ist der Weg des Mitgefühls.

Schlagen Sie diesen Weg ein, beherzigen Sie von Beginn an den Geist des Mitgefühls. Wer bisher in seinem Alltag von gezielten Mitgefühlsübungen noch gänzlich unbeleckt ist, mag sich bitte zur eigenen Nachsicht mit sich selbst vergegenwärtigen, dass es zum Wesen des mitfühlenden Voranschreitens gehört, mit Weile zu eilen. Sie sitzen nicht in einem Formel-1-Wagen und katapultieren sich von null auf Spitzengeschwindigkeit. Die Leitidee des Mitgefühls in die eigene alltägliche Lebensführung zu integrieren ist ein Prozess, der – wenn einmal in Gang gesetzt – mit Sicherheit seine wohltuenden Wirkungen entfalten wird. Dazu passt es nicht, sich wenig mitfühlend unter erneuten Leistungsdruck gesetzt zu fühlen. Nichts muss sein, aber alles darf geschehen. Alles, was Sie beim Erproben der Übungen spüren und erfahren, ist in Ordnung, denn es gehört zu Ihrem ganz persönlichen Erfahrungsprozess. Falls Sie bei verschiedenen Übungen zu Anfang wenig verspüren, ist es ebenso in Ordnung wie ein augenblickliches tiefes Berührtwerden durch den Geist des Mitgefühls.

Manche Menschen sagen von sich selbst: »Ich kann mich auf Stilleübungen, Fantasiereisen oder Atemübungen überhaupt nicht einlassen. Ich habe den Eindruck, da passiert gar nichts bei mir.« Da gibt es, wenig mitfühlend mit sich selbst, nichts zu zweifeln oder zu hadern. Dann ist das zu Anfang ganz einfach so. In solchen Fällen gilt es, unaufgeregt zur Kenntnis zu nehmen, was ist, zu beobachten, nicht zu werten. Schon gar nicht, sich eigene Unfähigkeit oder gar Versagen vorzuwerfen. Wer die Prozesse geschehen und sich entwickeln lässt, wird irgendwann ganz zweifelsfrei die ersten kleinen und angenehmen Veränderungen zur Kenntnis nehmen dürfen, und zwar ohne sich dafür großartig anstrengen zu müssen.

Ein Charakteristikum aller Übungen zu Mitgefühl, die Sie in diesem Buch erwarten, ist in der Tat ihre Leichtigkeit in der Durchführung. Sie können die Dinge in Ruhe und Gelassenheit angehen. Ihr Weg zu einer von Mitgefühl getragenen Lebensnährung verläuft nicht über steinige Pisten und steile Treppen. Sie brauchen weder streng mit sich zu werden noch sich in ein starres Korsett von Mitgefühlslektionen eingezwängt zu wähnen. An keiner Stelle wird Ihnen unnachgiebige, beständige Übungsdisziplin abverlangt. Sich-Üben in Mitgefühl erfordert nicht, irgendeine Methode regelmäßig systematisch zu wiederholen, um sie immer perfekter zu beherrschen. Sich in Mitgefühl üben meint vielmehr vor allem anderen, sich zu öffnen und das Herz wie den Geist in frei schwebender Aufmerksamkeit offen zu halten für alles, was geschieht. Schlendrian oder Beliebigkeit führen folglich auch nicht auf den Olymp des Mitgefühls. Ein aus freien Stücken an den Tag gelegter guter Umgang mit sich selbst ist das Maß der Dinge. Das ist der erste mitfühlende Akt. In diesem guten Umgang Platz finden kann dann ein Verständnis von Disziplin, nach welchem diese

Tugend einfach nur bedeutet, das zu tun, was für Sie, Ihre Mitmenschen und die Schöpfung angemessen und passend ist. In diesem Sinne machen Übung und Vervollkommnung in Mitgefühl den Meister oder die Meisterin. Der Prozess, über den Ihnen ein gesteigertes Maß an Mitgefühl in Herz und Fleisch und Blut einwandert, verläuft vor allem über Vereinfachung von Komplexität und nach der selbst Granit schleifenden Devise »Sanftheit streichelt Körper und Seele«. Lösen sich über eine derartige Praxis des Sich-Übens in Mitgefühl mehr und mehr Ihre negativen Gedanken und Gefühle auf, stellen sich Gleichmut, innere Ruhe, tiefe Gelassenheit sowie Selbstakzeptanz und Versöhnung mit sich und der Welt ein. Letztlich ist das eine überaus lohnende Form von Selbstheilung.

Tag für Tag für Tag im Kleinen
gut beginnen oder:
Grundlegende Übungen in Mitgefühl

Nein, nicht aller Anfang ist schwer. Hier ist aller Anfang einfach. Wir fangen nämlich ganz bescheiden an. Mit Kleinigkeiten und Banalitäten in Sachen mitfühlender Wahrnehmung, die Ihnen möglicherweise so unbedeutend vorkommen mögen, dass eine innere Gegenstimme zum Mitgefühl Ihnen einflüstert:»Das ist doch völlig belanglos. Das brauchst du doch gar nicht ernst zu nehmen.« Mag Ihnen manche Kleinigkeit in den ersten Übungen zu mitfühlendem Denken und Fühlen zu Beginn obendrein ein wenig albern erscheinen, sind Sie auf der vermeintlich sicheren Seite: Sie klingt zunächst vielleicht ein wenig befremdlich oder albern, weil wir es nicht anders kennen. Falls Sie Ihre kleinen inneren Boykotteure milde stimmen oder sie in die Schranken weisen können, eröffnen Sie sich die Chance, Tag für Tag auf vermeintliche Nebensächlichkeiten zu achten, die sich zu bedeutsamen mitfühlenden Veränderungen in Ihrem Alltag summieren können.

Vielleicht ist es ein zu hoher Anspruch, wirklich jeden einzelnen Augenblick in Ihrem Alltag zu genießen, aber einzig Sie als Person verfügen über die Schlüssel, sich den Tag im Einklang mit sich selbst zu erschließen oder, wie Thich Nhat Hanh (2004) mit leisen Tönen formuliert:»Ein neuer Tag ist wie ein weißes Blatt Papier, auf das wir viele wunderbare Dinge schreiben, zeichnen oder malen können. Füllen Sie Ihren Tag mit liebevollen Gedanken, liebevollen Worten und liebevollem Handeln. Sie sind die Künstlerin oder der Künstler und können diesen Tag in ein Kunstwerk verwandeln. Dieses Kunstwerk bieten Sie dem Leben, der Zukunft an. Ohne die Energie der Achtsamkeit wird es Ihnen aber schwerfallen, die Ihnen zur Verfügung stehenden vierundzwanzig Stunden in ein Kunstwerk zu verwandeln. Darum ist die Achtsamkeit der Schlüssel zu unserem Glück.«

Liebevolle Gedanken, liebevolle Worte, achtsames Handeln entspringen der Quelle gelebten Mitgefühls. Je mehr Mitgefühl Sie entwickeln werden, desto leichter werden Sie über die Energie zur Achtsamkeit verfügen können. Und damit werden wir konkret, öffnen die ersten Schlösser zum Glück und setzten die ersten Pinselstriche auf unser Kunstwerk des Alltags.

Den Tag mit dem Morgen begrüßen

ÜBUNG

✳ Beginnen wir, wie wohl jeder Ihrer Arbeitstage beginnt: Für Ihr Gefühl viel zu früh macht Ihnen Ihr Wecker unmissverständlich und gänzlich ungnädig deutlich, dass es Zeit ist, den Tag einzuläuten. Wie lassen Sie sich morgens wecken? Von einem Musik- und Radiowecker oder von einem schrillen Alarmton? Ein kleines zwar, aber kein unwesentliches Detail. Weder ist es frühmorgens angenehm, von einem überfallartig einsetzenden lärmenden Radioprogramm aus dem Schlaf gerissen zu werden, noch von einem schrillen Weckton. In den ersten Sekunden des beginnenden neuen Tages können wir also schon auf sanftere Töne achten.

Wie stehen Sie auf? Rechtzeitig, so dass Sie den Tag in aller Ruhe angehen können? Oder schwingen Sie sich auf den letzten Drücker aus dem Bett, so dass Sie sich vom ersten Augenblick an schon in Eile fühlen? Es ist sicherlich förderlicher für Leib und Seele, den Morgen in Ruhe zu begrüßen, als sofort unter Strom und Anspannung zu stehen. Sich die Zeit für ein Frühstück zu nehmen lässt Sie gänzlich anders in den Tag starten, als wenn Sie durch Ihre Wohnung hasten und zwischendurch einen Kaffee hinunterstürzen. Falls Sie zu den Menschen gehören, welche auch Mutter oder Vater sind, tun Sie sich und Ihren Kindern einen wahrhaft mitfühlenden Gefallen, wenn Sie frühmorgens Ruhe an den Tag legen. Stehen Sie vom ersten Augenblick an unter Strom, überträgt sich Ihre Anspannung auf Ihre Söhne oder Töchter: Weil es Ihre Kinder sind, werden sie in Ihren hausgemachten Stress einstimmen und Ihre Nerven zusätzlich strapazieren. Eine ernstlich zu erwägende Botschaft Ihres eigenen mitfühlenden Geistes am Beginn eines jeden neuen Arbeitstages könnte also lauten: Es ist weit weniger anstrengend, eine kleine Weile früher aufzustehen, als den Tag bereits mit Hektik zu beginnen. Der Zeitpuffer, der mehr Gelassenheit eröffnet, braucht nicht einmal besonders groß zu sein. Zehn bis fünfzehn Minuten machen den Unterschied.

Dieser kleine Unterschied verschafft Ihnen auch mehr Freiraum, um sich in Ihrer inneren Befindlichkeit auf den neuen Tag einzustimmen. Können Sie den bevorstehenden Tag mit Freude, Lust und Laune willkommen heißen, weil es ein weiterer Tag in Ihrem Leben ist, oder quälen Sie sich hinein, weil Sie von vornherein nichts Gutes und Freudiges von ihm erwarten? Begrüßen Sie ihn leichten Herzens oder fühlen Sie bereits beim Aufstehen alle Last der Welt erbarmungslos auf Ihre Schultern drücken?

Manchmal entscheiden wir in Sekunden oder Minuten, wie und ob wir den aufziehenden Tag mit Neugier aufs Leben begrüßen und annehmen oder ob wir unausgeschlafen, mürrisch, schlechter Laune und voller innerer Vorbehalte in die erwarteten Widrigkeiten des Tages stolpern.

Stimmen Sie sich jeden Morgen mitfühlend mit sich selbst auf den neuen Tag ein. Es ist schließlich Ihr Tag. Ist er vergangen, kommt er niemals wieder. ✳

Spieglein, Spieglein an der Wand:
Das Namenslied
und sonstige Lässigkeiten des Lebens

Eine täglich wiederkehrende Gelegenheit, sich wahrhaft mitfühlend mit sich selbst auf den kommenden Tag einzustimmen, bietet sich Ihnen während Ihrer morgendlichen Toilette im Badezimmer. Beim Waschen, Zähneputzen, Rasieren oder Schminken können Sie sich selbst begrüßen und Stimmung machen. Das geht ganz einfach:

✳   Treten Sie nach dem Aufstehen vor den Spiegel und schauen Sie sich selbst in die Augen. Blicken Sie tief hinein in Ihre gespiegelten Augen und begrüßen Sie sich selbst freundlich, wohlwollend, liebevoll. Lächeln Sie sich selbst einen Augenblick lang zu. Verziehen sich Ihre Mundwinkel zu einem Willkommenslächeln, ist das eine völlig anders gelagerte Botschaft an Leib und Seele, als wenn Sie vor dem Spiegel ohne ausgeprägtes Mitgefühl für sich selbst stehend denken: »Wie siehst du denn heute morgen wieder aus? Unterirdisch! Ungenießbar!« Heißen Sie sich mit einem Morgenlächeln selbst willkommen. Das sind Sie sich wert.

Außer mit einem bestätigenden, wohlwollenden, liebevollen Blick und einem Lächeln begrüßen Sie sich auch noch mit Ihrem eigenen Namen. Heißen Sie sich im neuen Tag willkommen: »Guten Morgen, liebe Anne« oder wie immer Ihr Vorname lautet. Sie erhöhen die Wirksamkeit des eigenen Willkommenheißens, sofern Sie Ihren Namen nicht bloß in Gedanken aussprechen, sondern tatsächlich hörbar für Ihre beiden Ohren. Die hörbare Botschaft in mitfühlendem Ton ist für Ihr Selbstbewusstsein eine qualitativ beeindruckendere Geste als eine still gedachte Begrüßung. Je liebevoller Sie Ihren eigenen Namen aussprechen, desto tiefer reicht die Annahme und Würdigung Ihrer eigenen Person. Nicht Ihres Ego, sondern der Person, die Sie als leiblich-seelisch verkörpertes menschliches Wesen sind.   ✳

Wofür soll diese kleine Übung gut sein? Was soll Ihnen das bringen? Berechtigte Fragen, die ein skeptischer Verstand gerne stellt!

Stellen Sie sich zur Überprüfung einmal vor, Sie hören innerlich Ihren Vornamen gerufen. Wie hört sich das für Sie an? Wen hören Sie da als innere Stimme vorzugsweise rufen? Ruft es sanft, liebevoll, zärtlich, sehnsüchtig, bestätigend, gütig, wohlwollend, mitfühlend? Oder tönt es eher laut, erschreckend, ermahnend, vorwurfsvoll, beschämend, beschuldigend, kommandierend, kritisierend, warnend, entwertend, böse, gehässig oder sogar hasserfüllt?

An unseren Vornamen haben wir uns ein Leben lang gewöhnt. Wir sind mit ihm aufgewachsen. Wir existieren unserem Namen nach. Er ist zu einem Bestandteil unserer Identität geworden, unabhängig davon, wie sehr wir unseren Namen schätzen, ihm distanziert gegenüberstehen oder ihn sogar innerlich ablehnen. Er enthält in Buchstaben wie im besonderen Wesen seines Klangs unser gesamtes Leben.

Wir sollten die Vornamen von Menschen folglich schätzen und würdigen. Danach befragt, wie Männer, Frauen und Kinder ihren Vornamen innerlich klingen hören, erinnern über Gebühr viele der Befragten sich an ein kritisches, nörgelndes, mahnendes, lautes Rufen ihres Namens. Ein zärtliches, liebevolles, würdigendes oder gütig mitfühlendes Aussprechen ihres Vornamens hören leider bedeutend weniger in ihrem akustischen oder emotionalen Gedächtnisspeicher erklingen. Das liegt nicht bloß daran, dass wenig feinfühlige Negativbotschaften und Fertigmacher die von Respekt, Achtung oder Liebe getragenen Aufbauer in unseren Erinnerungen mit Leichtigkeit überstimmen, sondern an der einfachen Tatsache, dass wir unseren Vornamen überhaupt selten ausgesprochen hören. Und falls doch, überwiegen gemeinhin die Gelegenheiten, in denen wir unseren Namen mit kritischen bis entwertenden Untertönen zu hören bekommen.

Mit der Ermunterung, den eigenen Vornamen versuchsweise einmal selbst sanft, liebevoll und so mitfühlend wie möglich auszusprechen, tun sich die meisten Menschen zu Anfang hörbar schwer, wiewohl die Idee ihnen gefallen mag. Oft vermischen sich bei den ersten Versuchen die eigenen bewussten Anstrengungen mit den unwillkürlich ins Gedächtnis drängenden Stimmen aus früheren Zeiten, und das Aussprechen des eigenen Namens klingt alles andere als gütig und wohlwollend. Viele, die sich an ihrem Namen versuchen, mögen zwar innerlich sehr genau hören, wie ihr Name ausgesprochen klingen soll, aber sie bringen ihn nicht entsprechend über die Lippen, bisweilen zur eigenen totalen Verblüffung. Erst nach mehrfacher Wiederholung gelingt es vielen Menschen, den eigenen Vornamen mit wachsenden Anteilen von Zuneigung aus dem Herzen aufsteigen zu lassen und über die Lippen zu bringen. Führt die Zuneigung zur liebevollen Annahme der eigenen Person, ist das ein sehr mitfühlender Akt und ein bewegender Augenblick.

Vor diesem Hintergrund habe ich in meine lange geführte Imaginationsübung »Die Quelle der Wandlung und Heilung«, welche als Übungs-Hör-CD meinem Buch über »Imaginationen« (2009) beigelegt ist, das Motiv des »Namensliedes« eingefügt. Dessen Wirkung auf die Selbstakzeptanz ist in vielen Fällen von frappierender Nachhaltigkeit und bestätigt die Weichen stellende Bedeutung unseres Vornamens für die Reise durch unser Leben. Kann jemand aus tiefstem Mitgefühl heraus feststellen: »Jetzt bin ich endlich mit meinem Namen versöhnt«, befreit er sich damit von drückenden Altlasten im Leben.

Vor dem gleichen Hintergrund kehren wir jetzt in die Situation vor dem Spiegel in Ihrem Badezimmer zurück:

ÜBUNG

✳ Begrüßen Sie sich so liebevoll, wie Sie es aufgrund Ihres angestammten Geburtsrechts wert sind. Singen Sie sich Ihr eigenes Namenslied. Falls Ihnen das schwerfällt, üben Sie sich in Selbstliebe und bleiben Sie dabei, sich morgens mit Ihrem eigenen Namen willkommen zu heißen – so mitfühlend mit sich selbst wie möglich. Die kleine Übung wird ihre Wirkung nicht verfehlen. Vermeiden Sie dabei, sich aus jahrzehntelanger Gewohnheit eine Falle der Unachtsamkeit zu stellen. Singen Sie sich das Lied Ihres eigentlichen Vornamens. Stimmen Sie nicht in eine Verkürzung, Verniedlichung oder vermeintliche Koseform Ihres Namens ein, selbst wenn Sie das ein Leben lang so kennen. Also nicht Bärbel statt Barbara, nicht Conny statt Cornelia, nicht Lizzy oder Elsie statt Elisabeth, nicht Manni statt Manfred, nicht Friedi statt Friedrich usw. Sie würden sonst unwillentlich dazu beitragen, sich kleiner zu machen, als Sie sind. »Spitznamen« oder »Kosenamen« behindern Sie darin, wirklich in Ihrem Erwachsensein im besten Sinne anzukommen. Falls Ihnen das auf den ersten Blick nicht zustimmungsfähig erscheint, experimentieren Sie mit Ihrem hörbar gesprochenen Namen und dem Singen Ihres eigenen Namensliedes. So wird der Unterschied erfahrbar. ✳

Sich selbst liebevoll mitfühlend begrüßend, sind Sie in jedem Falle positiv eingestimmt auf den kommenden Tag. Folglich lassen Sie sich in dessen Verlauf auch durch nichts so einfach aus der Bahn werfen oder sich die Stimmung vermiesen. Mitgefühl als eine Wahrheit des Herzens ist äußerst förderlich für die eigene innere Standfestigkeit.

Den Tag mit dem Abend beschließen

Neigt sich Ihr Tag dem Ende zu, können Sie wiederum vor Ihrem Badezimmerspiegel eine weitere tägliche Mitgefühlsübung vornehmen. Vielleicht vor dem Zubettgehen, wenn Sie nach dem Zähneputzen oder dem Abschminken einen letzten Blick in den Spiegel werfen. Mit ihrer Hilfe können Sie den Tag weitaus freundlich gestimmter beschließen als mit trüben Gedanken oder mit Fernsehbildern von Gräueltaten, welche tagein tagaus die katastrophale Abwesenheit von Mitgefühl im Weltgeschehen dokumentieren und Sie in den Schlaf verfolgenden.

ÜBUNG

❋ Freunden Sie sich mit einem letzten abendlichen Blick in Ihren Badezimmerspiegel täglich aufs Neue mit Ihrem Spiegelbild an. Begrüßen Sie Ihr Gesicht, seine unverwechselbaren Züge, die markanten Stellen, seine sichtbaren Spuren Ihrer bislang gelebten Geschichte, seine Veränderungen über die Jahre hinweg. Auch wenn es im Jugendlichkeitswahn unserer Gesellschaft schwerfallen mag, hüten Sie sich vor Gedanken, mit welchen Sie wenig liebevoll Ihre mitfühlende Selbstannahme untergraben: »Wie hässlich. Schon wieder eine neue Falte« oder »Mist, meine Geheimratsecken sind schon wieder höher gewandert.« Sie sind in Ihrer weiblichen oder männlichen Haut, in Ihrem menschlichen Wesen, mehr als die Summe Ihrer Falten oder Körperteile, mit welchen Sie innerlich wenig mitfühlend umgehen mögen oder sogar auf Kriegsfuß stehen. Sie dürfen Ihren Körper pflegen, ihm Gutes angedeihen lassen, aber verschonen Sie ihn um Ihretwillen mit jeglichen Auswüchsen von »Body-Modification«, die mehr mit selbstschädigendem Verhalten als mit einem guten Befreundet-Sein mit sich selbst zu tun haben.

Meiden Sie nicht den Blick auf Ihr Spiegelbild, wie es mir in einer Therapiestunde erst kürzlich wieder einer meiner Klienten über seine trickreichen Vermeidungsstrategien erzählt hat, sondern nutzen Sie diese sich Ihnen täglich bietende Chance zur beständigen Übung in Mitgefühl.   ✳

Vielleicht zweifeln Sie gerade wieder oder immer noch am Nutzen wie der nachhaltigen Wirksamkeit solcher banalen Mitgefühlsübungen. Doch nicht nur, dass ich sie selbst mit einem inneren Schmunzeln immer wieder gerne praktiziere und mich an ihrer Wirksamkeit erfreue. Über die Jahre hinweg versichern mir auch Klienten oder Patientinnen sowie Gruppenteilnehmer, die diese kleinen, unscheinbaren Übungen eine Weile praktiziert haben, immer wieder aufs Neue, wie unvermutet stark sie ihnen geholfen haben, sich selbst in ihrem Wesen zu akzeptieren, sich liebevoll anzunehmen und in wachsendem Mitgefühl zu üben. Sie bestätigen die Wirksamkeit der »lässigen« Übungen selbst dann noch, wenn sie vorher bereits mit allen therapeutischen oder Selbsterfahrungswassern gewaschen waren.

Ein entscheidender Schritt in Ihrer Entwicklung zu mitfühlendem Einklang mit sich selbst steht Ihnen im Übrigen bevor, falls Sie vor dem Spiegel stehend den Eindruck gewinnen, Ihre eigene Mutter oder Ihr eigener Vater schaue Ihnen aus dem Spiegel entgegen. Sofern und solange es Sie dann innerlich schaudert, haben Sie noch ein großes Stück Weg vor sich. Können Sie dagegen denken: »Du wirst deiner Mutter oder deinem Vater, je älter du wirst, immer ähnlicher« und diese Entwicklung mit Humor und einem milden Lächeln des Erkennens annehmen, haben Sie den entscheidenden Schritt der mitfühlenden versöhnlichen Entbindung vollzogen.

Alle Zeit ist Ihre Zeit oder:
Keine Zeit für Mitgefühl?

Die bisherigen »lässigen« Einstiegsübungen in Sachen Mitgefühl kosten Sie nichts, nicht einmal das, wovon Sie glauben, es am wenigsten zur Verfügung zu haben: Zeit. Sie können sie nämlich quasi im Vorübergehen in Ihre vertrauten Alltagsvollzüge integrieren. In andere Mitgefühlsübungen müssen Sie etwas mehr Ihrer kostbaren Zeit investieren. Und schon stoßen wir auf eine Schwierigkeit: Gegen eine wahrhaftige Selbstkultur als Programm zur gezielten Erschließung von Kraftquellen, Schönheit, Poesie, Glück und Mitgefühl im privaten wie beruflichen Alltag gibt es nicht selten einen entscheidenden spontanen Einwand: Manche Menschen, gewillt, sich als Suchende in Sachen Mitgefühl und Lebenskunst auf ihren persönlichen Weg zu begeben, stöhnen lauthals auf bei der Vorstellung, in ihrem schier endlos scheinenden Arbeitsalltag zukünftig auch noch Übungen zur Vervollkommnung unterbringen zu sollen: »Dafür habe ich nun wirklich keine Zeit mehr« oder »Wo soll ich denn die Zeit dafür herholen?« sind häufig gehörte erste Reaktionen. Sie sind auch nicht leichtfertig von der Hand zu weisen, denn natürlich sind in ein enges Zeitbudget nicht beliebig zusätzliche Übungen im Geiste des Mitgefühls einzubauen. Folglich dürfen die Quellen des Mitgefühls nicht ein Mehr an Stress verursachen, sonst werden sie nicht angenommen und taugen nicht. Übungen zur Nährung von Mitgefühl werden am Anfang umso eher praktiziert, je müheloser sie sich in einen schon vollen Tag integrieren lassen. Erst wer als »Fortgeschrittener« den entlastenden Nutzen mancher Übung bereits am eigenen Leib und der eigenen Seele erfahren hat, wird sich entschlossener Gedanken darum machen, wie und wo er sich noch mehr Zeit für sein Sich-Üben in Mitgefühl freischaufelt.

Trotz allem Verständnis für Überlastung, Alltagsstress und Zeitmangel möchte ich einen Einwand wie »Ich habe keine Zeit« nur noch vorübergehend gelten lassen. Als erschlagendes Argument wirkt dieser Satz zumeist wie ein innerer Boykotteur. Er spricht wenig für einen mitfühlenden Umgang mit sich selbst. Denn alle Zeit ist unsere Zeit, und so können wir aus einer ausgesprochen wohlwollenden und mitfühlenden Haltung heraus überprüfen, wie unser jeweiliger persönlicher Umgang mit dem eigenen »Zeitmanagement« ist. Ein hässliches Wort, das an wirtschaftlichen Nutzen und Arbeit im Akkord denken lässt, weshalb ich einen kleinen freundlichen Umweg zur Entdeckung der Zeit einschlagen möchte.

»Humor ist, wenn man trotzdem lacht.« Leben wir vielleicht nicht mit der »Schere im Kopf«, dafür aber mit einem tickenden Uhrwerk im Bauch, kann uns die Lust zu lachen bisweilen vergehen. Gönnen wir uns aus diesem Grunde das Vergnügen, »Hector«, das Alter Ego von François Lelord, seines Zeichens Psychiater, Psychotherapeut und im Drittberuf Romancier, auf seine »Entdeckung der Zeit« (2006) zu begleiten. Hectors Abenteuer, die eine innere Reifung des in Sachen »Glück« (2004), »Liebe« (2005) und »Zeit« Reisenden belegen, weiß ebenso lachend wie mitfühlend zu goutieren, wer der Leichtigkeit des ernsten Gedankens auf seiner eigenen Reise durchs Leben Einzug gewähren mag. In seinem philosophischen Märchen über den Umgang mit der Zeit notiert Hector mit der »Zeit-Etüde Nr. 24a« eine Empfehlung für das Anschneiden und Verteilen unseres privaten Zeitkuchens: »Listen Sie auf, wie viel Zeit Sie damit verbringen, wichtige Dinge für Ihre Kinder zu erledigen, für Ihren Partner und für Sie selbst. Präsentieren Sie Ihrer Familie das Ergebnis.« Vergessen Sie anlässlich der Präsentation aber bitte nicht, ebenso verständnissinnig wie mitfühlend nachsichtig über sich selbst zu lachen, falls Ihnen das Ergebnis so gar nicht schmecken mag.

Machen wir uns nichts vor. Viele Menschen haben mehr oder weniger häufig das Gefühl, sie hätten keine Zeit, vor allem keine Zeit für sich selbst. Genauso häufig achten wir allerdings auch unsere Zeit gering und vertun sie mit absoluten Belanglosigkeiten. Schon der römische Philosoph Seneca lehrte seine Zeitgenossen: »Es ist nicht so, dass wir so wenig Zeit haben, aber wir vergeuden so viel davon.« Vergeuden wir unsere Lebenszeit, missachten wir lieblos unsere Abmachung mit dem Leben, das im gegenwärtigen Augenblick stattfindet. Es ist sicherlich ein hoher Anspruch, Wertschätzung für die Reichhaltigkeit eines jeden einzelnen Augenblicks aufzubringen, der vorüberzieht.

Ein Sich-Üben in Mitgefühl hat in dieser Hinsicht jedoch unverhofft positive Nebenwirkungen: Mitgefühl unterstützt uns dauerhaft und zuverlässig darin, Wichtiges und Bedeutsames für unser Leben von Belanglosigkeiten zu unterscheiden, und Mitgefühl beschert uns langfristig auch das Gefühl, wir verfügten wieder über mehr Zeit für uns. Dies geschieht einfach dadurch, dass wahrhaft geübtes Mitgefühl die Prioritäten anders setzt. So vermeiden wir, dass unsere Zeit vorüberzieht, ohne dass wir darin leben, oder wie es eine buddhistische Weisheit von Buddha Shakyamuni lehrt:

»Wen die Sommerhitze quält,
der sehnt sich nach dem Vollmond des Herbstes,
ohne dass ihn Angst überkommt
angesichts der Vorstellung,
dass dann hundert weitere Tage
seines Lebens für immer vorüber sein werden.«

Von Sinn und Un-Sinn: Sich-Üben in Nichtstun

Ich lade Einzelne wie auch Gruppen gern zu einer der schwierigsten Übungen überhaupt ein: einem Sich-Üben in Nichtstun. Üben auch Sie sich möglichst regelmäßig darin, wird sich das als sehr gnädiger, mitfühlender Akt mit Ihnen selbst wie Ihrer Umwelt entpuppen.

ÜBUNG

✳ Setzen Sie sich bequem an einen ruhigen Ort und tun Sie zu Anfang während fünf Minuten nichts, einfach nichts. Geben Sie sich völlig dem müßigen Nichtstun hin. Sie machen rein gar nichts außer Nichtstun. Sie werden bloß gewahr, wie Sie sich während des Nichtstuns fühlen. Halten Sie die Augen die ganze Zeit über geöffnet, oder fallen sie Ihnen mit einem tiefen Seufzer schließlich unwillkürlich zu? Drängen die Gedanken daran, was Sie in der Zeit des Nichtstuns alles verpassen, was Sie als Nächstes zu tun und zu erledigen haben, sofort heran? Stellt sich das Gefühl ein, Ihre kostbare Zeit mit Nichtstun sinnlos zu vergeuden ohne

Produkt- oder Ergebnisorientierung? Kommen Körper, Seele und Gedanken zur Ruhe, so dass Sie tief und befreit durchatmen können? Wie lang kommen Ihnen diese kurzen fünf Minuten des Nichtstuns vor? Registrieren Sie das alles völlig unaufgeregt und beiläufig und bleiben Sie ansonsten beim wirklichen Nichtstun. Üben Sie sich regelmäßig in diesem Nichtstun, und falls Sie Gefallen daran finden und es sich erlauben, dehnen Sie die Übung auf 10 oder 15 Minuten aus. Oder noch besser: Kosten Sie das Paradox aus, dass es beim müßigen Nichtstun überhaupt nicht wichtig ist zu wissen, wann Sie fertig sind.   ✳

Gelegentlich fragen mich Teilnehmer nach der Übung, was denn nun Sinn und Zweck der Übung sei. Eine meiner bevorzugten Antworten lautet dann: Die pure Freude an der Sinnlosigkeit.

»Liebe deinen Nächsten wie dich selbst« oder: Selbstwert, Selbstannahme, Selbstliebe und Menschenwürde

Zweifel am eigenen menschlichen Wert, unabhängig von einer zu erbringenden Leistung oder von zu erfüllenden Maßstäben, Hadern mit sich und der Welt, Selbstentwertung oder gar Selbsthass sind das pure Gegenteil von Mitgefühl. Wer sich darin verfangen fühlt, vermag sich nicht zu lieben wie seinen Nächsten. Vielmehr wird er sich ablehnen und verachten, wie er auch seinen Nächsten verachtet und hasst.

Individuelles Wohlergehen, Frieden im Geiste wie im Herzen und Frieden in der Welt kann allerdings nur gelingen vor dem Hintergrund von Selbstannahme, Selbstliebe und Achtung der Menschenwürde. Wie soll Heilung im Innen wie im Außen sonst geschehen, außer durch die Liebe zu uns selbst und zu anderen? Im Kopf wissen wir das sehr wohl, auch wenn der Verstand es sogar zu leugnen vermag. Aber wie funktioniert das mit der Selbst- und Nächstenliebe tatsächlich im Alltag? Dieses Buch steckt voller kleiner wie großer Übungen, sich diesem Ziel anzunähern. Das kleine Abc des Mitgefühls habe ich Ihnen gerade im letzten Kapitel ans Herz gelegt. Ob Sie die Grundstufe ernst nehmen und beherzigen, obliegt allein Ihrer Entscheidung. Manchmal schleicht sich die mitfühlende Erkenntnis langsam in uns ein, manchmal trifft sie uns wie aus heiterem Himmel. Mit Theorie und der Rationalität des Verstandes hat das in der Regel allerdings wenig bis gar nichts zu tun. Sie stehen uns im Gegenteil in schöner Regelmäßigkeit im Wege. Verstand und Verstehen sind in vielerlei Hinsicht zweierlei. Und der rationale Verstand deckt sich selten mit dem verstehenden Herzen. Wir tun gut darin, diese Diskrepanz und Polarität zu überwinden, wollen wir uns selbst lieben wie unseren Nächsten.

Ich möchte eine längere Passage des Heilers Rudy Alexander Daniel zitieren, der mit wenig Ratio, aber viel Herz und völlig unspektakulären Worten seinen privaten Moment der Wandlung, des Verstehens beschreibt: »*Liebe zu dir selbst!* Ja, das ist es. Natürlich! Das hatte ich schon vielen Klienten gesagt. Sie sollten sich annehmen, sie sollten sich lieben. Ich hatte verstanden, daß es wichtig und notwendig ist, sich selbst zu lieben. Doch in diesem Moment spüre ich überdeutlich, was ich schon lange dachte und sagte. Der Gedanke im Kopf rutscht von der Ebene des Verstehens in mein Herz. Ich beginne mit dem Verstand zu fühlen. Oder beginne ich mit dem Herzen zu denken? Ich fühle die Bedeutung des Satzes ›Liebe dich selbst!‹. Meinen Blick auf die Straße gerichtet, fühle ich mein Herz. Ich fühle mich. Wie fühle ich mich an? Was ist alles in mir? Wo ist meine Freude, wo ist meine Trauer, wo ist meine Sehnsucht, wo sind meine Verletzungen, wo ist meine Wut, wo ist meine Kraft? Was spüre ich in mir? Wie geht es mir? Kann ich dies alles annehmen, was sich in mir befindet? – meine Kraft, meine Wut, meine Verletzungen, mcine Sehnsucht, meine Trauer, meine Freude? Darf ich alles spüren? Darf ich wirklich zu allem ›ja‹ sagen und das ›ja‹ auch fühlen, alles, wirklich alles – restlos, ohne Abstriche? Wie oft habe ich mich geliebt und angenommen, natürlich nur das Gute in mir, das Edle, das Tolle, und von den anderen Teilen wollte ich nichts wissen. Und jetzt soll ich wirklich alles annehmen, mich als Ganzes sehen? Das klingt gut und wirkt bedrohlich. Es ist ein neues Gefühl, mich wirklich mit allem anzunehmen, mich mit Haut und Haaren zu lieben – restlos! Es fühlt sich gut an und ist doch ein wenig ungewohnt, denke ich und lasse gerade einen Lastwagen an mir vorüberziehen. Als der Fahrer auf gleicher Höhe ist, schaut er ein wenig mürrisch auf mich herab. Der darf das, sage ich zu mir. Ich liebe mich trotzdem, mich und meine Geschwindigkeit, auch wenn ich gerade dabei bin, die monotone Ruhe der Lastwagenfahrer durch meine gemütliche Fahrweise etwas durcheinanderzubringen. Sie dürfen sich über mich ärgern und ich darf mich lieben. So einfach ist das. Ich fühle mein Herz. Ich fühle mich. Ich erkenne die Befreiung, die sich hinter diesem Zaubersatz verbirgt: Liebe dich selbst! Welch eine unglaubliche Kraft steckt in diesem Satz, in jedem der drei Worte. Der Zaubersatz der letzten Jahrhunderte war immer:

Ich liebe dich! Wieso hieß er nicht: Liebe dich selbst? Ist die Selbstliebe nicht die wichtigste Voraussetzung, um einen anderen Menschen
lieben zu können? Wenn wir uns nicht selbst lieben, wie können wir
dann einen anderen Menschen lieben?« (2006)

Sobald wir die Herzensqualität des wirklichen Mitgefühls in uns entdecken, setzt die Wandlung ein, welche zur Selbst- *und* Nächstenliebe
befähigt und in eine Kultur des guten Umgangs mit sich *und* anderen
mündet.

Gehen wir mit einer solchen »Selbstkultur« als innerem Gewahrsein tatsächlich bis an die Wurzeln des Menschseins, entspricht sie
letzten Endes dem urchristlichen Gebot: »Du sollst deinen Nächsten
lieben wie dich selbst«. Die Blickrichtung geht gemäß einer Denk-
kultur der allen Menschen verliehenen Geburtsrechte dann nämlich
zuerst in Richtung der Selbst- und Eigenliebe als Grundvorausset-
zung für die tiefe menschliche Fähigkeit, einen Nächsten zu lieben.
Die gebotene Blickrichtung der Obrigkeitskirche geht dagegen in Ge-
ringschätzung oder Verkennung dieser Liebesvoraussetzung zuerst in
Richtung »Nächsten«. Doch ohne wohlverstandene Selbstliebe, welche den eigenen menschlichen Wert bejaht und nicht das Geringste
mit falschen Verdächtigungen von »Egoismus« oder mit entfremde-
tem »Selbstkult« zu tun hat, gibt es keine Nächstenliebe. Der vielen
Menschen anerzogene Blick auf den »Nächsten« nach dem Entfrem-
dungsmotto »Schau weniger danach, womit es dir selbst gut geht,
sondern vielmehr, was du für die anderen tun kannst« führt ebenso
weit weg vom eigenen Lebenspotenzial als einzigem »wahren Selbst«
wie eine narzisstisch selbstverliebte Ichbezogenheit, die dem Selbstkult huldigt, oder tatsächlicher egoistischer Selbstbezogenheit. All das
ist keine Selbstkultur in unserem Verständnis als gelebte Verwirklichung des mitfühlenden Geistes sich selbst, seinen Mitmenschen und
der Schöpfung gegenüber.

Um mit Ihrem Mitgefühl möglichst weit zu kommen, müssen Sie ganz
in der Nähe beginnen. Sie selbst sind sich ganz nah, sind der Nächste.
Indem Sie sich selbst wandeln, wandeln Sie andere mit und wandeln
Sie das Bewusstsein der Welt.

Imaginationen: Übungen wie Sonnenstrahlen
auf dem Pilgerweg zu Mitgefühl

»Steh auf und geh! Dein Glaube hat dir geholfen.« (Lk 17,19) Jesus verfügte mit Sicherheit über Charisma und außergewöhnliche Fähigkeiten. Ob er tatsächlich Wunder im eigentlichen Sinne bewirkte oder das menschliche Fassungsvermögen übersteigende heilende Kräfte walten ließ, welche die Menschen seiner Zeit verwunderten, brauchen wir hier nicht zu entscheiden. Tatsache ist, dass Glauben und heilsame Fähigkeiten Erstaunliches zu bewirken in der Lage sind. Unser Glaube, das ist unter anderem die Gabe, sich der menschlichen Vorstellungskraft zu bedienen, denn Vorstellungskraft ist Zauberkraft. Weshalb auch schon der streitbare Arzt, Alchemist und Mystiker Paracelsus (1493–1541) lehrte: »Imaginatio wirkt Unbegreifliches ... darum soll sich keiner darüber entsetzen, dass aus der Imaginatio Werke kommen, die leiblich sind.«

Ich kann nicht voraussetzen, dass jedermann und jedefrau mit dem Begriff »Imagination« und den Methodenschätzen von Imaginationen vertraut ist. Er leitet sich ab von dem lateinischen Wort »*imago*«, das »Bild« oder »Vorstellung« bedeutet. Imaginationen sind grob gesprochen gedachte oder vor unserem inneren Auge gesehene Bilder, die wir zu Fantasiereisen oder zu Imaginationsübungen zusammenfügen und wie einen inneren Film ablaufen lassen können.

Nüchtern betrachtet sind Fantasiereisen und Imaginationen also erst einmal eine unerschöpfliche Fülle von Ideen, Methoden und Techniken, um mit anderen Augen sehen zu lernen. In der methodischen Selbsthilfe kann sich grundsätzlich jedermann und jedefrau dieser Kraftquellen und Überlebenshilfen bedienen. Ihr Einsatzzweck im Alltag ist Streben nach Tiefenentspannung, nach »Runterkommen« und Abschalten, die Regelung psychischer wie körperlicher Spannungszustände oder die Förderung von Wohlbefinden. In gezielter Anwendung fungieren sie als hochwirksame heilsame Bilder, welche ein wachsendes Maß an Selbsterkenntnis mit sich bringen. Damit bewegen sie sich selbst im Hausgebrauch an der Grenze zwischen Selbsterfahrung und Psychotherapie. Benötigen Menschen auf Grund

seelischer Problemlagen professionelle Hilfe in Form psychotherapeutischer Behandlung, kann diese durch den bloßen Hausgebrauch
von Imaginationen nicht ersetzt werden. Diese Unterscheidung sollte
selbstverständlich sein.

In diesem Buch dienen die vorgestellten Fantasiereisen und Imaginationen ausschließlich Ihrer wichtigsten Übung im Leben. Quasi als
Selbstheilung sind sie Mittel und Weg zu gesteigertem Mitgefühl.
Wie, weshalb und über welche leib-seelischen und neurobiologischen Kanäle die Methoden ihre wundersamen Wirkungen entfalten, habe ich in meinem Buch »Imaginationen – Heilsame Bilder als
Methode und therapeutische Kunst« (2009) beschrieben. Sollten Sie
als Leser oder Leserin darüber hinaus aus persönlichen oder beruflichen Gründen Interesse an ausführlichen Zusatzinformationen zur
Handhabung der Methoden im Kontext von sozialer Arbeit oder im
psychotherapeutischen Setting haben, finden Sie darin ebenso die
detaillierte Beschreibung der Chancen, Risiken und Nebenwirkungen
der verschiedenen Übungen.

Heimisch werden: Anfreunden mit Leib und Seele

Es existiert eine schier überbordende Fülle von Texten und Vorlagen
für Imaginationsübungen für jeden Geschmack. Nicht immer lassen
sie sich noch bis zu den Originalquellen zurückverfolgen. Eine ganze
Reihe heute vielfach praktizierter Standardübungen geht auf Luise
Reddemann (2001) zurück. Für den deutschsprachigen Raum war sie
eine der Pionierinnen, die imaginative Methoden und Übungen zum
achtsamen Umgang mit der eigenen Person in ihr Wirken als ärztliche
Psycho- und Traumatherapeutin eingeführt hat. Gute Methoden als
Potenzial für gute Arbeit lassen sich jedoch niemals bloß kopieren.
Deshalb ist es letztlich ein Charakteristikum zahlreicher Tagträume,
geführter Fantasiereisen oder Imaginationsübungen, dass die Originalquellen und ursprünglichen Vorlagen immer wieder verändert
werden, um sie in die eigene Arbeit zu integrieren. Ich verfahre nicht
anders. Wo ich mir hilfreiche methodische Ansätze von Luise Reddemann oder anderen Therapeuten zum Vorbild genommen habe, die
sich ihrerseits teils wieder durch andere Quellen haben inspirieren

lassen, habe ich sie den Erfordernissen meiner eigenen Arbeit, meinem Arbeitsethos sowie meinem auf Mitgefühl basierenden Welt- und Menschenbild angepasst. Daraus erwachsene methodische Neuerungen meinerseits werden anderenorts von anderen Menschen, die einen heilsamen Nutzen darin sehen, in deren Wirken und Arbeiten integriert. Letzten Endes sind sie schließlich dafür gedacht und sozusagen freigegeben für den kreativen Gebrauch.

Die nachstehende Übung zum Anfreunden mit dem eigenen Körper ist dreierlei Ursprungs: Teils geht sie auf eine Vorlage von Luise Reddemann zurück, teils habe ich sie mit Motiven aus einer Tiefenentspannung von Thich Nhat Hanh ergänzt und sie drittens mit großer innerer Freiheit durch ganz eigene Motive und Ideen angereichert. In meiner Version dieser körperbezogenen Basisübung füge ich vor allem auch für mich wesentliche Elemente hinzu, die unsere Geschlechtsidentität als Männer und Frauen ausmachen und mitentscheiden, wie heimisch wir uns in und mit uns selbst fühlen können. Grundsätzlich empfehle ich die Übung »Anfreunden mit Leib und Seele« uneingeschränkt als einen schönen Baustein, um die gleichermaßen philosophischen wie absolut irdischen Überlegungen Wilhelm Schmids zu »Mit sich selbst befreundet sein« (2004) der eigenen Person angedeihen zu lassen. So wird sie als eine auf den Leib gerichtete Form von Mitgefühlsmeditation zu einem echten Liebesdienst an Ihnen selbst mit dem Ziel, sich sicher beheimatet im eigenen Körper zu fühlen. Wer nicht gut im eigenen Körper wohnt, tut sich schwer, sich selbst von Herzen Mitgefühl angedeihen zu lassen.

Noch ein Hinweis: Solange Sie Imaginationsübungen noch nicht verinnerlicht haben, ist es hilfreich, sich eine vertraute Person zu wählen, die Sie mit ihrer Stimme achtsam anleitet.

Übung

* Legen Sie sich auf einer gut tragfähigen Unterlage bequem auf den Rücken, so dass Sie alle Spannungen in Ihrem Körper loslassen können. Schließen Sie die Augen. Ihre Arme ruhen sanft auf beiden Seiten Ihres Körpers, die Handflächen zeigen geöffnet nach

oben. Spüren Sie, wo Ihr Körper mit den Fersen, den Rückseiten
der Beine, dem Gesäß, dem Rücken, den Händen und Armen Kontakt zur Unterlage oder zum Boden hat ... Spüren Sie auch, wie
Ihr Hinterkopf die Unterlage berührt ... Achten Sie auf Ihre Atmung, gleichgültig, wohin Sie atmen, ob in den Bauch oder in die
Brust. Nehmen Sie nur einige Atemzüge lang wahr, wie Sie atmen,
dass Sie atmen und dass Ihr Atem kommt und wieder geht, ohne
dass Sie bewusst etwas dafür tun müssen. Machen Sie sich einen
Augenblick bewusst, dass das Atmen in Ihrem Leben etwas ist,
wofür Sie sich normalerweise in keiner Weise anstrengen müssen,
denn Ihr Atem kommt mit fließender Leichtigkeit, und er geht
mit fließender Leichtigkeit ganz von allein ... Wenn Sie mögen,
vertiefen Sie Ihre Atmung ein wenig ... Und mit jedem Ein- und
Ausatmen lassen Sie Ihren Körper noch ein wenig tiefer und tiefer
in die Unterlage oder auf den Boden sinken ... Bereiten Sie sich
mit den nächsten Atemzügen nun innerlich vor auf eine kleine
Erkundungsreise durch Ihren Körper.

Lenken Sie die Aufmerksamkeit mit Ihrem Atem nun als Erstes
zu Ihrem Kopf mit seinem Gehirn. Normalerweise benutzen Sie
den Kopf zum Denken. Eigenständiges Denken ist heutzutage ein
wenig aus der Mode gekommen. Manche Menschen lassen lieber
denken, Herrschsüchtige suchen Ihnen Ihr Denken abzunehmen.
Doch grundsätzlich ist der Kopf mit seiner Denkfähigkeit eine
fantastische Möglichkeit. Ihr Kopf leistet Ihnen aber noch weitere
wertvolle Dienste. Nehmen Sie ihn daher einmal in allen seinen
Teilen wahr: die Augen ..., die Nase ..., den Mund mit der Mund-
höhle und der Zunge darin ..., die beiden Ohren ..., die Wan-
gen ..., den Kiefer ... Und jetzt überlegen Sie: Welche Teile Ihres
Kopfes bereiten Ihnen ganz persönlich kleine alltägliche oder größere Freuden bei der sinnlichen Wahrnehmung? Es ist Ihnen zum
Beispiel ein Vergnügen, mit Ihren Augen die Sonne oder in die
Sterne zu sehen oder einen geliebten Menschen anzuschauen. Mit
den Ohren können Sie einer Musik lauschen, mit der Nase Ge-
rüche und Düfte einfangen, mit dem Mund und der Zunge schmecken. Welche Teile Ihres Kopfes helfen ihnen dabei, freudvolle

Erfahrungen zu machen? … Stellen Sie sich diese Freuden so konkret wie möglich vor. Wo haben Sie sich zum Beispiel gefreut, einem Sonnenaufgang oder Sonnenuntergang zuzusehen oder einer himmlischen Musik zu lauschen? Verbinden Sie die Freude des Sehens mit dem Bewusstsein, dass Sie sie Ihren Augen, Ihrer Sehkraft, verdanken. Andere Genüsse verdanken Sie den Ohren oder Ihrer Nase. Was ist für Sie ganz persönlich das Wichtigste? … Machen Sie sich bewusst, wie wunderbar es ist, derart wahrnehmen und Freude empfinden zu können.

Gehen Sie jetzt mit Ihrer Vorstellung zu Ihrem Bewegungsapparat, zu den Knochen, den Muskeln, den Sehnen, zu Armen, Beinen und Füßen. Welche kleinen oder größeren Freuden verdanken Sie diesen Teilen Ihres Körpers, die Ihnen die Bewegung gestatten? Vielleicht tanzen, wandern oder schwimmen Sie persönlich gern? Oder ist es Ihnen eine besondere Freude, Rad zu fahren? Stellen Sie sich auch diese Freuden wieder einen Moment lang so konkret wie möglich vor … Senden Sie mit Ihrem nächsten Atemzug den Teilen Ihres Körpers, die Ihnen diese Erfahrungen ermöglichen, eine große Portion Dankbarkeit zu.

Wiederum mit Ihrem nächsten Atemzug lenken Sie Ihre Aufmerksamkeit nun zu Ihren beiden Händen. Machen Sie sich bewusst, welch ein Glück es ist, über zwei gesunde, funktionstüchtige Hände zu verfügen. Welche kleineren oder größeren Freuden bereiten Ihnen Ihre Hände und Finger? Sie können damit einen Menschen liebevoll, mitfühlend oder heilend berühren, ein Buch halten, ein Musikinstrument spielen, Ihr Lieblingsessen zubereiten oder einfach eine Tasse Kaffee oder Tee halten. Unendlich viel ist Ihnen möglich, weil Sie zwei Hände haben, deren Sie sich erfreuen können. Stellen Sie sich diese Freuden ganz genau vor. Würdigen Sie Ihre beiden Hände mit Ihrer Vorstellung und schenken Sie ihnen ein inneres Lächeln.

Lenken Sie die Aufmerksamkeit nun zu Ihrer Haut. Sie ist Ihre Begrenzung nach außen. Welche freudigen Erfahrungen verdanken

Sie Ihrer Haut? Vielleicht Eindrücke von Wärme oder Kühle, von einem Luftstrom, einem angenehmen Schauer oder Geschenke von liebevollen Berührungen? Stellen Sie es sich ganz genau vor, was Sie Ihrer Haut verdanken, und denken Sie mit Liebe und Dankbarkeit daran.

Wieder einatmend lenken Sie Ihre ganze Aufmerksamkeit nun zu Ihrem Herzen. Kommen Sie mit jedem weiteren Aus- und Einatmen mehr und mehr mit dem Gefühl in Berührung, wie wunderbar es ist, dieses Herz zu haben, das in Ihrer Brust schlägt. Ihr Herz ermöglicht Ihnen Ihr Leben. Dieses wunderbare Organ ist jede Sekunde, jede Minute, jede Stunde, jeden Tag Ihres Lebens für Sie da. Atmen Sie ein und aus und nehmen Sie sich vor, so zu leben, dass Ihr Herz weiterhin für Sie schlägt … Und horchen Sie in sich hinein: Wann und wie spüren Sie Ihr Herz? Wie lassen Sie es erblühen? Für welche Empfindungen öffnen Sie es, und vor welchen Eindrücken verschließen Sie es?

Richten Sie Ihren Blick nun noch weiter nach innen, zu Ihren anderen inneren Organen. Welche angenehmen Erfahrungen bereiten Ihnen diese inneren Organe? Die Lunge spendet Ihnen den Atem, also Ihre Luft zum Leben. Magen und Darm helfen Ihnen beim Essen, Trinken, Verdauen und Ausscheiden. Welche Nahrung führen Sie ihnen zu? … Wofür stehen Ihre Leber und die Nieren? Welche Freuden verdanken Sie all diesen inneren Organen? … Richten Sie Ihre Wahrnehmung auch noch auf Ihr Blut. Vielleicht können Sie spüren, wie es Ihren Körper durchströmt, den Sauerstoff und die Nährstoffe transportiert. Verbinden Sie all Ihre Vorstellungen von sinnlicher organismischer Wahrnehmung wiederum mit den inneren Organen, welche Ihnen solche leiblich-organismisch-seelischen Empfindungen möglich machen. Ein- und ausatmend wissen Sie, wie wichtig und wertvoll Ihre inneren Organe für Ihre Gesundheit und Ihr Wohlbefinden sind. Senden Sie ihnen Dankbarkeit und ein Lächeln zu.

Lenken Sie die Vorstellung mit dem nächsten Atemzug schließlich noch auf die Organe, die Sie einzig durch Ihr Dasein als Frau oder Mann besitzen, also auf Ihre Geschlechtsorgane. Welche Freuden verdanken Sie ihnen? Wie vermitteln Sie Ihnen angenehme, freudvolle Erfahrungen, vielleicht verbunden mit einem Prickeln, mit Erotik, Lust, Sexualität, Liebe? Lassen Sie die angenehmen Erlebnisse in Ihrer Vorstellung wach werden und verbinden Sie sie mit Ihrem einzigartigen Dasein als Mann oder Frau. Fühlen Sie mit Leib und Seele mit sich als Mann oder Frau mit.

Wählen Sie zum Schluss aus: Welches all Ihrer Sinnesorgane oder inneren Organe ist Ihnen persönlich am wichtigsten für die Erfahrung alltäglicher sinnlicher Freude? Beschäftigen Sie sich in Gedanken einige Augenblicke lang mit diesem Organ ... Legen Sie dann für einen Moment behutsam eine Hand auf dieses Organ. Sollten Sie eine Bewegung im Augenblick als störend erleben, denken Sie bloß an das Organ. Sie entscheiden, wie es besser für Sie ist.

Durchwandern Sie mit Ihrer Aufmerksamkeit jetzt noch einmal in Zeitlupe Ihren Körper. Bedanken Sie sich bei ihm und jedem einzelnen Teil für die guten Dienste und die Unterstützung beim Wahrnehmen alltäglicher Freude. Freunden Sie sich bei der Wanderung durch Ihren Körper ausdrücklich mit allen seinen Teilen an, insbesondere auch mit denen, die Sie bisher vielleicht vernachlässigt, abgelehnt oder schlecht gepflegt haben. Sollte es Stressorgane bei Ihnen geben oder gar kranke Körperteile, richten Sie besonders gute Worte an sie. Lenken Sie ein hohes Maß an Liebe und Fürsorge dorthin. Machen Sie sich wiederholt ausdrücklich bewusst, dass es andere Teile Ihres Körpers gibt, die Ihnen sinnliche Freude bereiten, und Teile, die unversehrt und gesund sind. Lassen Sie in Ihrer Vorstellung mit Ihrem Atem Liebe, Kraft und Energie von den starken, gesunden Teilen Ihres Körpers zu den schwächeren oder erkrankten Teilen fließen. Lächeln Sie ihnen mit Liebe und Zuversicht zu. Lassen Sie sich für dieses neue Anfreunden mit Ihrem Körper eine Weile Zeit.

Nehmen Sie sich jetzt fest vor, in Zukunft möglichst gut für Ihren leiblichen Körper zu sorgen. Sie werden ihn achten wie einen guten Freund oder eine beste Freundin.

Bekräftigen Sie den Vorsatz, Ihren Körper in Zukunft möglichst gut zu behandeln, noch einmal innerlich … Auf diese Weise verstärkt oder auch ganz neu mit Ihrem Körper angefreundet, spüren Sie nun wieder, wo der Körper Kontakt zur Unterlage oder zum Boden hat. Ein- und ausatmend sind Sie sich Ihres gesamten Körpers bewusst, der ruhig und entspannt daliegt. Schenken Sie ihm noch einmal ein inneres Lächeln und senden Sie ihm Liebe und Mitgefühl zu … Kehren Sie nun bewusst in den Raum zurück, indem Sie langsam die Augen öffnen. Nehmen Sie sich noch einen Augenblick Zeit für sich, bevor Sie sich lang strecken und beginnen, sich wieder umzuschauen und behutsam in eine aufrechte Haltung zurückzukehren. ✳

Grundsätzlich kann diese körperbezogene Basisimagination jedermann und jederfrau erhellende Erkenntnisse über den Umgang mit der eigenen Leiblichkeit bescheren. Viele Menschen, die sie durchführen, sind am Ende der Übung tief, aber heilsam erschrocken darüber, wie wenig Gutes sie sich selbst eigentlich gestatten. Sie gehen weniger mitfühlend als achtlos mit sich um. Sie nehmen sich nach dieser Form der Selbsterfahrung fest vor, in Zukunft mehr mitfühlende Achtsamkeit auf den Umgang mit der eigenen Körperlichkeit zu verwenden und sich vermehrt eigene Liebesdienste zu erweisen. Wer die Übung wiederholt durchführt, tut sich ohnehin immer schwerer damit, seinem leiblichen Körper weiterhin gedankenlos Schaden zuzufügen. Das funktioniert höchstens noch über eine forcierte Verdrängungsleistung, womit der Vorgang allerdings ins Bewusstsein drängen und nachdrücklich zur Besinnung auffordern würde.

Was erlauben Sie sich?: Sortieren und Gepäck ablegen

Der folgenden Imagination, die sich für Sie als ein großer Sprung in die innere mitfühlende Freiheit erweisen kann, stelle ich eine buddhistische Weisheit von Longchen Rabjam voraus:

»Welche Erleichterung für den von seiner Bürde
gebeugten Menschen, der die lange Wegstrecke
durch die Welt des Leids zurückgelegt hat,
seine unnütze schwere Last endlich abzulegen.«

Die überaus weltliche, in eine Imaginationsübung transformierte Fassung dieser Weisheit, die ich Ihnen auf Ihrer Pilgerreise zu mehr Mitgefühl, Wohlbefinden und seelischer Gesundheit ans Herz legen möchte, ist mir eine der liebsten Übungen überhaupt. Ich zähle sie in unserer Zeit der neuen gesellschaftlichen Kälte zu den absoluten Überlebensübungen. Weniger dramatisch ausgedrückt, ist die Imagination ein menschengerechter Weckruf für mehr von Mitgefühl beseelte Selbstkultur als Lebenskunst. Die alltägliche Lebenskunst als Balance von Freud und Leid, als herstellbares Gleichgewicht von beglückenden und schmerzhaften Lebensphasen, ist in der Tat schon Herausforderung genug. Wir brauchen uns nicht zusätzlich noch vermeidbare Lasten aufzuhalsen. Deshalb lautet eine entscheidende Ermutigung: Erlauben Sie sich aus Mitgefühl für sich selbst heraus deutlich mehr innere Freiheit. Trauen Sie sich etwas! Sortieren Sie und legen Sie Gepäck ab:

ÜBUNG

✳ Setzen Sie sich an einen ruhigen Ort und schließen Sie die Augen. Falls es Ihnen nicht möglich ist, die Augen zu schließen, fixieren Sie einen Punkt auf dem Boden, etwa einen Meter vor Ihren Füßen. Nehmen Sie eine bequeme Haltung ein. Spüren Sie, wo Ihr Körper Kontakt zum Sitz, zur Lehne oder zum Boden hat. Achten Sie auf Ihre Atmung, gleichgültig, wohin Sie atmen, ob in den Bauch oder in die Brust. Nehmen Sie nur einige Atemzüge lang wahr, wie Sie atmen, dass Sie atmen und dass Ihr Atem kommt

und wieder geht, ohne dass Sie bewusst etwas dafür tun müssen ...
Machen Sie sich einen Augenblick bewusst, dass das Atmen in Ihrem Leben etwas ist, wobei Sie sich normalerweise nicht anstrengen müssen. Ihr Atem kommt und geht von allein, leicht und fließend. Es gibt da in Ihrem Leben also zumindest einen Bereich, der
ganz ohne Anstrengung funktioniert. Machen Sie sich das noch
einmal ausdrücklich bewusst. Und wenn Sie mögen, vertiefen Sie
Ihre Atmung ein wenig ... Weiter ein- und ausatmend bereiten Sie
sich dann innerlich darauf vor, auf eine lange innere Wanderschaft
zu gehen.

Stellen Sie sich nun vor, Sie sind tatsächlich auf einer langen Wanderschaft und Sie tragen dabei eine Menge schweres Gepäck mit
sich herum. Sie sehen Ihr gesamtes Gepäck vor sich ... Im langen
Verlaufe Ihrer bisherigen Wanderschaft sind Sie bereits durch viele
verschiedene Gegenden gekommen. Sie sind über sanfte Wiesen
und Hügel gegangen ..., Sie haben weite Blicke genossen und haben so manche Brücke über Bäche und Flüsse überquert ... Oft
hatten Sie an Ihrem vielen Gepäck ungemein schwer zu tragen. Sie
haben steinige, steile Wege erklommen, enge Täler durchwandert
und sich dabei auch durch so manche Engstellen gewunden, die
Sie mit ihrem Gepäck überhaupt nur mit größter Mühe überwinden konnten.

Jetzt, an einem Punkt Ihrer Wanderschaft, gelangen Sie nach be-
schwerlichem Anstieg schließlich auf ein Hochplateau. Wie bei
Hochplateaus üblich, ist es dort weit und flach. Sie atmen durch
und verschnaufen, denn Sie müssen nicht mehr weiter steigen.
Und so beschließen Sie, eine Rast einzulegen, und schauen sich
nach einer Stelle um, wo Sie Ihr ganzes Gepäck sicher deponieren
können. Stück für Stück legen Sie es ab und befreien sich von
seiner drückenden Last ... Dabei stellt sich ein Gefühl ein, das
Sie schon lange nicht mehr kannten. Ohne das Gewicht Ihres
schweren Gepäcks fühlen Sie plötzlich eine ungewohnte Leichtigkeit. Am liebsten möchten Sie vor lauter Leichtigkeit innerlich
jubeln und tanzen. Denn so unbeschwert haben Sie sich schon

ewig nicht mehr gefühlt. Sie genießen diese Unbeschwertheit in
vollen Zügen.

Sie werden nun neugierig auf die weitere Umgebung und blicken
sich aufmerksam um. In der Ferne sehen Sie dabei ein helles,
strahlendes Licht ... Dieses Licht zieht Sie unwiderstehlich an, und
Sie beschließen, darauf zuzugehen. Ihr Gepäck haben Sie sicher
gelagert, so dass Sie sich sorglos entfernen können. Nach einer
Weile gelangen Sie an einen Ort, der ganz in dieses helle, warme
Licht getaucht ist. Dort möchten Sie verweilen, und so schauen
sich nach einem bequemen Platz um, an dem Sie sich niederlassen
und wohlfühlen können. Dieser Platz scheint wie für Sie gemacht.
Sie merken, wie sich eine wohltuende Ruhe in Ihnen ausbreitet ...,
und Sie baden geradezu in diesem warmen, hellen Licht, in das der
gesamte Ort getaucht ist. Mit allen Sinnen genießen Sie diesen Ort
und Ihre unbeschwerte Leichtigkeit.

Sie haben längst die Zeit vergessen, denn die Stunden spielen keinerlei Rolle mehr an diesem Platz, als Sie ein helles, freundliches
Wesen auf Sie zukommen sehen. Das Wesen strahlt Friedfertigkeit
und eine in sich ruhende Kraft in einem aus ... Es schaut Sie eine
ganze Weile aus gütigen Augen voller Wohlwollen und fragloser
Bestätigung an. Ohne Worte, nur über seinen liebevollen erken-
nenden Blick vermittelt es Ihnen, dass es extra für Sie ganz persönlich zu Ihnen an diesen Ort gekommen ist, um Ihnen hilfreich
sein zu können ... Der Blick dieses gütigen Wesens geht durch Ihre
Augen hindurch direkt in Ihr Herz. Sie spüren deutlich, wie sich
Ihr Herz für die empfangene Güte und für das Ihnen von diesem
liebevollen Wesen entgegenströmende pure Wohlwollen weitet
und öffnet ... Schließlich überreicht Ihnen das Wesen noch ein Geschenk, ohne dass Sie selbst das Geringste als Gegenleistung dafür
tun müssten. Es ist ein Geschenk, das Sie für Ihre momentanen,
ganz persönlichen Probleme in Ihrem Leben perfekt gebrauchen
können. Es ist Ihnen jetzt im Augenblick dienlich. Vielleicht ist
es etwas ganz Konkretes, vielleicht aber auch ein symbolisches
Geschenk, das Sie noch gar nicht verstehen können.

Sie nehmen das Geschenk und bedanken sich bei dem Wesen für seine Gabe. Während es sich langsam und wortlos entfernt, schaut es Ihnen ein letztes Mal voller Güte in die Augen. Noch lange klingt sein absolutes Wohlwollen in Ihnen nach … Sie beschließen, den Platz dieser Begegnung nun zu verlassen, und gehen zurück zu Ihrem Gepäck. Sie wissen aber, Sie können jederzeit an diesen hellen Ort zurückkehren.

Bei Ihrem Gepäck angelangt, stellen Sie sich die Frage: Was von Ihrem vielen Gepäck möchten Sie jetzt noch wieder mitnehmen auf die weitere Wanderschaft? Was brauchen Sie noch von all dem, was Sie bis hierhin mit sich herumgetragen haben? Und was ist überflüssig? … Es kann gut und erleichternd sein, überflüssigen Ballast zurückzulassen … Falls Sie aber alles Gepäck wieder aufnehmen möchten, ist es ebenso in Ordnung. Sie entscheiden sich und setzen Ihre Wanderschaft danach fort.

Was sich verändert hat, ist: Sie wissen, dass Sie sich jederzeit eine Ruhepause gönnen dürfen und Ihr Gepäck ablegen können. Außerdem tragen Sie ein Geschenk bei sich, welches Sie für sich ganz persönlich nutzen können. Denken Sie noch einmal an Ihr Geschenk und auch daran, was genau Sie damit zu tun gedenken, wobei es Ihnen helfen kann.

Spüren Sie dann zum Schluss wieder, wo ihr Körper Kontakt zum Sitz oder zum Boden hat, und kehren Sie bewusst hierher in den Raum zurück, indem Sie langsam die Augen öffnen. Nehmen Sie sich noch einen Augenblick Zeit für sich, bevor Sie sich lang strecken und beginnen, sich wieder umzuschauen.   ✱

Nehmen Sie sich nun noch Zeit zum Nachspüren und Nachdenken! Ein paar gezielte Fragen können diesen Prozess begleiten:

Was hatten Sie eigentlich an Gepäck auf Ihrer Wanderung dabei? Trugen Sie etwas zu trinken und zu essen mit sich?

Falls nicht, wundern Sie sich nicht über Gebühr. Sie lägen damit voll im Durchschnitt. Die Mehrzahl aller Männer wie Frauen, die sich in der Fantasie auf diese Wanderschaft machen, vergessen in der Tat das Wesentliche. In der Realität würden sie niemals eine längere Wanderung antreten, ohne Proviant einzupacken, zumindest Trinkwasser mit sich zu führen. Beim Imaginieren bewegt sich die Seele jedoch auf völlig anderen Ebenen. Wer beim Überdenken der Übung den Aha-Effekt zur Kenntnis nehmen muss, dass er kein Wasser und nichts zu essen mit im Gepäck hatte, darf sich ruhig ein paar Gedanken darüber machen, was das auf der symbolischen Ebene für sein Leben im Hier und Jetzt bedeuten mag. Nur alten Plunder oder sogar nur große, schwere Steine im Gepäck zu haben, was gar nicht selten der Fall ist, zeugt weder von besonderem Mitgefühl für die eigene Person, noch bereitet es freudiges Vergnügen. Immerhin eröffnet die durch die Imagination realisierte Erkenntnis die Möglichkeit, das Gepäck für den weiteren Lebensweg umzupacken, um im Bild zu bleiben.

Wie hat es sich angefühlt, sich Ihres ganzen Gepäcks zu entledigen?

Für nicht wenige Menschen ist diese Situation während der Fantasiereise der entscheidende Anstoß, sich mancher Bürden zu entledigen, welche sie sich bisher in ihrem Leben unhinterfragt aufgehalst haben.

Welchem mitfühlenden, wohlwollenden Wesen sind Sie am hellen, lichten Ort in Ihrer Innenwelt begegnet?

Welches Geschenk haben Sie entgegennehmen dürfen, und was gedenken Sie in Zukunft damit zu tun?

Um Hilfe bitten, Hilfe finden, Hilfe zulassen: Bündnisse fürs Leben

Vielen Menschen in unserem Kulturkreis fällt es ausgesprochen schwer, jemand anderen um Hilfe zu bitten oder überhaupt angebotene Hilfe zuzulassen und anzunehmen. Das ist eher eine unbarmherzige als eine mitfühlende Haltung gegenüber sich selbst. Wir können aber noch so selbständig, noch so stark oder selbstbewusst sein – niemand kann alles in seinem Leben allein schaffen. Ein solcher innerer Anspruch macht sehr einsam und stellt eine enorme, gnadenlose Überforderung im Leben dar. Selbst wenn wir uns noch so wohlfühlen in der eigenen Haut, tut es doch gut, sich darauf verlassen zu können, dass es irgendwo noch ein hilfreiches Wesen gibt, das uns mitfühlend zur Seite steht.

Unabhängig von realen Personen, die uns im Ernstfall Unterstützung gewähren können, gibt es Wesen, bei denen wir immer und zu jeder Zeit Hilfe finden können. Diese Wesen können wir uns selbst schaffen, indem wir sie in unserer Vorstellungskraft erschaffen. Es gibt verschiedene Wege, wie wir das bewerkstelligen können. Einen davon haben Sie soeben kennengelernt.

Es ist kein Problem, über verschiedene Imaginationsübungen immer wieder mitfühlende, gütige und hilfreiche Wesen und Gestalten den Weg zu Ihnen finden zu lassen, so wie gerade geschehen in der Übung »Gepäck ablegen«. In einer »erhebenden Begegnung« wird Ihnen etwas später im Buch ein besonders mitfühlendes, hilfreiches Wesen begegnen.

Der zweite Weg, über den Sie einem mitfühlenden, hilfreichen Wesen den Eintritt in Ihr Leben gewähren können, nimmt zwar einen anderen Ausgangspunkt, entwickelt sich aber gleichfalls über einen wachgerufenen Tagtraum:

Übung

✳ Stellen Sie sich eine Ihnen absolut vertraute Situation vor, in der Sie sich in Ihrem Leben schon häufiger befunden haben. Wieder und wieder stellt sich Ihnen in dieser Situation das gleiche Problem: Sie fühlen sich schlecht, hilflos, ohnmächtig, handlungsunfähig, gedemütigt, entwertet oder verloren, … und völlig allein ohne jedwede Unterstützung. Obgleich Sie Ihr Leben sonst gut gemeistert bekommen, fühlen Sie sich in dieser speziellen wiederkehrenden Situation immer aufs Neue ausgeliefert. Sie wissen sich keinen Rat mehr. In stärkerer oder abgeschwächter Form kennen Sie solche Situationen mit Sicherheit. Gehen Sie mit Ihrer

Vorstellung ganz in eine derartige Szene hinein ... Mit allen Sinnen nehmen Sie wahr, wie hilflos, ohnmächtig, gelähmt Sie sich fühlen ... Es scheint für Sie kein Entrinnen aus Ihrer Lage zu geben. Sie wollen schon wie gewöhnlich resignieren und aufgeben, als Sie einen letzten Versuch machen, von irgendwo Hilfe für Sie herbei-zubitten.

Ganz langsam lassen Sie eine Ahnung in Ihrer Hoffnung aufkei-men, dass es doch noch einen Ausweg für Sie aus der misslichen Situation geben könnte, wenn Ihnen über Ihr Bitten bloß Hilfe gewährt würde. Mit wachsendem Vertrauen in diese Erkenntnis stellen Sie sich nun vor, wie Sie genau um diese Hilfe bitten kön-nen. Sie rufen in Ihrer Vorstellung ein Wesen herbei, das Sie ganz genau so unterstützt, wie Sie es gerade in Ihrer Situation brauchen und wünschen. Lassen Sie Ihr hilfreiches Wesen jetzt langsam in Ihrer Vorstellungswelt auftauchen. Sie können in allen Einzel-heiten sehen, wie es sich Ihnen nähert, um Ihnen zur Seite zu ste-hen. Stellen Sie sich eher keine konkrete Person vor, die Sie in der Realität kennen oder einmal gekannt haben. Stellen Sie sich viel-mehr ein ideales hilfreiches Wesen vor, ein Wesen, das mit absolu-ter Gewissheit weiß, wie es Ihnen Unterstützung gewähren kann. Vielleicht findet es, einem wehrhaften Massai-Krieger ähnelnd, den Weg aus dem ewigen Sand der Wüste zu Ihnen, oder es steigt von den schnee- und eisbedeckten Gipfeln des Himalaja herab. Es kann auch einer Filmleinwand oder einem Buch entsteigen oder einfach aus den tiefsten Schichten Ihres eigenen Unbewussten oder Überbewussten auftauchen. Es kann also auch ein spirituelles Wesen sein ... Jedenfalls wissen Sie plötzlich ganz genau, welches ideale hilfreiche Wesen Sie zu Hilfe rufen, damit es Sie unterstüt-zen kann, nie wieder in die gleiche hilflose Situation zu geraten ... Und ebenso klar sehen Sie vor Augen, auf welche Weise es Ihnen zur Seite stehen soll, damit Sie selbst wieder handlungsfähig wer-den können.

Und dann ist Ihr hilfreiches Wesen wie von Zauberhand tatsäch-lich an Ihrer Seite. Dankbar nehmen Sie die Ihnen gewährte Hilfe an ... Sie fühlen sich selbst derart gekräftigt, dass Sie mit voller Gewissheit darauf vertrauen können, für alle Zukunft einen zufriedenstellenden Ausweg aus Ihrer misslichen Situation zu finden.

*

Mit unseren hilfreichen Wesen vermögen wir Bündnisse fürs Leben zu schließen. Wie das methodisch noch verstärkt werden kann, habe ich detailliert in meinem Imaginationsbuch beschrieben. Die hilfreichen Wesen sind dann bloß noch durch bewusst fahrlässige Unachtsamkeit oder mit Brachialgewalt zu vertreiben. Ansonsten werden sie zu absolut treuen Lebensweggefährten, die uns sowohl in ihrer tatkräftigen Funktion mitfühlend zur Seite stehen wie auch uns daran erinnern, uns selbst ein gesundes Maß an Mitgefühl entgegenzubringen.

Die Menschen, mit denen ich mit diesen methodischen Varianten über die Jahre hinweg gearbeitet habe, bestärken mich jedes Mal aufs Neue in deren Anwendung. Sie bestätigen immer wieder die verblüffende Wirksamkeit ihrer hilfreichen Wesen. In all den Jahren haben mir Frauen, Männer, junge und erwachsene Menschen so viele unterschiedliche hilfreiche Wesen und Gestalten vorgestellt, dass wir ein fröhliches Fest feiern könnten, ließen sich alle in der Vorstellungswelt lebendigen Wesen zu einem solch wunderlichen Ereignis versammeln.

Das Wünschen nicht verlernen: Herzenswünsche

Was würden Sie sich wünschen, sofern Sie bei einem wunscherfüllenden Wesen drei Wünsche frei hätten? Die Welt der Märchen hat die meisten von uns schon früh als Kinder gelehrt, dass es ratsam ist, sich seine Wünsche sehr sorgfältig zu überlegen und nicht aus Unbedacht heraus Wünsche zu vertun. Nun leben wir allesamt nicht im Märchen, sondern in einer selten märchenhaften Realität.

So fantastisch unsere imaginativen Wesen trotz und wegen solcher Realitäten ihre hilfreichen Dienste zu unserer Unterstützung zu versehen vermögen, so leben wir unseren Alltag doch immer in realen Beziehungen mit realen Menschen aus Fleisch und Blut. Auch von ihnen wünschen wir uns bisweilen Unterstützung und Hilfe bei praktischen Problemen oder Herzensangelegenheiten, von welchen wir uns gerade herausgefordert oder überfordert sehen. In unserer dermaßen stark auf Individualität ausgerichteten Gesellschaft haben allerdings viele Menschen das Wünschen von Herzen verlernt. Sie trauen sich nicht mehr oder bloß noch selten zu wünschen, weil sie zu häufig die niederschmetternde Erfahrung gemacht haben, dass ihre Wünsche nicht gehört, nicht ernst genommen und schon gar nicht erfüllt wurden. Keine Wünsche mehr zu äußern ist vorauseilende Resignation. Wir haben keinerlei Anspruch noch Garantie, dass uns Wünsche, die wir mit Bedacht und erfüllbar formuliert an andere Menschen richten, von diesen bereitwillig bis herzlich mitfühlend erfüllt werden. Aber wir sollten das Wünschen niemals aufgeben. Es zeigt sich in der Realität jedoch immer wieder, wie schwer es zahlreichen Frauen wie Männern, Erwachsenen wie jungen Leuten fällt, das Wünschen von Herzen wieder neu zu erlernen sowie darauf zu vertrauen, dass zwar längst nicht alle, aber doch manche Wünsche wahr werden können. Sich auf das Wünschen verstehende Paare oder Familien erfahren neben viel Vergnügen eine schöne Stärkung der Beziehungsbande, weil sie wechselseitige Wunschtage in ihr Zusammenleben eingeführt haben.

Nehmen Sie sich nicht zu ernst: Gnädige Bekanntschaft mit dem inneren Beobachter schließen

Selbstverständlich sollen Sie sich im Sinne von Selbstannahme weidlich ernst nehmen. Sie sind für sich das Wichtigste auf der Welt. Gäbe es Sie nicht, würden Sie fehlen. Sie sollen sich bloß nicht so ernst nehmen, dass Sie an hausgemachten Problemen festhalten und nicht davon ablassen mögen. Viele Schatten auf der Seele, Verstimmungen im Leben und alltägliche Anlässe für Streitigkeiten sind in der Tat hausgemacht, weil wir sie zeitlebens verschleppen und uns nicht von ihnen entbinden. Trennen Sie durch einen mitfühlend achtsamen und gnädigen Umgang mit sich selbst die Spreu vom Weizen, wird Ihnen leichter ums Herz. Hilfreiche Unterstützung beim Sich-Trennen von zu ernst genommenen Anhaftungen wie Verstrickungen, Opferhaltungen, Eitelkeiten, Divaallüren, Streitlust und vielem Übergewichteten mehr kann Ihnen ein Bündnispartner gewähren, welchen Sie in sich selbst zu finden vermögen: Ihr eigener innerer Beobachter.

Ich möchte Sie deshalb im Geiste des Mitgefühls zu einer Überprüfungsübung einladen, mit der Sie selbst trefflich beobachten können, was Sie wann und weshalb wie tun.

ÜBUNG

✳ Setzen Sie sich an einen ruhigen Ort und schließen Sie die Augen. Falls es Ihnen nicht möglich ist, die Augen zu schließen, fixieren Sie einen Punkt auf dem Boden, etwa einen Meter vor Ihren Füßen. Nehmen Sie eine bequeme Haltung ein. Spüren Sie, wo Ihr Gesäß Kontakt zum Sitz, der Rücken Kontakt zur Lehne hat und wie Ihre Füße den Boden berühren. Achten Sie auf Ihre Atmung, gleichgültig, wohin Sie atmen, ob in den Bauch oder in die Brust. Nehmen Sie nur einige Atemzüge lang wahr, wie Sie atmen, dass Sie atmen und dass Ihr Atem kommt und wieder geht, ohne dass Sie bewusst etwas dafür tun müssen ... Machen Sie sich einen Augenblick bewusst, dass das Atmen in Ihrem Leben etwas ist, wofür Sie sich normalerweise nicht anstrengen müssen. Ihr Atem kommt und geht leicht und fließend von allein. Es gibt da in Ihrem Leben also zumindest einen Bereich, der ganz ohne Anstrengung funktioniert. Machen Sie sich das noch einmal ausdrücklich bewusst. Und wenn Sie mögen, vertiefen Sie Ihre Atmung ein wenig.

Nutzen Sie für den weiteren Verlauf der Übung nun ganz bewusst Ihre eigene Beobachtungsgabe. Wandern Sie zuerst aufmerksam beobachtend durch Ihren ganzen Körper, vom Scheitel bis zu den Sohlen. Nehmen Sie dabei wahr, wo in Ihrem Körper es angenehme Gefühle gibt oder umgekehrt vielleicht schmerzende Stellen oder Verspannungen. Nehmen Sie sich für diese achtsame Wanderung durch Ihren Körper ein paar Minuten Zeit. Und machen Sie sich zwischendrin immer wieder klar: »Es ist mein Körper, durch den ich in meinem Tempo wandere, und ich bin es, der meinen Körper dabei beobachten kann. Und weil ich meinen Körper beobachten kann, bin ich mehr als mein leiblicher Körper ...«

Beobachten Sie auch, wie es sich auf Sie auswirkt, dass Sie sich während Ihrer Wanderung durch den Körper Ihre eigene innere Beobachtungsgabe zunutze machen können.

Konzentrieren Sie sich jetzt für einige Zeit darauf, dass Sie genau wahrnehmen können, welche Gedanken Ihnen durch den Kopf gehen und wie Sie denken. Beobachten Sie sich dabei, was Ihnen zu denken gibt. Sollte Ihr Kopf überraschenderweise gerade leer von Gedanken sein, genießen Sie den Augenblick der Gedankenleere, und beobachten Sie weiter, welche Gedanken als erste wieder auftauchen. Sie können Ihre Gedanken auch ordnen, indem Sie unterscheiden zwischen guten und weniger guten Gedanken oder solchen, die sich auf die Gegenwart, auf die Vergangenheit oder die Zukunft beziehen. Und dadurch, dass Sie Ihre Gedanken immer wieder beobachten, wird Ihnen auch klarer, worüber Sie viel nachdenken. In der Übung jetzt geht es darum, dass Sie sich Ihre selbstbeobachtenden Fähigkeiten bewusst machen. Sie können beobachten, wie ein Gedanke Gestalt annimmt, können sogar sein Auftauchen beobachten, Sie können ihn betrachten, können verfolgen, ob und wie er sich einnistet oder vorüberzieht, und können beobachten, wie er sich auf Sie auswirkt. Machen Sie sich also wieder ganz klar: »Ich kann meine eigenen Gedanken beobachten, also bin ich mehr als meine denkenden Gedanken. Weil ich mehr bin als meine Gedanken, kann ich sie folglich auch verändern, ihnen eine Richtung geben, die mir passt.«

Beobachten Sie nun, welche Stimmung im Moment in Ihnen herrscht. Wieder wissen Sie: »Ich kann meine Stimmung genau beobachten. Also bin ich mehr als diese meine Stimmung. Und wenn ich mehr bin als diese meine Stimmung, dann kann ich auch Einfluss auf sie nehmen.«

Nehmen Sie sich jetzt noch Zeit, Ihre Gefühle zu beobachten. Welche Gefühle sind da gerade wahrnehmbar? ... Welches sind Ihre vorherrschenden Gefühlsfarben? ... Wie ist die Intensität Ihrer Gefühle? ... Wie oder wann kochen Ihre Gefühle hoch, wie oder wann ebben sie ab? ... Sie können beobachten, wie ein Gefühl in Ihnen im Entstehen begriffen ist, wie es sich ausbreitet und wie es sich auswirkt. Und wiederholt bekräftigen Sie sich: »Ich kann meine Gefühle gut und genau beobachten, also bin ich weit mehr als meine Gefühle. Und weil ich mehr bin als meine Gefühle, kann ich sie auch beeinflussen und verändern. Und weil ich meine Gefühle genau beobachten und in ihrer Qualität betrachten kann, kann ich angenehme Gefühle angenehm sein lassen, neutrale Gefühle neutral und schädliche Gefühle unschädlich machen.«

Wenden Sie sich jetzt noch Ihren Worten und Ihrer Sprache zu. Sie können sich selbst dabei beobachten oder sich selbst zuhören, wie Sie Ihre Gedanken, Ihre Gefühle und alles, was Sie innerlich bewegt, mit Worten beschreiben. Und ein letztes Mal wird Ihnen deutlich bewusst: »Ich kann mich selbst beobachten. Und wenn ich mich beim Reden selbst beobachten kann, dann bin ich entschieden mehr als das, was ich mit Worten so von mir gebe. Und weil ich entschieden mehr bin, kann ich in der Konsequenz auch ganz klar die Wahl meiner Worte bestimmen.«

Zum Schluss machen Sie sich noch klar, dass Sie sogar beobachten können, wie Sie alles beobachten. Diesen Teil von Ihnen, der beobachten kann, wie Sie alles zu beobachten vermögen, können Sie Ihren eigenen inneren Zeugen nennen. Es ist der Teil in Ihnen, der neutral wahrnehmen kann, was ist. Und diese Fähigkeit können Sie sich zunutze machen. Wenn Sie in irgendetwas verwickelt sind, das Ihnen nicht gut tut, können Sie sich auf Ihren eigenen inneren Beobachterposten zurückziehen und dadurch Distanz bekommen, wenn Sie das möchten. Mit dieser Gabe können Sie sich selbst gut schützen sowie verhindern, Unheil anzurichten.

Machen Sie sich noch einmal für alle Zukunft klar, dass Sie mehr sind als Ihr leiblicher Körper, Ihre Gedanken, Ihre Stimmungen, Ihre Gefühle und Ihre Worte ... Öffnen Sie dann langsam wieder die Augen. Schauen Sie sich um und strecken Sie sich ein wenig, wenn Sie mögen. ✳

In der regelmäßigen Wiederholung vermag diese Beobachter-Übung zunächst die Selbstwirksamkeit in Form von Selbstbeherrschung, Einflussnahme und Impuls- wie Gefühlssteuerung zu bestärken. Sie sind ihren Gedanken, Stimmungen und Emotionen nicht hilflos ausgeliefert, sondern können lernen, sie zu lenken oder sogar zu beherrschen, statt sich von ihnen beherrscht zu fühlen. Entwickeln Sie darüber mittelfristig mehr Verständnis für sich selbst, wächst die innere Freiheit, sich wesentlich mitfühlender und dadurch gnädiger, barmherziger zu stimmen. Auf längere Sicht ist diese Beobachter-Übung somit ein gut anwendbares Gegenmittel zur Entgiftung destruktiver Gefühle und Impulse. Sie entspricht in ihrer leichteren Anwendbarkeit auch eher unseren Traditionen und Denkgewohnheiten als so manche buddhistischen Meditationspraktiken mit ihren zahlreichen überlieferten Belehrungen zur Beobachtung von Körper, Gefühlen, Geist und Bewusstsein.

Im »Satipatthana Sutta«, einer buddhistischen Lehrrede zu den »Vier Verankerungen der Achtsamkeit«, finden wir Formulierungen wie »den Körper im Körper beobachten«, »die Gefühle in den Gefühlen beobachten«, »den Geist im Geist beobachten« und »die Geistesobjekte in den Geistesobjekten beobachten«. (Thich Nhat Hanh, 1992) Im Grunde verfolgen deren kaum enden wollende Unterweisungen ein vergleichbares Ziel wie unsere nachempfundene Beobachter-Übung. Sie sind in ihrer detaillierten Praxis für uns bloß viel langwieriger umzusetzen, weil uns zumeist das »Gefäß« der tiefen meditativen Verinnerlichung fehlt.

»Der Mensch wird am Du zum Ich« oder: Mitfühlende Verbundenheit

»Der Mensch wird am Du zum Ich« (1936), dieser zutiefst menschliche Leitgedanke des Religionsphilosophen Martin Buber (1878 bis 1965) mutet an wie ein in Sprache gegossenes Denkmal für die zwischenmenschliche Verbundenheit, an der wir unsere ethische Verfasstheit zu messen haben.

Die anderen sind immer schon unsere Mitgeschöpfe. Sie sind unsere Gegenüber, und sie sind in uns enthalten, wie wir in ihnen enthalten sind. Unser Mensch-Sein gründet auf der Bezogenheit auf andere, und es wächst und entwickelt sich in der Verbundenheit mit anderen. Wir und die anderen existieren nur in Gegenseitigkeit, Wechselseitigkeit, Spiegelung und Resonanz. Unser Blick schafft den anderen, von seinem Blick fühlen wir uns erkannt oder in unserem Wesen verkannt, weshalb Jürgen Habermas, einer der weltweit einflussreichsten Philosophen und Soziologen der Gegenwart, schreibt: »In den Blicken des Du, einer zweiten Person, die mit mir als einer ersten Person spricht, werde ich meiner nicht nur als eines erlebenden Subjekts überhaupt, sondern zugleich als eines individuellen Ichs bewusst. Die subjektivierenden Blicke des Anderen haben eine individuierende Kraft.« (2005)

Wenn in philosophischen wie psychologischen Texten so selten und so wenig unmittelbar wie ausdrücklich von der Tugend des Mitgefühls die Rede ist, dann hilft es, ein wenig tiefer zu schauen, wo sich zumindest der Hauch von Mitgefühl zwischen den Zeilen verbergen könnte. So setzt der Gedankengang von Habermas denn in meinem Verständnis voraus, dass der andere mich mit seinem erschaffenden Blick bestehen lassen möchte, dass er also zumindest in Grenzen bestätigend oder mitfühlend auf mich schaut. Möchte er mich nicht als den für ihn anderen gewährend bestehen lassen, kann er mich mit seinem Blick mit Verachtung zu strafen, zu vernichten oder gar zu töten suchen.

Mitgefühl lässt uns zu den Menschen reifen, die wir sein können, wenn wir unser Potenzial verwirklichen. Das funktioniert ausschließlich in der Begegnung und Verbundenheit mit anderen Menschen. Mitfühlende Verbundenheit relativiert die Bedeutung unserer im westlichen Denken mittlerweile übergewichteten Individualität. *Selbst*verwirklichung im Sinne unseres menschlichen Potenzials befördert unser Dasein bloß im Austausch mit anderen. Erst die bezogene Zwischenmenschlichkeit, die Intersubjektivität, macht uns Menschen zu Menschen oder, wie Buber meint, zu Personen, die mehr sind als Individuen:

»Aber eine Person, so würde ich sagen, ist ein Individuum, das wirklich mit dieser Welt lebt …, in echter Wechselbeziehung mit der Welt in allen Berührungspunkten, in denen der Mensch mit der Welt zusammentreffen kann … Dies ist es, was ich Person nennen möchte; und wenn ich zu bestimmten Erscheinungen ausdrücklich ja oder nein sagen darf, dann bin ich gegen Individuen und für Personen.« (in Rogers & Buber, 1992)

Menschen als verkörperte Personen aus Fleisch und Blut, mit Geist und Bewusstsein, tragen als menschliche Mitgift den Keim des Mitgefühls in sich, den sie wachsen und gedeihen lassen können, bis sie mehr und mehr mit dem Herzen denken und mit dem Verstand fühlen. Ihr Zusammentreffen mit der Welt in allen Berührungspunkten ist gelingende gelebte Zwischenmenschlichkeit. Als Intersubjektivität ist sie eine Bedingung wie Bedingtheit des Menschseins und ein angeborenes Motivationssystem der menschlichen Spezies, wie die Säuglingsforschung und Entwicklungspsychologie der letzten Jahre beweist. (Stern, 1992, 2005)

In dem Maße, wie Mitgefühl die Bedeutung unserer Individualität relativiert, indem der mitfühlende Geist uns in einen Bezug zu den anderen einbindet, öffnet er unsere Wahrnehmung für die Belange und Lebensrechte der anderen. Ein offener Geist ermöglicht uns anerkennend, wie der Philosoph Hans-Georg Gadamer (1900–2002) schreibt, »das Du als Du wirklich zu erfahren, d. h. seinen Anspruch nicht zu überhören und sich etwas von ihm sagen zu lassen. Dazu gehört Offenheit. Aber diese Offenheit ist am Ende nicht nur für den einen da, von dem man sich etwas sagen lassen will, vielmehr: wer sich überhaupt etwas sagen läßt, ist auf eine grundsätzliche Weise offen. Ohne solche Offenheit füreinander gibt es keine echte menschliche Bindung. Zueinandergehören heißt immer zugleich Auf-einander-Hören-können.« (1975)

Wiederum lese ich in meinem Verständnis in Gadamers Offenheit für echte menschliche Bindung das bedingte Mindestmaß an Mitgefühl hinein, ohne das sich unser Geist dem anderen nicht zuzuwenden vermag, nichts sagen lassen, nichts anhören mag. Nur in gesteigertem Einfühlungsvermögen tauchen wir ein in eine Verbundenheit, welche uns die Gefühle, die Freuden wie die Leiden der anderen, tatsächlich mitfühlen lässt und wie sie der ursprünglichen Sprache von Menschen – der Sprache, die uns nicht aus der Wechselseitigkeit der Beziehungen herausrationalisiert – zu eigen sein kann. »Die ursprüngliche Sprache, Sprache ohne Worte und Sätze, reine Kommunikation«, schreibt Emmanuel Lévinas (1983), ist eine Beziehung der Nähe, menschlicher Kontakt in Reinform zwischen mitfühlend verbundenen Wesen.

Ähnliche Gedanken äußert Thich Nhat Hanh aus seiner Sicht als buddhistischer Zen-Meister: »Wenn wir etwas verstehen wollen, sollten wir es nicht nur beobachten. Wir sollten tief hineintauchen und eins damit werden, um es wirklich zu verstehen. Wollen wir einen Menschen verstehen, so müssen wir seine Gefühle fühlen, sein Leiden leiden und seine Freude genießen.« (2003)

Genau genommen ist das fast wieder die Herzensqualität des reinen Mitgefühls, welches das Ich mit dem Du verbindet. Diese Verbindung ist möglich in einem stillen, verbundenen Schweigen, vor allem in Situationen, in welchem der Schmerz und das Leid zu groß für die Worte sind, oder wenn wir unser allumfassendes Mitgefühl während einer meditativen Übung in die Welt schicken. Die Verbindung ist aber gleichfalls möglich durch das dem Menschen gegebene Medium der Sprache. Formulieren Habermas und Gadamer aus dem kritisch intellektuellen wie erkenntnistheoretisch denkenden Geist heraus, so bedient sich Thich Nhat Hanh, stärker noch als Lévinas, der Sprache des mitfühlenden Herzens, was ich an dieser Stelle eingedenk der Würdigung aller ohne Wertung verstehe. Wir können uns an der Sprache des Intellekts ebenso erfreuen wie an der Sprache des Herzens, sofern beiden der Geist des Mitgefühls innewohnt. Die Sprache, die aus dem Herzen kommt, reicht allerdings weiter. Sie berührt uns auf tieferen Ebenen.

Verbinden wir uns folglich über die Sprache, gelingt dies umso treffender, je mehr wir uns in Anlehnung an Joseph Roth (1894 bis 1939), den großen Literaten, der »sittlichen Magie der Sprache« befleißigen. Voller Abscheu vor dem ungeheuren Missbrauch der Sprache durch die Nationalsozialisten, welche auch das geringste Mitgefühl ihrer Barbarei opferten, plädierte Roth für eine Sprache, die getragen wird vom Glauben »an die immanente Kraft des wahren Wortes, des ehrlichen, des sinnvollen, des einfachen, an jenes, das von Gott kommt und aus der Seele«. (2003)

Sowohl im christlichen wie buddhistischen Verständnis oder im bloßen Verständnis einer generellen ethischen Verfasstheit entspringt diese Sprache unmittelbar dem Wesen des Menschen, der in seinem innersten Kern mitfühlend ist. Mitgefühl ist daher etwas Elementares und nicht allein im buddhistischen Welt- und Menschenbild der maßgebliche Bezugsrahmen für die glücklichen wie leidvollen Seiten des Lebens. Über Mitgefühl sind alle fühlenden Wesen miteinander verbunden und liegen nicht im Widerstreit miteinander.

Im Geiste des Mitgefühls sind wir die Welt. Sie sind die Welt und ich bin die Welt, und die Welt ist in uns. In diesem ethisch ideellen Sinne könnten wir alle aufhören, Deutsche, Franzosen, Amerikaner, Russen, Türken, Afghanen oder Nigerianer zu sein. Wir könnten aufhören, Christen, Buddhisten, Hindus, Muslime, Judaisten, Jainas oder Atheisten zu sein. Es wäre ohne Belang, ob wir weiß, schwarz, farbig oder gelb sind. Wir könnten aufhören, Kapitalist, Sozialist, Kommunist, Anarchist, Extremist oder Terrorist zu sein. Wir könnten sogar dem utopischen Politspruch »Stell dir vor, es ist Krieg und keiner geht hin« zur Wahrheit verhelfen. Im Geiste des großen, verbundenen Mitgefühls wäre das alles möglich. Wir könnten aufhören, überhaupt irgendetwas sein zu wollen, außer menschliche Wesen.

Wer jedoch Augen hat zu sehen und Ohren zu hören, kann nicht den Blick in die wenig mitfühlende Realität dieser Welt verkennen. So sind wir gehalten, Sorge dafür zu tragen, dass das Prinzip Menschlichkeit, welches uns als soziale, auf Spiegelung und Resonanz angelegte Wesen auszeichnet, wenigstens nicht zur bloßen Beschwörungsformel verkommt; einer Beschwörungsformel, welcher der innige Wunsch zugrunde liegt, es möge so sein, dass der Mensch am Du zum Ich wird. Der Mensch kann sich auch gegen die in seinem Wesen angelegte Bezogenheit entscheiden und sich weitestgehend vom Du, vom anderen, zurückziehen. In unserer Zeit mit ihrer wuchernden Auflösung sozialer Zusammenhänge finden wir diesen Rückzug vom Du in der Tat. Da ist mitfühlende Verbundenheit keinerlei Thema mehr, sondern gelebt wird die Überbetonung des Individuellen. »Ichlinge« als Fachmänner und Fachfrauen für »Egologie«, Egozentrik und Selbstsucht, die nur noch um sich selbst als Nabel der Welt kreisen, kennen keine bezogene Verbundenheit mehr, allenfalls noch instrumentalisierte Kommunikation. Dieser herzlosen Kommunikationsform dient alles einzig als Mittel zum Zweck. Allein zu leben ist rein materiell heutzutage leicht möglich, bloß nicht als soziale, bezogene Wesen.

In den grenzenlosen Möglichkeiten der Postmoderne, der Konsumwelten und der Informationsgesellschaft – wohlgemerkt: der Informations-, nicht der Kommunikationsgesellschaft – finden wir eine bisher nie gekannte Fluidität, eine völlige Beliebigkeit. Selbstkult und Selbstdarstellung sind angesagt, weniger Selbstfindung und Identitätsbildung. Von der Überbetonung des individualistischen Welt- und Menschenbildes wird die unmittelbare Verbundenheit an den Rand gedrängt. Die »Ichlinge« sitzen in ihrem Schneckenhaus, ihrem »Home«, ihrem »Castle« und wissen die Brücke zum anderen nicht mehr herzustellen, haben sie eingerissen. Ein Ergebnis ist unsere Gesellschaft der neuen Kälte, die aber ihrerseits eher schon wieder von gestern ist. Im gesellschaftlichen Klimawandel sprechen wir bereits

von gänzlich neuen Erscheinungsbildern der »totalen Vereisung«. Es
sind ausgerechnet große Teile der wohlhabenderen Schichten, welche
sich von jedwedem Verantwortungsgefühl für ihre Mitgeschöpflichkeit losgesagt haben und sich von keinem Mitgefühl mehr berühren
lassen. In zur Schau getragener Gleichgültigkeit wird weder die Müh-
sal oder das größte aller Abenteuer einer wirklichen Begegnung mit
sich selbst gesucht noch die Begegnung mit dem anderen; schon gar
nicht in mitfühlender Verbundenheit. Nicht selten tönt es wörtlich:
»Die anderen sind mir egal.«

Menschen, welche nach Selbsterfüllung trachten, müssen über das begrenzte individualistische Selbstbild hinauswachsen. Sie schlagen die
Brücke zum anderen. Dieses Hinauswachsen über sich selbst, um sich
mit dem andern verbunden zu fühlen, ist die einfachste Definition
von Selbsttranszendenz. Der österreichische Neurologe und Psychiater Viktor Frankl (1905–1997), der trotz seiner leidvollen Erlebnisse
in den Konzentrationslagern der Nazis zeitlebens für ein versöhn-
liches »Ja« zum Leben eintrat, versteht darunter den »grundlegenden
anthropologischen Tatbestand, dass Menschsein immer über sich
selbst hinaus verweist, das nicht wieder es selbst ist – auf etwas oder
auf jemanden: auf einen Sinn, den da ein Mensch erfüllt, oder auf
mitmenschliches Sein, dem er da begegnet. Und nur in dem Maße, in
dem der Mensch sich selbst transzendiert, verwirklicht er auch sich
selbst; im Dienst an einer Sache – oder in der Liebe zu einer anderen
Person.« (1946)

Jede dieser Verwirklichungen setzt den Geist des Mitgefühls voraus.
Und genau da schließt sich erneut der Kreis: Große Teile der politischen, wirtschaftlichen und sozialen Realität auf unserem Globus
sprechen jeglichem Prinzip Menschlichkeit Hohn. Persönlich bin ich
jedoch nicht bereit, meinen Glauben und mein Vertrauen in das auf
Spiegelung, Resonanz und Mitgefühl angelegte menschliche Wesen
zu opfern. Für mich ist und bleibt Martin Bubers Kernsatz »Der
Mensch wird am Du zum Ich« weit mehr als eine Beschwörungsformel. Allen Herabwürdigungen des Menschlichen zum Trotz gab es
noch nie so viele Menschen auf der Erde, die als Gegengewicht zu

Gleichgültigkeit, Lüge und Gewalt den mitfühlenden Geist in sich wieder neu beleben und sich darin üben, ihn zu verwirklichen.

Das Mitgefühlskarussell:
Eine außerordentliche Erfahrung in der Verwirklichung mitfühlender Verbundenheit

Wenden wir uns vom ideellen Hintergrund dem unmittelbar begreifbaren, also mit Herz wie Leib erfahrbaren Vordergrund zu. Ich schlage Ihnen hierfür eine außerordentliche Übung zur Verwirklichung mitfühlender Verbundenheit vor. Sie macht hautnah erlebbar, wie alles mit allem verbunden ist und wie Sie am anderen zu sich selbst werden. Ich nenne die Übung das »Mitgefühlskarussell«. Das Mitgefühlskarussell ist eine von mir in jüngerer Zeit intuitiv eingeführte Variante des »Genusskarussells«, welches ich als einen Ausflug in eine andere Welt und als eine Übung für »goldene Hände« von »goldenen Menschen« in meinem Imaginationsbuch (2009) ausführlich beschrieben habe.

Während das »Genusskarussell« eine pure Genussübung ist, öffnet das »Mitgefühlskarussell« verbundene Räume, welche weit über die eigene Person hinausweisen. Gedacht ist das Mitgefühlskarussell als Gruppenübung. Zwar kann es in abgewandelter Form auch von einem Paar praktiziert werden, bekommt dann aber nicht die Dynamik der Gruppenerfahrung. So einfach die Übung auch in der Durchführung ist, so erfordert sie doch höchste Achtsamkeit bei der Einstimmung, bei den Anleitungen und während des Verlaufs. Ich werde diese außerordentliche Erfahrung deshalb auch so sehr ins Detail gehend vorstellen, dass Sie sich als Leser oder Leserin vielleicht fragen: Weshalb diese Ausführlichkeit? Spätestens wenn Sie sie selbst einmal erprobt haben, werden Sie meine Genauigkeit ob der Reichhaltigkeit der Übung zu schätzen wissen.

In jeder Fortbildungs-, Selbsterfahrungs- oder Therapiegruppe gilt für die Teilnehmenden eine unumstürzliche Regel: Niemand muss eine vorgeschlagene Übung mitmachen, wenn er oder sie das nicht möchte. Niemand braucht sich dafür zu rechtfertigen, jeder darf seine Entscheidung allerdings erläutern. Auch am »Mitgefühlskarussell« nimmt in einer Gruppe nur teil, wer das ausdrücklich wünscht. In der Regel sind das die meisten oder alle, sobald sie erst einmal vom Leiter gehört haben, was das Karussell bezweckt.

Die Übung heißt für mich deshalb »Mitgefühlskarussell«, weil sie einerseits die Sehnsucht nach Wärme und Berührung an die Grenzen der Haut lockt und andererseits dem Geist des Mitgefühls eine Chance zur Verwirklichung bietet. Die Übung ist also eine, die körperliche wie geistige Berührung einschließt. Da längst nicht alle Menschen in unserer Gesellschaft mit zwischenmenschlicher Berührung ausschließlich gute Erfahrungen gemacht haben, sind viele aus guten Gründen erst einmal vorsichtig und zögernd, wenn sie von einer Berührungsübung in einer Gruppe hören. Bei fast allen wandeln sich die inneren Bedenken allerdings in aufatmende Neugier oder in erwartungsvolle Vorfreude, wenn sie zusätzlich erfahren, dass die leibliche Berührung ausschließlich unseren bevorzugten Stressregionen im Nackenbereich und im Schultergürtel gilt. Beim Mitgefühlskarussell dreht es sich um eine vorsichtige, leichte, möglichst stimmig dosierte Berührung dieser Körperregionen mit den Händen, durch welche gleichzeitig Mitgefühl übertragen wird.

ÜBUNG

✳ Die Anleitung zur Übung ist also folgende: Bieten wir das »Mitgefühlskarussell« als Leiter einer Gruppe an, erklären wir den Teilnehmern, dass es leiblich um eine leichte Berührung von Nacken und Schultern geht, auf denen häufig unser Druck lastet oder die wir infolge von mangelndem Mitgefühl für uns selbst, von innerem Stress oder seelischer Belastung als schmerzlich verspannt erleben. Die Hände werden aber bloß ruhig aufgelegt, und sie bleiben auch ruhig liegen. Es geht nicht um eine »Massage« der Nackenregion. Geistig-seelisch geht es um die Übertragung von Mitgefühl.

Die Gruppe erfährt, dass sich zunächst alle Teilnehmenden darauf einstimmen, den Geist des Mitgefühls in sich selbst wachzurufen, mit ihrem eigenen Herzen und Mitgefühl in Berührung zu kommen. Entweder war die Einstimmung vorher in der Gruppe schon vorbereitet, oder sie kann über eine der in diesem Buch ebenfalls vorgestellten Atemübungen erfolgen. Hilfreich ist auch, eine Abbildung von Avalokiteshvara, dem Bodhisattva des grenzenlosen Mitgefühls, aufzustellen. Um mit seinem grenzenlosen Mitgefühl die vielen Leiden der Menschen zu lindern, braucht er mehr als zwei Arme und zwei Augen. Das Auge ist das Symbol des Verstehens, des tiefen Schauens, welches die Quelle der Liebe ist. Niemand braucht an diesen Bodhisattva wirklich zu glauben. Sein Bildnis mit den tausend Augen und tausend Armen wirkt aus sich heraus herzensöffnend.

Ist die Gruppe insgesamt auf eine Übung zu Mitgefühl eingestimmt, bildet die Hälfte der Teilnehmenden mit ihren Stühlen den ersten Innenkreis. Die andere Hälfte als Außenkreis legt zunächst reihum allen Personen im inneren Stuhlkreis für jeweils eine Minute berührend die Hände auf und versucht sich gleichzeitig mit der vor ihr sitzenden Person über Mitgefühl zu verbinden. Machen 18 Personen das Mitgefühlskarussell mit, sitzen folglich in der ersten Runde neun Teilnehmer im Innenkreis, die von den anderen neun Mitwirkenden jeweils eine Minute lang eine körperliche Berührung durch die Hände erfahren. Die geistige Berührung oder Verbindung erfolgt durch die Übertragung von Mitgefühl. Die Teilnehmer im Innenkreis haben also die Chance, von verschiedenen anderen jeweils ganz unterschiedliche Arten des leiblich-seelischen Berührtwerdens zu erfahren. Sie versuchen möglichst genau zu erspüren, ob die Person, welche ihnen die Hände auflegt, durch diese tatsächlich auch Mitgefühl verströmt oder ob sie eher das Gefühl bekommen, über deren Hände teilten sich ihnen die Last und das Leiden der Person hinter ihnen mit. In dem Falle versuchen sie, ihr eigenes Mitgefühl der Person hinter ihnen zufließen zu lassen, um sie darüber nach Möglichkeit von Last und Leid zu befreien. Die Personen innen wie außen treten also über Resonanz in eine Mitgefühlsschlaufe ein, über welche sie intensiv miteinander verbunden sind. Nach jeweils einer Minute (bei kleinen Gruppen zwei) gibt der Gruppenleiter ein akustisches Zeichen, und das Mitgefühlskarussell dreht sich entgegen dem

Uhrzeigersinn um eine Person weiter. Dabei sollte ein kleiner Zwischenraum bleiben, der Zeit lässt, um stimmigen Abschied voneinander zu nehmen und sich auf die nächste Begegnung innerlich einzustimmen.

Der Leiter muss sich gut merken, wer im Außenkreis bei welchem Teilnehmer im Innenkreis beginnt und wann der erste Durchgang beendet ist. Nach der ersten Runde wird gewechselt. Die Personen aus dem Außenkreis setzen sich in den Innenkreis und bereiten sich innerlich auf die leiblich-seelischen Berührungen der anderen Teilnehmer vor. So erfahren alle gleichermaßen die staunen machenden Effekte der Übung.

In der Ankündigung und Vorbereitung des Mitgefühlskarussells betonen wir als Leiter oder Leiterin nachdrücklich, dass die Übung nur mitmacht, wer wirklich möchte. Alle anderen bitten wir zuzuschauen und aufmerksam zu registrieren, was sie sehen und spüren.

Die tatkräftige Umsetzungsphase beginnt, indem wir die Hälfte der zur aktiven Teilnahme bereiten Gruppenmitglieder ermuntern, den ersten schönen runden Innenkreis zu bilden. Wer sich in den Kreis setzt, stimmt der Übung innerlich zu. Machen Sie als Leiter oder Leiterin laut und vernehmlich auf diese erste Rückversicherung aufmerksam. Die Teilnehmer machen es sich auf ihren Stühlen bequem und entscheiden noch, ob sie dickere Jacken oder Pullover ablegen möchten. Brillenträger legen ihre Brille ab. Der andere Teil der Gruppe platziert sich jeweils hinter einer Person des Innenkreises. Achten Sie als Leiter darauf, dass dies zunächst noch in einem gebührenden Abstand erfolgt, soweit das die Ausmaße des jeweiligen Gruppenraumes erlauben. Sie werden feststellen, dass die Personen im Innenkreis einen Blick hinter sich werfen, um sich neugierig zu vergewissern, wer denn da jetzt steht. Erklären Sie, dass die Positionen so nicht beibehalten werden. Sobald die im Innenkreis mit einer leichten Entspannungsinstruktion beginnen und dazu die Augen schließen, mischt sich der Außenkreis nämlich neu, so dass innen niemand mehr weiß, welche Mitwirkende die erste ihn berührende Person sein wird.

Zu Beginn der kleinen Entspannungsinstruktion schließen die Teilnehmer im Innenkreis die Augen. Sie achten kurz auf ihre Atmung, spüren einmal mit allen Sinnen nach hinten und gehen wieder in Kontakt mit ihrem mitfühlenden Herzen. Als Leiter beschließen Sie die einleitenden Instruktionen mit der Ankündigung, sich innerlich darauf vorzubereiten, dass sich gleich nach dem erklärten Einverständnis der im Innenkreis Sitzenden eine erste Person langsam von hinten nähern wird, um das Mitgefühlskarussell in Gang zu setzen. Fordern Sie die Teilnehmer im Innenkreis noch einmal ausdrücklich auf, ihr Einverständnis dazu durch ein deutlich sichtbares Nicken zu bestätigen. Das ist die letzte Rückversicherung. Nicht selten wird diese letzte abgefragte Zustimmung von den Teilnehmern bereits mit einem leichten, ungeduldige Erwartung signalisierenden Lächeln begleitet.

Dann beginnt sich das Karussell zu drehen, indem sich die im Außenkreis den innen Wartenden behutsam nähern, achtsam die ersten Hände auflegen, wie es für die Person im Innenkreis intuitiv für richtig gehalten wird. Gleichzeitig versuchen beide, sich über ihr Mitgefühl so zu verbinden, dass sie jeweils ein Gespür füreinander bekommen. Jeder kann jeweils Mitgefühl aussenden wie empfangen, je nach eigener Befindlichkeit: Wohl-Sein, das Mitgefühl verströmen kann, oder eher Last und Leiden, welche mehr des Mitgefühls bedürfen. Das Mitgefühlskarussell funktioniert also über intuitive, resonante Rückkoppelungsschleifen. Darüber gewinnt es seine einzigartige Erfahrungsqualität. Sein Ziel ist nicht in erster Linie der pure Genuss, sondern die innere Verbindung, die Erfahrung, wie das eigene mitfühlende Erleben sich vollzieht in Verbundenheit mit dem anderen. Das kann als innige Versunkenheit, als schöne Stimmigkeit, aber bei mancher leiblich-seelischen Berührung auch als Belastung durch das deutlich verspürte Leid der anderen erfahren werden, denen dann das eigene Mitgefühl zufließen kann. Durch die gleichzeitige mitfühlende Verbundenheit mit dem eigenen Herzen führt das Erspüren des Leids der anderen jedoch nicht zu eigenem Mit-Leiden. Scheint die eigene Kraft nicht auszureichen, um genügend Mitgefühl zu verströmen, kann die zusätzliche Verbundenheit mit etwas Größerem, mit hilfreichen Wesen oder mit dem Buddha des Mitgefühls Flügel verleihen. Zu diesem Zweck habe ich immer eine große Abbildung dieses Buddhas sowie zusätzlich ein schönes rotes, gläsernes Herz in der Mitte des Innenkreises liegen.

Das Mitgefühlskarussell kann eine enorme Intensität und Qualität entwickeln, weshalb die Gesamtgruppe nicht mehr als etwa 20 Personen umfassen sollte. Die Übung mag von außen unspektakulär aussehen, aber alle Teilnehmenden vollbringen über ihre Herzensqualitäten eine außerordentliche menschliche Leistung, welche nicht hoch genug zu schätzen ist. Die angemessenste Reaktion am Ende ist deshalb auch erst einmal die andächtige Würdigung des Vollbrachten.

Wer ein solches Mitgefühlskarussell anleitet, achtet auf die Zeit, gibt nach jeweils einer Minute ein hörbares Zeichen, verdeutlicht durch eine rotierende Armbewegung das Weiterrücken des Außenkreises um eine Person und nimmt wieder die Zeit. Als hörbares Zeichen verwende ich persönlich gern Zimbeln, das sind kleine, hell klingende Klangschalen, oder eine große, lang nachtönende Klangschale. Die Klangwellen breiten sich jeweils im ganzen Raum aus. Bestimmte Obertöne mit ihren Schwingungen halten am längsten an und begleiten die Phase zwischen langsamem Abschiednehmen und neuer Einstimmung auf die nächste Person.
Unterschätzen und vergessen Sie bitte auch nicht Ihre deutlich die Richtung weisende Armbewegung, sonst kommt das Karussell unter Umständen schnell aus dem Takt. Zum einen, weil die Rotation entgegen dem Uhrzeigersinn erfolgt, mehr aber noch, weil die Teilnehmenden so sehr in ihr Tun und Erleben versunken sein können, dass ihnen für den Moment des Weiterrückens die Orientierung schwerfällt.

Erst wenn jeder Teilnehmer im Innenkreis die leiblich-seelische Berührung durch jede Person im Außenkreis erfahren und sich in mitfühlender Verbundenheit rückgekoppelt hat, geben Sie das

Zeichen, dass die erste Runde des Mitgefühlskarussells beendet ist. Hier findet dann ein langsames Zurückfinden zur verbalen Ebene der Verständigung statt. Schenken Sie den Menschen im Innenkreis, die aus einer anderen, außerordentlichen Erfahrungswelt zurückkommen, einen guten Moment Zeit, indem Sie sie ermuntern, das gerade Erlebte noch nachklingen zu lassen, erst dann langsam die Augen zu öffnen, aufzustehen, sich zu strecken und ein paar Runden durch den Raum zu drehen, um innerlich die Rolle wechseln zu können. In der Zwischenzeit kann der Außenkreis der ersten Runde sich bereits im Innenkreis für den zweiten Durchgang des Mitgefühlskarussells einrichten. Sind nach einigen Minuten alle so weit, starten Sie die zweite Umdrehung mit dem gleichen Prozedere wie die erste.

Während beider Runden des Mitgefühlskarussells lassen Sie im Hintergrund leise eine Begleitmusik spielen, knapp oberhalb der Wahrnehmungsschwelle. Stimmig ist eine wirklich gute Meditationsmusik oder ein spirituelles Mantra.   ✱

Am Minenspiel der Gesichter aller Teilnehmer und Mitwirkenden des Mitgefühlskarussells lässt sich ablesen, was während der Übung geschieht. Das Lauschen nach hinten, das Hineinspüren in Körper und Seele ist gut zu beobachten. Während beim reinen »Genusskarussell« Wohlbefinden und Entspannung im Mittelpunkt stehen, vollziehen sich beim Mitgefühlskarussell viel tiefer reichende Prozesse, die sich vorübergehend durchaus auch einmal in Anspannung äußern können. Da Glück wie Leiden, Mitfreude wie Mitgefühl im Raum sind, denke ich beim Beobachten des Mitgefühlskarussells oft unwillkürlich an Johann Sebastian Bachs Geistliche Kantate »Ich hatte viel Bekümmernis«, aber ebenso an Friedrich Schillers Ode »An die Freude« aus der grandiosen Symphonie Nr. 9 von Ludwig van Beethoven.

Das Mitgefühlskarussell ist keine leichte Übung, sondern menschlich überaus anspruchsvoll. Aber es ist in seiner außerordentlichen Qualität eine wahre spirituelle Königsübung für Gruppen, an welcher jedermann und jedefrau teilzunehmen vermag; ohne Befürchtung, über irgendetwas die innere Kontrolle zu verlieren. Alle Teilnehmenden bewegen sich wie von selbst oder selbst-los über ihre eigenen Grenzen hinaus, weil sie sich transzendent miteinander verbinden. So lässt diese Verwirklichung des mitfühlenden Geistes spürbar werden, was den Menschen zum Menschen macht und ihn als auf Spiegelung und Resonanz angelegtes Wesen auszeichnet.

Vorsicht, Kreuzseen oder:
Mitgefühl und Mitleid – Gewichtige Unterschiede,
die einen Unterschied machen

Mitleid. Mitgefühl. Zwei gewichtige Wörter und große Gefühle. Den Unterschied zwischen ihren Gefühlsqualitäten mit Worten zu beschreiben ist nicht einfach und nicht selbstverständlich. Daher werden »Mitleid« und »Mitgefühl« im alltäglichen Sprachgebrauch so häufig synonym verwendet und gleichgesetzt. Sie kommen scheinbar daher wie siamesische Zwillinge, die schwierig zu trennen sind. Es empfiehlt sich jedoch, Mitleid und Mitgefühl deutlich voneinander abzugrenzen, will man in der Konfusion möglicher Gefühle nicht Gefahr laufen unterzugehen wie in gefürchteten Kreuzseen.

Nicht erst mit Arthur Schopenhauer (1788–1860) beginnt die grundsätzliche Vermischung dessen, was Mitleid und Mitgefühl den Menschen bedeuten. Er hat deren ungute Vermengung durch seine philosophischen Überlegungen allerdings noch verfestigt. In »Über die Grundlage der Moral« erklärt er das »alltägliche Phänomen des *Mitleids*« zur Grundlage der Ethik und zur Voraussetzung der »ganz unmittelbaren, von allen anderweitigen Rücksichten unabhängigen *Teilnahme*« am »Wohl und Wehe *eines andern*«. Diese Teilnahme am anderen beinhaltet, »daß ich bei *seinem* Wehe als solchem geradezu mit leide, *sein* Wehe fühle wie sonst nur meines und deshalb sein Wohl unmittelbar will wie sonst nur meines«. In derart ethisch wertvollem Verhalten sieht Schopenhauer die Quelle für zwei weitere Kardinaltugenden, denn diese Qualität von »Mitleid ganz allein ist die wirkliche Basis aller *freien* Gerechtigkeit und aller *echten* Menschenliebe«. Das ist Schopenhauer so bedeutsam, dass er es doppelt betont: »Beide wurzeln in dem natürlichen Mitleid«, welches von Schopenhauer zum Höchsten erhoben wird: »Dieses Mitleid selbst aber ist eine unleugbare Tatsache des menschlichen Bewusstseins, ist diesem wesentlich eigen, beruht nicht auf Voraussetzungen, Begriffen, Religionen, Dogmen, Mythen, Erziehung und Bildung; sondern ist ursprünglich und unmittelbar, liegt in der menschlichen Natur selbst, hält ebendeshalb unter allen Verhältnissen Stich und zeigt sich in allen Ländern und Zeiten; daher an dasselbe als an etwas in jedem Menschen notwendig Vorhandenes überall zuversichtlich appelliert wird, und nirgends gehört es zu den ›fremden Göttern‹. Hingegen nennt man den, dem es zu mangeln scheint, einen Unmenschen.«

Obgleich Schopenhauer Mitleid als eine Tatsache des menschlichen Bewusstseins versteht, nennt er sein Entstehen, »erstaunenswürdig, ja mysteriös«. Es bleibt ihm »das große Mysterium der Ethik«. (1989)

In den philosophischen Überlegungen unanfechtbar, wählt Schopenhauer einzig ein »falsches« Wort. Meiner Lesart und Ansicht nach müsste er angesichts des »Mysteriums der Ethik« treffender von Mitgefühl sprechen. Dass diese Tugend in seinen Gedanken zur Ethik gar nicht auftaucht, sondern er in allen Schriften bloß von Mitleid spricht, mag uns aus heutiger Sicht doppelt erstaunen. Schopenhauer war nämlich absolut vertraut mit den ethischen und metaphysischen Einsichten und Lehren der »Buddhaisten«, wie aus seinen Ausführungen »zur Ethik« in den »Paralipomena« (1989) hervorgeht. An keiner Stelle seiner ethischen Überlegungen bezieht er sich indes auf das Verständnis der Buddhisten von Mitgefühl, wiewohl Schopenhauers Verständnis von Mitleid doch eigentlich die Herzensqualität von Mitgefühl trifft.

Der gefühlte Unterschied zwischen Mitleid und Mitgefühl ist keine Wortspielerei, sondern von erheblicher Bedeutung, öffnet er doch weite Räume für authentische, von Herzen kommende Menschlichkeit, welche das »Wohl und Wehe« anderer mitzufühlen vermag, ohne in Mitleid zu verfallen. Manchmal erleben Menschen den gefühlten Unterschied in einem besonderen Moment, als einen deutlich wahrnehmbaren Übergang vom Mitleiden zum Mitfühlen. Die sich mit diesem Übergang vollziehende Entbindung aus Verstrickungen ist wie ein qualitativer Sprung. Dieser Akt, der durchaus auch seine spirituellen Seiten hat, ist nicht selten verbunden mit Tränen der freudig begrüßten Erleichterung und Versöhnung; mit sich selbst, mit anderen, mit dem Leben. Tränen können das tiefe Aufatmen der Seele sein. Das Wachsenlassen von Mitgefühl für sich selbst heilt von jeder Selbstablehnung oder von Selbsthass. Beide weichen der heilenden Kraft von Mitgefühl, welche die Selbstliebe im besten Sinne nährt und so das Tor zur Nächstenliebe weit öffnet.

Fast alle Menschen kennen Mitleid. Aber viele Menschen, die Mitleid empfinden, betonen zu Recht die ihm innewohnende Tendenz zu unendlicher Schwere, so auch einer meiner Klienten: »Mein Mitleid macht mich selber unsäglich schwer. Es zieht mich nach unten und lähmt mich. Ich leide dann eben zu sehr wirklich mit.« Absolut lähmend und nach unten ziehend ist auch eine Spielart des Mitleids, die nicht wenige Menschen kennen: das Selbstmitleid. Sich in Selbstmitleid zu suhlen mag zwar als triefende, fehlgeleitete Sentimentalität durchgehen, bringt aber nichts weiter hervor als ein Versinken im Morast desselben. Mitgefühl mit sich selbst zu empfinden ist gänzlich verschieden davon. Solange Mitleid wie Selbstmitleid die vorherrschenden Gefühlsqualitäten sind, können sich beide anfühlen wie »verbackene Depression«. Damit sich Leser oder Leserinnen, die sich gerade in einer Phase von Selbstmitleid befinden, nicht über Gebühr entmutigt sehen, weise ich mit dem offenen Blick nach vorn darauf hin, dass Selbstmitleid im persönlichen Entwicklungsprozess nicht weniger Menschen ein Übergangsstadium zu erwachendem Mitgefühl darstellt. Mitleid ist häufig und gern mit weiteren schweren Gefühlen »verbacken«: Schuldgefühlen, treffenderweise gegenüber der Person, mit welcher wir Mitleid empfinden, und Schamgefühlen. Schuldgefühle, auch in der Maske versteckter Aggression, und Schamgefühle in Einheit mit Mitleid sind stark bindende Gefühle. Sie begünstigen Verstrickungen und ungesunde Anhaftungen, welche unsere Eigenbewegung in der Lebensentfaltung behindern. Geht Mitleid mit anderen einher mit versteckten oder offenen Gefühlen von eigener Überlegenheit, sieht die Sache nicht viel besser aus.

Mitgefühl dagegen drückt eine fundamental anders geartete Gefühls-
qualität aus. Mitgefühl beinhaltet eine Form von Verständnis für den
anderen, das geradezu aus dem Mitleid mit ihm herausführt. Mitgefühl ist frei von unguten Beimengungen. Insofern ist es ein befreiendes
Gefühl. Wer mitfühlt, lässt sich nicht vom Leid anderer niederdrü-
cken, das lähmend schwer auf ihm lasten würde. Da Mitgefühl obendrein sogar mit Heiterkeit einhergeht, beflügelt es regelrecht das
Gefühl der Handlungsfähigkeit. Es hilft, uns von hinderlichen Verstrickungen zu entbinden, uns von gefühlsmäßig überladenen Anhaftungen zu lösen. Da es darüber im besten Sinne Vergebung, Verzeihen, Versöhnung ermöglicht, kann es das »Wohl und Wehe« anderer
tatsächlich teilen, ohne das eigene Herz schwer zu machen. In diesem
Sinne ist Mitgefühl ein »leichtes« Gefühl.

Dass zwischen »Mitleid« und »Mitgefühl« ein gefühlter, weil menschlich qualitativer Unterschied besteht, verdeutlichen auch zwei All-
tagsbeispiele, in denen uns die anderen als menschliche Gegenüber
den für sie gewichtigen Unterschied bezeugen. Lassen wir jemanden
unser Mitleid mit ihm spüren, ernten wir als Antwort nicht selten:
»Ich will dein Mitleid nicht. Das kann ich nicht brauchen. Es hilft mir
nicht«. Meine Klienten oder Patientinnen fragen mich häufiger denn
auch intuitiv richtig: »Können Sie mitfühlen mit dem, was ich Ihnen
erzähle?« Sie fragen nie: »Haben Sie Mitleid mit mir?« Allein solche
Äußerungen dürfen Orientierung für uns sein.

Allumfassendes, großes Mitgefühl

Alltägliches Mitgefühl so zu entwickeln, dass es zu einer durchgängigen inneren Haltung uns selbst, den anderen und der Schöpfung gegenüber wird, ist sicherlich ein hoher Anspruch. Seine Umsetzung ist indes nicht einmal so schwer, wenn wir Mitgefühl erst einmal als »leichtes« Gefühl kennengelernt haben.

Weniger leicht dagegen ist der Anspruch, den das allumfassende, große Mitgefühl, wie es der Buddhismus lehrt, an diejenigen menschlichen Wesen stellt, welche ihm zu genügen suchen. Es stellt die menschliche Liebesfähigkeit wie die Fähigkeit und den Willen zur Vergebung immens auf die Probe. Für diese Verwirklichungsstufe des mitfühlenden Geistes gibt es keine natürlichen Grenzen. Zu erreichen ist dieses unendliche, unverzerrte Mitgefühl nur über die Kombination zweier einzigartiger menschlicher Gaben: unseres Erkenntnisvermögens vereint mit unserer Fähigkeit zur Öffnung des Herzens. Erst wenn wir uns durch Einüben, durch Nachdenken, Nachfühlen, durch Überwindung und Anstrengung dieser Stufe des unendlichen, unverzerrten Mitgefühls Schritt für Schritt nähern, wird es aus sich heraus wieder müheloser und leichter.

Sie können sich für einen Augenblick leicht selbst überprüfen: Stellen Sie sich vor, jemand ärgert, kränkt, verletzt Sie. Jemand beraubt Sie Ihres Eigentums, tut Ihnen selbst oder einem der Menschen, die Ihrem Herzen nahestehen, Gewalt und Leid an, tötet gar. Was würden Sie vermutlich empfinden? Mitgefühl für den anderen, den Peiniger, oder wahrscheinlicher Ressentiment, Ohnmacht, Wut, Zorn, Rachedurst oder gar Hass? Das wäre durchaus verständlich und auch ganz menschlich.

Ebenso menschlich, aber schwerer verständlich und umsetzbar ist jedoch das grenzenlose Mitgefühl, zu welchem einzig der Mensch als soziales Wesen in der Lage ist. Tiere sind, wie gesehen, zu mitfühlendem fürsorglichen Verhalten fähig, aber einzig der Mensch vermag sein Dasein voll und ganz von unendlichem Mitgefühl leiten zu lassen. In diesem Zusammenhang ist unser Erkenntnisvermögen wie unsere Empfindungsfähigkeit eine zweischneidige Angelegenheit. Wer fähig ist zu erkennen und zu empfinden, ist auch fähig zu leiden. Der Mensch als soziales Wesen zeigt sogar ein ganz außerordentliches Talent zum Leiden: und zwar dazu, Leid zu empfinden wie Leiden schlimmster Art zu verursachen und zuzufügen. Auf Grund seines Erkenntnisvermögens wie seiner Empfindungsfähigkeit verfügt der Mensch aber gleichzeitig über die Veranlagung, seinen Mitgeschöpfen mitfühlend zu begegnen. Und diese Veranlagung lässt sich entwickeln von der Stufe des alltäglichen Mitgefühls bis hin zur Verwirklichungsstufe des unbegrenzten Mitgefühls. Auf diesem Pilgerweg indes verbergen sich die Fallstricke und Stolpersteine, tut sich die Herausforderung des mitfühlenden Geistes auf.

In unserem gewöhnlichen Alltag hängt das Ausmaß unseres Mitgefühls oder unserer Liebe nur allzu häufig ebenso gewöhnlich davon ab, mit wie viel Bestätigung und Wohlwollen oder Aggression und Feindseligkeit ein anderer uns selbst, den Menschen, die unserem Herzen nahestehen, oder Dritten begegnet. Folglich fällt es uns ungemein schwer, Mitgefühl für Menschen zu empfinden, die uns oder anderen Schaden zufügen.

Umfassendes Mitgefühl im buddhistischen Sinne, so die Lehre, schließt dagegen den von ganzem Herzen getragenen Wunsch ein, dass alle fühlenden Wesen ohne Ausnahme vom Leid und seinen Ursachen befreit sein mögen. Der Anspruch geht noch weiter: Grenzenloses Mitgefühl schließt alle Verbrecher, Kriminelle, Folterer und Peiniger ein, indem sie erkennen mögen, welche Faktoren Glück statt Leid bewirken. Da bleibt kein Platz für Rachedurst oder Hassgefühle. Für einen »normalen« Menschen mit »normalen« Gefühlen ist das zu Anfang eine Überforderung. Nichtsdestoweniger kann die Einlösung dieses Anspruchs das Leben leichter machen.

Wissenschaftliche Untersuchungen über Verzeihen und Vergebung haben nachdrücklich zeigen können, dass Rachedurst, schwelender Hass und die innere Weigerung zu vergeben weder den direkten Opfern von Verbrechen und Gewalt noch ihren Angehörigen zu innerem Frieden verhelfen. Ganz im Gegenteil: Menschen, welche sich zu Verzeihen und Vergebung durchringen können, finden am ehesten wieder zu einem inneren Frieden, der sie weiterleben lässt. Sie lösen sich von Rachewünschen und Hassgefühlen gegenüber dem Täter oder den Verursachern des ihnen zugefügten Leids.

Individuell wie gesellschaftlich transformierend wirkt im Leben einzig echte Vergebung, welche durch Mitgefühl hervorgebracht wird. Was wir nicht brauchen können, sind Formen von Vergebung, welche auf ungerührter Gleichgültigkeit, bequemem Desinteresse, falscher Nachsicht oder gar klammheimlicher Zustimmung oder billigender Inkaufnahme des den Opfern zugefügten Unrechts beruhen. Unsere Gesellschaft wie unsere gesamte Mitgeschöpflichkeit benötigt dringendst ein gesteigertes Maß an Vergebung und Heilung zugefügter Wunden, damit nicht immer aufs Neue Gleichgültigkeit, Ausgrenzung, Gehässigkeit, Feindseligkeit und Hass ihr Zerstörungswerk fortsetzen können. Wären wir durchgehend in der Lage, mehr Mitgefühl walten zu lassen, täte sich umgehend die politische Dimension dieser Tugend auf.

Das Sich-Üben in Mitgefühl schafft ein höheres Maß an innerem Frieden. Das tut dem Einzelnen persönlich gut, und es tut der Gesamtheit gut. Der Dalai Lama erklärt dazu sehr einfach: »Wenn im Geist Frieden herrscht, ist man immer zufrieden, auch wenn die äußeren Bedingungen nicht ideal sind. Der Körper kann Gesundheit erlangen, doch wenn es im Geist an Frieden fehlt, ist selbst unter idealen Umständen kein Glück möglich. ... Der innere Frieden gehört zu den Schätzen des Geistes. Auch diese Art von Reichtum erlangen wir nicht durch simples Wünschen. ... Ich bin fest davon überzeugt, dass geistiger Friede nur durch Arbeit mit dem Geist erlangt werden kann. ... Wenn wir die guten und die schlechten Seiten unseres Geistes eingehend untersuchen, dann verändert sich dadurch unsere Sicht der Dinge, unsere innere Haltung.« (2004)

Welche Widerstandskräfte und welchen Überlebenswillen umfassendes Mitgefühl als Frieden im Geiste im Extremfall zu bewirken imstande sind, zeigen viele Einzelbeispiele. Der Dalai Lama erzählt die Geschichte des Mönchs Lopon-la: »Er gehörte zu den vielen tausend Mönchen und Beamten, die nach meiner Flucht aus Tibet von den Truppen der Besatzer inhaftiert wurden. Als man ihn schließlich wieder freiließ, durfte er nach Indien kommen, wo er sich wieder seiner alten Klostergemeinschaft anschloß. Nach mehr als zwanzig Jahren fand ich ihn genauso vor, wie ich ihn seit unserer letzten Begegnung in Erinnerung hatte. Natürlich war er älter geworden, doch körperlich wirkte er unversehrt. Und was seine psychische Verfassung anging, so hatte sein schweres Schicksal ihn in keiner Weise negativ beeinflusst. Seine Freundlichkeit und Heiterkeit waren unverändert geblieben. Während wir uns unterhielten, erfuhr ich, daß er in diesen langen Jahren der Gefangenschaft viele Grausamkeiten hatte erdulden müssen. Wie alle anderen war er der sogenannten Umerziehung unterworfen worden, in deren Verlauf er seinem Glauben hatte abschwören müssen und auch oft gefoltert worden war. Als ich ihn fragte, ob er sich je gefürchtet habe, räumte er ein, daß er vor einer Sache Angst gehabt hatte: vor der Möglichkeit, er könne sein Mitgefühl und die Besorgnis für seine Peiniger verlieren.« (2002)

Matthieu Ricard gibt die Geschichte von Tenzin Choedrak wieder, dem Leibarzt des Dalai Lama, der 1959 nach der chinesischen Invasion Tibets zusammen mit mehreren Hundert Personen in ein Arbeitslager im Nordosten des Landes gebracht worden war: »Nur fünf der Zwangsarbeiter haben überlebt, und er war einer von ihnen. Zwanzig Jahre lang wurde er von einem Lager ins andere verlegt, und oft dachte er, er müsse vor Hunger oder an den Misshandlungen sterben. Ein auf die Behandlung von Menschen mit posttraumatischem Belastungssyndrom (PTBS) spezialisierter Psychiater, der Dr. Choedrak nach seiner Freilassung untersucht hat, war erstaunt, dass er bei seinem Patienten nicht das geringste Anzeichen von PTBS entdecken konnte. Choedrak verspürte weder Bitterkeit noch Hass, strahlte heitere Gelassenheit aus und litt unter keinem der üblichen psychischen Probleme – Angstzustände, Albträume und Ähnliches. Manchmal, räumte Choedrak ein, habe er seine Peiniger gehasst. Doch immer wieder, so berichtete er weiter, sei er zu seiner Meditationspraxis zurückgekehrt, der Meditation über inneren Frieden und Mitgefühl. Auf diese Weise vermochte er seinen Lebenswillen aufrechtzuerhalten, was ihn letztlich gerettet hat.« (2009)

Doch nicht bloß in Meditation, innerem Frieden und Mitgefühl geübte buddhistische Mönche sind zu derartiger menschlicher Größe fähig. Die niederländisch-jüdische Lehrerin Etty Hillesum (1914–1943) schrieb einige Monate vor ihrem Tod im Vernichtungslager Auschwitz: »Außerdem an diesem Morgen: die überaus starke Empfindung, dass ich trotz allen Leidens und Unrechts, das überall geschieht, die Menschen nicht hassen kann.«

So wie Mitgefühl das Beste im Menschen hervorbringt, das er in sich trägt: die Liebe, so haben die Nazis mit ihrer Barbarei das Schlechteste im Menschen heraufbeschworen, selbst in den Herzen ihrer Feinde, weshalb Hillesum ahnungsvoll appelliert: »Die Nazi-Barbarei erweckt in uns eine vergleichbare Tendenz. Hätten wir dieser Tage die Möglichkeit dazu, wir würden die gleichen Methoden anwenden. Wir müssen die Barbarei im Herzen ablehnen, wir dürfen diesen Hass nicht in uns kultivieren, weil es nicht helfen wird, diese Welt wieder aus dem Abgrund zu ziehen.«

Die Weltgemeinschaft oder das Weltgewissen könnte sich ihre Worte zu Herzen nehmen, wenn sie unbeirrt fortfährt: »Wie ich sehe, führt kein Weg daran vorbei: Jeder von uns muss in sich hineinschauen und dort all das von Grund auf beseitigen und zunichtemachen, was er bei anderen glaubt von Grund auf beseitigen und zunichtemachen zu müssen. Wir können absolut sicher sein, dass das geringste Quäntchen Hass, das wir in die Welt bringen, diese für uns noch ungastlicher machen wird, als sie ohnehin schon ist.«

Etty Hillesum ist es mit ihrer inneren Haltung geglückt, was ihr im Leben am wichtigsten war: »dass man einen Teil seiner Seele unverletzt über alles hinwegrettet« (1985), selbst um den Preis, von Eiferern getötet zu werden, welche ihr Vernichtungswerk umso vollkommener, eifriger und sogar fröhlicher verrichten, je mehr sie sich einem politischen oder religiösen Wahn ergeben.

Müssen wir uns als »Normalsterbliche« entmutigen lassen von so viel menschlicher Größe, wie sie uns beispielhafte Menschen vorleben, und dem Anspruch, den umfassendes, unverzerrtes Mitgefühl an uns stellt, nämlich jeden Hass in uns zu besiegen? Sicherlich nicht! Als Menschen, die das unvorstellbare Glück genießen dürfen, in relativer Sicherheit zu leben, können wir auf dem Pilgerweg zu unbegrenztem Mitgefühl so weit voranschreiten, wie es uns gegeben ist und unseren Fähigkeiten entspricht, wenn wir uns beständig für den Geist des Mitgefühls offen halten. Allein unser Voranschreiten wird schon großen Einfluss auf unsere Lebenseinstellung und -gestaltung nehmen. An der Wahrheit von Etty Hillesum kommen wir dabei aber auf keinen Fall vorbei: Solange Unfrieden, Zwietracht und Krieg in uns selbst herrschen, werden sie genauso im Außen herrschen. Jedes geringste Quäntchen Hass, das wir selbst in die Welt bringen, macht diese für uns ungastlicher. Alle negativen Gefühle, die wir in uns hegen, fallen letzten Endes auf uns selbst zurück, indem sie unser seelisches Gleichgewicht empfindlich stören.

Wenn alle Menschen den Frieden mit dem gleichen Eifer und dem unbedingten Wollen anstrebten, wie sie die Barbarei und den Krieg betreiben, dann hätten sie den Frieden, in sich selbst und überall auf der Welt.

Gibt es von den reinen Lehren des Buddhismus zu grenzenlosem Mitgefühl eine »weltlichere« Verbindung zu unserer westlichen Kultur, welche es uns vielleicht einfacher macht? Rufen wir uns noch einmal in Erinnerung, dass es bei Mitgefühl nicht bloß um das Teilen des Leids anderer geht, sondern ebenso um das Erleben von Freude und Glück, um eigenes Lebensglück und um die aufrichtige Mitfreude mit dem Glück der anderen. Nun ist Glück aber mehr als die bloße Abwesenheit von Unglück. Unser Glück zu mehren ist das Ziel etlicher neuerer Zweige und Strömungen der Philosophie, der Psychologie und Psychotherapie. Die Positive Psychologie, die Körperpsychotherapie, die Spirituelle Psychologie oder andere Formen einer Engagierten Psychotherapie wie Heilkunst legen uns ausdrücklich ans Herz, jene positiven Emotionen zu erforschen und zu verstärken, die es uns ermöglichen, bessere Menschen zu werden und mehr Freude am Leben zu empfinden. Auf diesem Weg »können wir vielleicht zunächst von einem pathologischen zu einem sogenannten ›normalen‹ Zustand gelangen und uns dann zu einem ›optimalen‹ Zustand weiterentwickeln«. (Ricard, 2009)

Mitgefühl in jeglicher Form gehört ganz zweifelsfrei zu den positiven Emotionen und Geisteshaltungen. Es öffnet uns für Liebe, Anteilnahme, Freude, Zufriedenheit, Glück, Hoffnung, Zukunft und Demut im positiv verstandenen Sinne, dass wir uns die Erde eben nicht untertan machen können. In dieser Hinsicht ist Mitgefühl eine (r)evolutionäre innere Haltung, welche den Horizont ins Grenzenlose weitet.

Nicht die leichteste Übung im Original: Sich im Austausch von Glück und Leid üben

Um uns in großem Mitgefühl üben zu können, bedarf es großer Mitgefühlsübungen. Eine der anspruchsvollsten, vielleicht sogar *die* Mitgefühlsübung überhaupt, ist die Ermutigung »Sich im Austausch von Glück und Leid üben«. Sie geht zurück auf die tibetisch-buddhistische Praxis des »Tonglen«. Vereinfacht ausgedrückt besteht die Tonglen-Praxis des Gebens und Nehmens darin, alles Leid und den Schmerz der anderen auf sich selbst zu nehmen und ihnen im Austausch das eigene Glück und Wohlbefinden sowie den eigenen inneren Frieden zu bescheren. Der Wechsel von Geben und Nehmen, von Glück und Leid wird mit dem Medium des wechselnden Atems verbunden. Getragen wird die Tonglen-Praxis von Liebe und allumfassendem Mitgefühl. Liebe ist hier der Wunsch, dass alle anderen Lebewesen Glück und die Bedingungen für Glück erfahren mögen. Das umfassende Mitgefühl besteht in dem Wunsch, dass sich alle anderen fühlenden Wesen durch unser Zutun vom Leiden mitsamt all

den Ursachen des Leidens befreit sehen mögen. In der überlieferten
Praxis des Tonglen ist diese Übung eine den mitfühlenden Geist überaus stark in Anspruch nehmende Angelegenheit für Menschen, die
auf höherem Niveau zu meditieren gewohnt sind. Es ist nicht gerade
einfach, sich auf das Leiden anderer Menschen einzulassen, sich sogar
vorzustellen, das Leiden anderer, besonders Schwerstkranker oder gar
Sterbender, auf sich zu nehmen. Es ist naheliegend, dass sich bei dieser Vorstellung schnell Ängste einstellen können, dass deren Leiden
dann »ansteckend« sein könnte. In jedem Fall erleichtern und begünstigen ein gutes Ruhen in sich selbst sowie eine feste Verwurzelung im
Leben die Fähigkeit, Liebe und Mitgefühl in sich selbst zu erschaffen
und zu vertiefen, um sich ohne Zögerlichkeit mit ganzem Herzen im
Austausch von Glück und Leid zu üben. Wohl wissend um die möglichen Schwierigkeiten der Übung, hat deshalb Matthieu Ricard, der
französische Botschafter des Buddhismus, eine meditative Version
entwickelt, die der Mentalität ungeübterer sowie mit den Unterweisungen der buddhistischen Lehren unvertrauter Menschen näher ist.
Im Grunde kann jedenfalls jedermann und jedefrau, die sich in Mitgefühl üben mögen, auch die Motivation und das Verständnis für diese spezielle Form von Mitgefühlsmeditation in sich finden.

Falls Sie mögen, versuchen Sie sich an der von Matthieu Ricard
(2009) vorgeschlagenen Meditation und üben Sie sich im Austausch
von Glück und Leid:

Ü B U N G

✳ »Entwickeln Sie als Erstes eine starke Empfindung von Herzenswärme, Herzensgüte und Mitgefühl mit allen Wesen. Denken
Sie dann an diejenigen, die Ähnliches durchmachen wie Sie – oder
vielleicht Schlimmeres. Stellen Sie sich vor, dass Sie mit Ihrem
Atem in Form eines kühlen, weißen Licht verströmenden Nektars
beim Ausatmen diesen Menschen all Ihr Glück, all Ihre Freude,
Kraft und Gesundheit senden. Visualisieren Sie, wie die Menschen
diesen Balsam, der ihren Schmerz lindert und ihre Hoffnungen in
Erfüllung gehen lässt, restlos in sich aufnehmen. Falls ihr Leben
bedroht ist, stellen Sie sich vor, dass sie überleben. Falls sie krank
sind, stellen Sie sich vor, dass sie geheilt werden. Falls sie arm und

hilflos sind, stellen Sie sich vor, dass sie bekommen haben, was sie benötigen. Und falls sie unglücklich sind, stellen Sie sich vor, dass sie jetzt von Freude durchdrungen sind.

Visualisieren Sie beim Einatmen Ihr Herz als strahlend helle Kugel. Stellen Sie sich vor, dass Sie die Krankheiten, die Verwirrung, die Geistesgifte dieser Menschen in Form einer dunkelgrauen Wolke in sich aufnehmen, die sich, ohne die geringste Spur zu hinterlassen, im strahlend weißen Licht Ihres Herzens auflöst. Dadurch wird Ihr Leid ebenso transformiert wie das der anderen. Nicht einmal ansatzweise haben Sie das Gefühl, dass die anderen eine Belastung für Sie darstellen. Während Sie die leidvollen Erfahrungen der anderen in sich aufnehmen und auflösen, verspüren Sie große Freude, ohne in irgendeiner Weise an ihr anzuhaften.

Sie können sich auch vorstellen, dass aus Ihrem Körper unzählige ›Doppelgänger‹ hervorgehen, die durch die ganze Welt reisen und sich in Kleidung für die Frierenden, in Nahrung für die Hungernden oder in Behausungen für die Obdachlosen verwandeln.« ✳

Die von Ricard beschriebene Visualisierung ist in der Tat eine überaus wirkungsvolle Methode zur Entwicklung und Steigerung von Liebe und Mitgefühl. Sie verlangt auch in keiner Weise, das eigene persönliche Wohlbefinden zu beeinträchtigen. Vielmehr ist sie dazu gedacht, auf unvermeidbares Leid in der Welt mit einer veränderten inneren Einstellung zu reagieren und die höhere Bereitschaft zu wecken, sich verstärkt für das Wohl der anderen zu engagieren.

Ich mag allerdings gar nicht verhehlen, dass diese Übung nicht zu meinen persönlichen Lieblingsübungen gehört. Rein intuitiv und aus dem Bauch heraus praktiziere ich sie viel öfter in einer abgewandelten Form, die zwar alle Elemente und Motive der Tonglen-Praxis beinhaltet, mit welcher ich das Leid der anderen allerdings nicht ganz in mich selbst aufnehme, sondern es über eine »Schutzhülle« auflöse. Diese Nuance ist für mich nicht bloß »Geschmackssache«, sondern eine andere Art des Umgangs mit mir selbst und anderen.

Wertungen wie »richtiger« oder »weniger richtig« dürfen wir hier getrost beiseitelassen. Die von mir gern praktizierte meditative und imaginative Übung betrifft eher die Frage, die mir in der Realität regelmäßig auch von in helfenden und heilenden Berufen Tätigen gestellt wird: »Wie kann ich mich davor schützen, dass das seelische oder körperliche Leiden von anderen Menschen während der Arbeit auf mich übergreift?« Es ist eine ebenso berechtigte wie reale Sorge vieler in sozialen, pflegerischen, medizinischen, psychotherapeutischen wie spirituell heilenden Bezügen tätiger Menschen, dass die »*dark continents*«, die dunklen Zonen, der Klienten, Patientinnen oder Hilfe Suchenden in der Tat in die eigene Person Eingang finden könnten. Als eine Teilantwort auf die Frage »Wie kann ich das verhindern?« biete ich Ihnen hier die »Schutzhülle« an. Weitere Teilantworten finden Sie in dem Kapitel über Heilung durch Mitgefühl.

In meiner psycho-, körper- und suchttherapeutischen Praxis fühle ich stark mit meinen Klienten oder Patientinnen mit. Nichtsdestoweniger nehme ich ihre Geschichten und ihr Leiden an sich und der Welt niemals ganz in obiger Weise in mich hinein. In Situationen, in denen ich mit Kolleginnen und Kollegen arbeite, um in einer Familienaufstellung, einer Familienskulptur oder in einer reinszenierenden Strukturarbeit über Einfühlung eine schwierige Rolle für sie zu übernehmen, muss ich die mit der Rolle einhergehenden stellvertretenden Gefühle im Anschluss an die gemeinsame Arbeit wieder ablegen können. Das Gleiche in belastenden Supervisionen: Ich möchte nicht, dass etwas Leidvolles, Belastendes an mir hängen oder haften bleibt. Von allem, was nicht zu mir selbst gehört, möchte ich mich dann reinigen oder »entgiften«. Dafür verfüge ich über genügend Methoden und Strategien. Als Selbstfürsorge und Sorge für andere habe ich in diesem Sinne unter anderem eine Übungsvariante zum meditativen Austausch von Glück und Leid entwickelt, mit der ich mich persönlich uneingeschränkt sicher und wohlfühlen kann. Vielleicht mögen Sie beide Formen des Sich-Übens im Austausch von Glück und Leid erproben, um sich dann zu entscheiden, womit Sie persönlich sich wohler fühlen.

Sich in Mitgefühl sicher fühlen:
Die Schutzhülle aus Licht

Die Schutzhülle aus Licht ist nicht willkürlich oder zufällig gewählt. Licht gehört zu unserem Leben wie unsere tägliche Nahrung. Manche in ihrer Entwicklung sehr weit fortgeschrittene Menschen können sich sogar buchstäblich ausschließlich durch Lichtnahrung ernähren, wie der im Jahr 2010 vielbeachtete Dokumentarfilm »Am Anfang war das Licht« uns sehen lässt. Diese dem Verstand nicht fassbare Tatsache ist eine absolute Herausforderung für unser rationales wissenschaftliches Weltbild. Doch auch alle »Normalmenschen« beziehen aus Licht Lebensenergie. Ohne Sonnenlicht können wir nur begrenzt leben, werden leichter niedergeschlagen und depressiv. In allen Gotteshäusern und Tempeln dieser Welt zünden die Menschen Gedenkkerzen, Öllichter oder Butterlampen an. Intuitiv wissen sie noch um die symbolische Strahlkraft des Lichts. Zünden wir uns privat Kerzen an, suchen wir in der Regel die ruhigen, stillen, besinnlichen Augenblicke. Licht hat in vielen Zusammenhängen eine hohe symbolische Bedeutung. Wir können unser Licht leuchten und erstrahlen lassen oder es unter den Scheffel stellen. In unserem Leben soll uns immer ein Licht leuchten. Menschen mit Nahtoderlebnissen erzählen nahezu einmütig von der überwältigenden Anziehungskraft eines strahlend hellen Lichts, zu welchem sie sich hingezogen fühlten. Nicht allein die Buddhisten glauben, dass alle groben und subtilen Bewusstseinsformen aus der Dimension des klaren Lichts hervorgehen und sich auch wieder darin auflösen. Das natürliche klare Licht des Geistes steht für die absolute Unvergänglichkeit. Daran müssen Sie in keiner Weise glauben, können sich aber dennoch eine private, hoch wirksame Schutzhülle aus Licht visualisieren, die Ihnen im Alltag dienlich ist, wie Sie es brauchen oder wünschen.

ÜBUNG

❋ Stellen Sie sich nun vor, wie Sie mit jedem Einatmen helles, klares Licht in die Mitte Ihres Herzens atmen … Beim Ausatmen stellen Sie sich anschließend vor, wie Ihr ganzer Körper vom Scheitel bis zur Sohle von einem hellen, strahlenden Licht umflossen wird. Jeder Ausatem wird zu diesem klaren, strahlenden Licht, welches Sie von Kopf bis Fuß ganz umhüllt ... Mit dem Fließen Ihres Atems legt sich eine Schutzhülle aus strahlendem Licht um Sie herum. Völlig eingehüllt in dieses Licht, das Sie umgibt, fühlen Sie sich geborgen und sicher in sich selbst ruhend.

Mit jedem weiteren Atemzug, den Sie in die Mitte Ihres Herzens einatmen, stellt sich die wachsende Empfindung von Herzenswärme, Herzensgüte und Mitgefühl ein, für Sie selbst und für andere ... Geborgen und beschützt von Ihrer Hülle aus strahlendem Licht, können Sie sich nun vorstellen, welchen anderen Menschen und Wesen Sie Ihr Mitgefühl und Ihre Hilfe zuteilwerden lassen möchten ... Vielleicht Angehörigen oder Freunden, welche leiden, trauern, erkrankt oder in Not sind ... oder Dritten, die von Katastrophen heimgesucht werden, ... oder allen Mitgeschöpfen dieser Welt.

Stellen Sie sich genau vor, welchen Wesen Sie Ihr Mitgefühl und Ihre Unterstützung zukommen lassen möchten ... Und dann stellen Sie sich vor, wie all das Leid, die Trauer, die Not, die Krankheit dieser Wesen von diesen weg und auf Sie zuströmt. Sie können vor Ihrem geistigen Auge genau sehen, wie dieser Strom des Leids der anderen auf Sie zufließt ... Doch Sie sind durch Ihre Hülle aus klarem Licht geschützt davor, dass etwas von diesem Leid in Sie selbst eindringt. Dort, wo das Leid der anderen auf Ihre Hülle aus strahlendem Licht trifft, löst es sich in diesem Licht auf ... Sie können das ganz in Ruhe und Gelassenheit visualisieren ... Aufgelöst von der strahlend klaren Schutzhülle aus Licht, bleibt nicht die geringste Spur vom Leiden der anderen, das auf Sie zuströmt. Es löst sich auf im Licht und in nichts.

Und nun können Sie sich umgekehrt noch vorstellen, wie Sie selbst den anderen Ihr strahlend helles Licht und damit Ihr Mitgefühl und Ihre Unterstützung zusenden. Sie sehen genau vor sich, wie Ihre Hülle aus strahlendem Licht sich immer weiter und weiter ausdehnt und dadurch alle Wesen erreicht, an die Sie denken ...

Mit Ihrem strahlenden Licht schicken sie diesen Wesen Ihr Mitgefühl und all Ihre guten Gedanken und guten Wünsche ... Falls die Wesen, an die Sie denken, krank sind, schicken Sie ihnen Ihr Mitgefühl und Ihre guten Gedanken, dass sie geheilt werden mögen ... Falls sie in Not und hilflos sind, schicken Sie ihnen Ihr Licht und Ihre guten Wünsche, dass sie bekommen mögen, was sie benötigen ... Falls sie trauern und unglücklich sind, senden Sie ihnen Ihre guten Gedanken, dass sie von jetzt ab von Freude durchdrungen sein mögen ... Falls ihr Leben bedroht ist, senden Sie ihnen Ihr Licht und Ihre guten Gedanken und Wünsche, dass sie überleben mögen ... Und dann können Sie noch Ihr Licht, Ihr Mitgefühl, Ihre guten Gedanken und Wünsche so weit ausdehnen, dass alle fühlenden Wesen der Welt davon erreicht werden ... In Ihrer Vorstellung können Sie genau sehen und es im Herzen erspüren, wie Sie Ihr Licht und Ihr Mitgefühl in die Welt senden ... Sie können so viel Licht und Mitgefühl aussenden, wie Sie mögen. Dennoch wird Ihnen selbst in keiner Weise etwas von Ihrem eigenen Wohlbefinden oder Ihrer inneren Kraft abgezogen.

In Ihrer Hülle aus Licht weiterhin in sich ruhend, können Sie nach einer Weile wieder ganz zu sich selbst zurückkehren, langsam die Augen öffnen, sich nachklingend an Ihrer Übung zum Austausch von Glück und Leid erfreuen und sich dann wieder ganz Ihrem eigenen Alltag zuwenden. **✳**

Dies ist meine bevorzugte Praxis dieser durchaus spirituellen Übung zum Austausch von Glück und Leid. Ich bin mir dabei allerdings auch bewusst, dass weder die Originalversion noch meine Variation bei allen sich in Mitgefühl Übenden auf uneingeschränkten Zuspruch stoßen. Zu direkt und unmittelbar führt sie uns in die Nähe fremden Leidens. Es versteht sich auch von selbst, dass diese Mitgefühlsübung nicht auf quasi magische Weise die Welt zu verändern vermag. Es reicht nicht aus, bloß dazusitzen und zu imaginieren oder zu meditieren. Wenn wir danach in die reale Welt gehen, zeigen und verhalten wir uns folglich auch mitfühlend. Durch die Resonanz, welche wir durch unser Mitgefühl bewirken, tragen wir konkret Schritt für

Schritt zur Weiterverbreitung von mitfühlendem Handeln und zu Veränderungen im Kleinen wie im Großen bei.

Sofern wir uns gezielt eine Schutzhülle aus Licht imaginieren, vollziehen wir in unserer Vorstellung genau genommen nur etwas nach, das uns existenziell ohnehin gegeben ist. Als lebende und fühlende Wesen verfügen wir alle über ein Energiefeld, das unseren physischen Körper umgibt und durchdringt. Das Energiefeld eines jeden lebenden Wesens hat eine ganz bestimmte Ausstrahlung, die wie ein Lichtkörper seinen leiblichen Körper umfließt. Unser Energiefeld samt seinem Lichtkörper macht unsere »Aura« aus. Jeder halbwegs geübte Mensch vermag zumindest die erste Schicht unserer Lichthülle zu sehen.

Weil sich nicht alle in Mitgefühl üben: Sich schützen im Alltag

Sie können noch in einer zweiten mitfühlenden Weise auf die Imagination einer Schutzhülle zurückgreifen, wenngleich in einer überaus weltlichen Absicht. Bei all den Anforderungen, die tagtäglich auf uns einprasseln, ist es hilfreich, sich gegen Überforderung abgrenzen zu können. Außerdem müssen wir uns oft genug unserer Haut gegen Menschen im Dschungel des Alltags wehren, die uns nicht uneingeschränkt Gutes wollen: Menschen, die unsere Grenzen zu überschreiten suchen, es sogar mit psychischer oder brachialer Gewalt versuchen, Menschen, welche uns absichtlich oder unüberlegt kränken, verletzen, die intrigieren, Druck ausüben, befehlen, kommandieren, sich im Ton vergreifen, uns zu nahe treten, Menschen, welche es in jeder Hinsicht an Mitgefühl fehlen lassen. Sich im guten gesunden Sinne abzugrenzen, sich zu wehren und zu behaupten ist für viele Menschen ein schwieriges Unterfangen. Wir können uns jedoch selbst Unterstützung geben mit der Sicherheit gewährenden imaginativen Alltagsvorstellung einer ganz privaten Schutzhülle, denn Vorstellungskraft ist Zauberkraft:

✳ Setzen Sie sich an einen ruhigen Ort und schließen Sie die Augen. Falls es Ihnen nicht möglich ist, die Augen zu schließen, fixieren Sie einen Punkt auf dem Boden, etwa einen Meter vor Ihren Füßen. Nehmen Sie eine bequeme Haltung ein. Spüren Sie, wo Ihr Körper Kontakt zum Sitz, zur Lehne oder zum Boden hat. Achten Sie auf Ihre Atmung, gleichgültig, wohin Sie atmen, ob in den Bauch oder in die Brust. Nehmen Sie nur einige Atemzüge lang wahr, wie Sie atmen, dass Sie atmen und dass Ihr Atem kommt und wieder geht, ohne dass Sie bewusst etwas dafür tun müssen ... Machen Sie sich einen Augenblick bewusst, dass das Atmen in Ihrem Leben etwas ist, wofür Sie sich normalerweise nicht anstrengen müssen. Ihr Atem kommt und geht von allein. Es gibt da in Ihrem Leben also zumindest einen Bereich, der ganz ohne Anstrengung funktioniert. Machen Sie sich das noch einmal ausdrücklich bewusst. Und wenn Sie mögen, vertiefen Sie Ihre Atmung ein wenig ...

Stellen Sie sich nun vor, wie Sie beim Ausatmen langsam und durch die Langsamkeit umso deutlicher wahrnehmbar von einer hochwirksamen Schutzhülle umgeben werden, die Ihnen hundertprozentige Sicherheit gegen alles gewährt, wovon Sie sich im Außenbereich bedroht fühlen könnten. Ihre Schutzhülle hält Ihnen alles Unliebsame vom Leib. Sie gewährt Ihnen auch Schutz gegen Personen, die Ihnen nicht wohlgesinnt sind, gegen die Sie sich wehren möchten. Stellen Sie sich Ihre ganz persönliche Schutzhülle so konkret wie möglich vor. Sie haben sie in allen Einzelheiten genau vor Augen. Niemand anderes braucht Ihre Schutzhülle zu sehen. Sie aber sehen sie ganz deutlich.

Ihre Schutzhülle umgibt Sie mit unantastbarer Sicherheit. Machen Sie sich bewusst, dass Sie völlig umgeben sind von Ihrem Schutz. Sie spüren deutlich, dass Sie in Sicherheit sind, Ihre Schutzhülle ist absolut undurchdringlich von außen. Nichts und niemand kann Ihnen ein Leid zufügen. Sie selbst können sich in der Sicherheit Ihrer Schutzhülle gänzlich frei bewegen. Sie sind in keiner Weise eingeengt oder in Ihrer Bewegungs- und Handlungsfreiheit beschränkt ... Ihre Schutzhülle verleiht Ihnen die völlige Kontrolle und Macht über die Situation. Sie brauchen nichts und niemanden zu fürchten, denn Sie sind zuverlässig beschützt. Sie können sich völlig frei von Angst fühlen und frei von Befürchtungen oder Beklemmungsgefühlen auf- und durchatmen.

Derart sicher in Ihrer Schutzhülle geborgen, wächst die Zuversicht in Ihnen und breitet sich immer weiter aus, dass Sie von nun an gut gewappnet sind für alle Situationen in Ihrem Alltag, in welchen Sie sich behaupten möchten. Sie wissen, Sie können jederzeit Zuflucht finden in Ihrer Schutzhülle, sobald Sie es brauchen oder wünschen. Ihre Schutzhülle ist immer und an jedem Ort für Sie verfügbar und hilft Ihnen überall bei Ihrer Absicherung nach außen hin.

Stellen Sie sich nun noch einmal Ihre ganz persönliche Schutzhülle in allen Einzelheiten vor, und auch in welchen Situationen oder bei welchen Begegnungen sie Ihnen dienlich sein soll ...
  Dann können Sie bestärkt durch innere Zuversicht wie die hilfreiche Vorstellung Ihrer Schutzhülle langsam wieder die Augen öffnen, sich strecken und darauf vertrauen, dass Sie jederzeit auf ein wirksames Hilfsmittel zugreifen können, welches Ihnen innere Sicherheit zu spenden in der Lage ist.   ✻

Menschen stellen sich ganz unterschiedliche Schutzhüllen vor, welche ihnen helfen, Sicherheit zu finden. Das kann Harry Potters Tarnumhang sein, ein sie ganz leicht und luftig umfließendes Feenkleid oder ein goldenes Gewand, aber ebenso gut die klassische Rüstung eines mittelalterlichen Ritters, die oben bereits visualisierte Schutzhülle aus Licht und vieles andere mehr. Eine besondere Vorstellung, die aus den Tiefen des Unbewussten oder Überbewussten entstehen kann, vereint die Fantasie der Schutzhülle unmittelbar mit der Präsenz hilfreicher Wesen: In diesem Bild besteht der bergende Schutz darin, dass sich die Person umhüllt sieht von den sie bergenden Flügeln eines sich hinter ihr befindlichen Schutzengels. Hier ist die Sicherung durch die innere

Verbindung mit einem Schutz verleihenden Wesen also gleich eine zweifache.

Sie werden selbst wissen und schon gesehen haben, von welcher Art Schutzhülle Sie Sicherung erfahren haben. Hilfreich kann es sein, Ihre Schutzhülle noch zu malen. Das trägt in jedem Falle zur vertiefenden Verankerung des Bildes in Ihrer inneren Struktur bei.

Grenzen des Mitgefühls

Wenn Mitgefühl allumfassend und grenzenlos ist, wie kann es dann Grenzen geben? Die Grenzen des Mitgefühls sind relativ. Wer verfügt als Normalsterblicher schon über die menschliche Größe und die Qualität von Mitgefühl, wie wir sie an obigen Beispielen im Kapitel zum »Allumfassenden, großen Mitgefühl« gesehen haben? Oder wie der palästinensische Vater, welcher das Herz seines von Israelis erschossenen kleinen Sohnes einem israelischen Kind zur Transplantation spendet, um aus dem Kreislauf von Unrecht und Vergeltung herauszutreten? Oder wie der französisch-jüdische Philosoph Emmanuel Lévinas (1905–1995), der als Opfer der Nazis dennoch keine Rachegedanken hegte? Wer erkennen muss, wie sich im Alltag der Weltgemeinschaft durch die Abwesenheit von Mitgefühl unaufhörlich das Rad von Leiden und Vergeltung dreht, der kann nur zwischen Fassungslosigkeit und Ehrfurcht schwanken, wie eindeutig Lévinas seinen Geist des Mitgefühls rettet. Für ihn sind selbst die Mitläufer, Folterer, Henker, Schlächter und Massenmörder der Nazis vor jeder moralischen Aburteilung zunächst die anderen, die anderen Menschen und als solche die Nächsten. Lévinas gelingt es, unbeirrt durch die ihm von den nationalsozialistischen Peinigern zugefügten Leiden, an seinem Verständnis »von der ethischen Verfasstheit des Lebens, das grundlegend durch den Bezug zum anderen geprägt ist«, festzuhalten, wie Klaus Englert in einem Porträt zum 100. Geburtstag von Lévinas im Deutschlandfunk betont. In seiner einzigartigen »Philosophie eines Überlebenden«, geboren aus den Erfahrungen eines Internierten, Exilierten und Gequälten, geht Lévinas weit mit seinem ethisch verankerten Mitgefühl: »Die Sorge für den Anderen siegt über die Sorge um sich selbst. Genau das ist es, was ich ›Heiligkeit‹ nenne.

Unsere Menschlichkeit besteht darin, dass wir den Vorrang des Anderen erkennen können. Die Sprache wendet sich immer dem Anderen zu, so als ob man gar nicht denken könnte, ohne sich bereits um den Anderen zu sorgen.« (2006)

Es wäre absolut verständlich und ebenso menschlich, verspürten nicht wenige Menschen innere Widerstände gegen einen so weitreichenden Anspruch von ethischer Verfasstheit und mitfühlendem Geist. Zu Ende gedacht, liegt jedoch genau in einer solchen zur Vergebung fähigen inneren Haltung die einzige Chance, den ewigen Kreislauf von Gewalt und Gegengewalt zu verlassen. Dass der Geist der Gewaltlosigkeit sogar in der großen Weltpolitik verwirklicht werden kann, hat »die große Seele« Mahatma Gandhi (1869–1948) als Mensch wie unbeugsamer Freiheitsdenker vorgelebt.

Wie glücklich dürfen sich die Menschen schätzen, welche nie durch solche Extremsituationen in ihrer Menschlichkeit herausgefordert werden.

In unserem normalen Alltag liegt die Tücke der Grenzen des Mitgefühls in den Banalitäten der täglichen Lebensvollzüge. Wie gehen wir jeden neuen Tag mit uns selbst, mit unseren Mitmenschen und mit der Schöpfung um? Erleben wir uns häufig von Ärger und Zorn erfüllt? Oder sind wir zu einem solchen Maße an mitfühlender Gelassenheit in der Lage, dass uns Ärgernisse und Verdrießlichkeiten unsere Lebensfreude nicht vergällen? Niemand kann perfekt sein, und es sollte auch niemand diesen Anspruch an sich stellen. Das wäre ein wenig mitfühlender Akt gegenüber der eigenen Person. Aber wir können jede Situation daraufhin überprüfen, wie sie sich im Geiste gesteigerten Mitgefühls darstellen ließe.

An die dehnbaren Grenzen des Mitgefühls stoßen wir auch dort, wo es nicht um zwischenmenschliche Beziehungen geht, sondern um unseren Umgang mit anderen fühlenden Wesen, welche ebenfalls von grenzenlosem Mitgefühl berührt werden: die Tiere und letztlich auch jedwede kreatürliche Umwelt. Die nachfolgenden Beispiele mag manch einer oder manch eine vielleicht kaum der Diskussion wert oder gar lächerlich finden, doch haben wir uns erst einmal auf den Weg des Mitgefühls gemacht, wird es immer schwieriger, willkürliche Grenzen zu ziehen: den einen Wesen Mitgefühl entgegenzubringen, andere aber gänzlich zu missachten.

Stellen Sie sich als Alltagsbeispiel ganz einfach vor, Sie fühlten sich in ihrem Wohlbefinden empfindlich beeinträchtigt durch die Anwesenheit von Spinnen in Ihrer Wohnung oder in Ihrem Haus oder Sie hätten sogar eine Spinnenphobie, was ja bekanntlich gar nicht so selten ist. Was tun Sie? Töten Sie die Spinnen, saugen Sie sie gar mit dem Staubsauger weg oder bitten Sie eine zweite Person, Sie vom Objekt Ihrer Angst zu befreien? Lassen Sie die Tierchen völlig in Ruhe oder nehmen Sie sie vorsichtig auf und setzen sie wieder an die Luft? Könnten Sie im Geiste des Mitgefühls Mäuse noch in Fallen fangen, in denen sie getötet werden, oder würden Sie Lebendfallen verwenden und die gefangenen Tiere weit genug von Ihrer Wohnung wegbringen, um sie wieder in die Freiheit zu entlassen? Wie weit oder bedenkenlos können Sie im Geiste umfassenden Mitgefühls gegenüber allen fühlenden Wesen noch mit ungeschmälertem Genuss Fleisch verzehren? Glauben Sie nicht, Sie könnten derartigen Fragen entgehen. Wer sich einmal entschieden hat, den Weg des Mitgefühls zu beschreiten, wird früher oder später merken, dass er gegenüber solchen Alltagsfragen in wachsendem Maße sensibler wird. Parallel dazu wird er feststellen, dass sich sein Mitgefühl immer weiter und weiter ausdehnen wird. Ab einem bestimmten Zeitpunkt ist es dann nicht mehr möglich, noch genau so unbedacht zu handeln wie in früheren Situationen, als das mitfühlende Denken und Handeln noch eine weniger durchgängige innere Haltung war. Aber damit daraus kein Dogma wird: Es wird nach wie vor viele mitfühlende Menschen geben, die sich beispielsweise gestatten, weiterhin mit Genuss Fleisch zu verzehren. Sie werden es aber mit einer veränderten Form achtsamen Gedenkens tun und auf Dauer als Folge eines Veränderungsprozesses ihren Konsum eher einschränken, ohne dies als Verlust von Lebensqualität zu bedauern.

Mitgefühl kann leicht in Kleinigkeiten an Grenzen stoßen: Wenn sich ein Moskito oder eine Tigermücke auf meinem Arm niederlässt, dann würde ich mit Gewissheit nicht darüber meditieren, in der Hoffnung, die Botschaft möge das Wesen erreichen und es dazu bewegen, wieder davonzufliegen, ohne zu stechen. Ich würde das Insekt entweder umgehend vertreiben oder es erschlagen, zumal, wenn es mir nachts den Schlaf raubte. Vergnügen würde es mir nicht bereiten, aber ich würde mich persönlich auch nicht endlos skrupulös mit der Frage beschäftigen, ob ich im Geflecht von »Ursache und Wirkung« nun besonders schlechtes »Karma« für meine nächste Wiedergeburt auf mich laden würde. Wiederum mag jemand das Beispiel belächeln, aber was ist mit den vielen Menschen, die voller Hingabe an das Gesetz von Ursache und Wirkung und Karma glauben? Wie wirkt es sich in ihrem Glauben für sie aus, wenn sie ein Tier töten, und sei es bloß einen Moskito? Ich sauge mir dieses Allerweltsbeispiel auch nicht aus den Fingern. In der Ost-West-Diskussion über Gefühl und Mitgefühl diskutieren der Dalai Lama und der Emotionsforscher Paul Ekman diese Frage überaus ernsthaft. Für Menschen, welche sich in unbegrenztem Mitgefühl zu üben suchen, stellt sie ein Erkenntnis- oder ein Entscheidungsproblem dar. So erwägt der Dalai Lama an Paul Ekman gewandt selbst ernsthaft: »Wissen Sie, ich frage mich, ob sehr kleine Insekten wie etwa Moskitos oder andere ähnliche Tiere Emotionen haben; ich weiß nicht, ob Mitgefühl eine von ihnen ist. Oder das Gefühl der Fürsorge. Ich weiß es nicht. Verstehen Sie; wenn wir Zuneigung zeigen, dann verstehen das am Ende auch Tiere. Aber Moskitos? … Wahrscheinlich hängt der Unterschied von der Größe des Gehirns ab. Einfache Organismen wie Moskitos zeigen im Vergleich zu Säugetieren keine komplexen emotionalen Reaktionen, wenn man einmal von ihren unmittelbaren Bedürfnissen wie Fortpflanzung und Nahrungsaufnahme absieht.«

Im Zusammenhang mit dem Wesen des Mitgefühls und der Intelligenz bei Tieren kommt der Dalai Lama ein zweites Mal auf die Moskitos zurück: »Tiere haben nicht dieselbe Art von Intelligenz. Die menschliche Intelligenz spielt eine Rolle. Selbst bei Tieren macht der Grad der Intelligenz wahrscheinlich etwas aus. Beispielsweise bei Moskitos und Schmetterlingen. Ihre Handlungen sind ganz unmittelbar – es geht ums Überleben. Der Grad ihrer Intelligenz ist, verglichen mit anderen Tieren wie Säugetieren, viel geringer. Ihre Fähigkeit zu Mitleid und Mitgefühl ist viel geringer. Um Mitleid oder Mitgefühl zu empfinden, müssten sie vielleicht auch Schmerz spüren. Doch Menschen können ihre Intelligenz dazu einsetzen, etwas zu verstehen.«

Verstehen wir etwas nicht mehr oder bemühen uns gar nicht erst, es zu verstehen, ziehen wir Grenzen oder es schleichen sich ganz selbstverständlich Grenzen ein. Und so vermag selbst der Dalai Lama in seinem Bemühen um umfassendes Mitgefühl nicht zweifelsfrei zu klären, ob er einen Moskito zu den lebenden fühlenden Wesen zählt, welche gemäß der buddhistischen Definition des Lebenden vom grenzenlosen Mitgefühl eingeschlossen werden oder nicht: »Die fühlenden Wesen haben nicht nur Leben, sondern auch Hingabe oder Gefühl – Schmerz und Freude. Der gesunde Menschenverstand sagt uns, dass ›Leben‹ nicht nur die fühlenden Wesen umfasst, sondern auch die mit Leben erfüllten Wesen wie die Pflanzen, Blumen und solche Dinge. Weil niemand sagt: ›Aber diese blühende Blume oder dieser Baum, der neue Zweige bildet, ist tot‹. Bei Lebewesen gibt es die Fähigkeit, zwischen Ereignissen zu unterscheiden. Leben mit Gefühl oder – Kognition, das bezeichnen wir als ›fühlende Wesen‹.« (2009)

Verfügt eine Stechmücke über Kognition, über eine Art »Geist«, etwas, das versteht? Es ist nicht einmal das zentrale Problem, diese Frage mit letzter Gewissheit zu beantworten. Wir brauchen also keine akademische Grundsatzdiskussion darüber zu entfachen. Das Problem stellt sich wesentlich grundsätzlicher: Was im Leben möchten wir Menschen bezogen auf unser Erkenntnisvermögen und unsere Empfindungsfähigkeit überhaupt verstehen? Wo schalten wir unser Verstehen und Empfinden ab, und wo weigern wir uns schlichtweg, überhaupt noch verstehen zu wollen, weil Nichtverstehen bequemer scheint? Jemand, der sich ernsthaft auf den Weg zu gesteigertem Mitgefühl macht, wird in jeder Hinsicht differenzierter verstehen und empfinden. Es wird ihm in der Folge dann auch immer selbstverständlicher, dass sein Mitgefühl, sein Respekt, seine Achtung allen mit Leben erfüllten Wesen gelten. Niemand, und wirklich niemand, kann ihm die Entscheidung darüber abnehmen, wie er sich in letzter

Konsequenz dem Lebenden, der Schöpfung, dem Kreatürlichen gegenüber verhält. Die Grenzen des Mitgefühls sind nicht beliebig oder
willkürlich, aber wir können sicherlich im gelebten Leben an *unsere*
Grenzen stoßen. Es macht allerdings schon einen bedeutenden Unterschied, ob wir uns diese Grenzen, wie wir sie dann zu verantworten
haben, bewusst machen oder ob wir aus lauter Gleichgültigkeit ohne
den Geist des Mitgefühls handeln. Ob wir uns gestatten, einen Moskito zu erschlagen, der uns sonst unweigerlich stechen würde, oder
nicht, ist mit hoher Wahrscheinlichkeit keine existenzielle Frage, die
über unser Wohl und Wehe entscheidet. Sie ist aber mit ihrer schein-
baren Nichtigkeit geeignet, uns bewusst zu machen, dass es auch die
Kleinigkeiten in unseren Handlungen sind, die auf dem Weg zu mehr
Mitgefühl eine andere Wertigkeit erhalten. Das ist in keiner Weise
so zu verstehen, dass wir jede unserer Handlungen und Taten fortan
voller Gewissenspein abwägen sollten. Ganz und gar nicht. Mein Eindruck ist, es fühlt sich eher so an, als glitten wir mit gesteigertem Mitgefühl auf einem langen ruhigen Fluss dahin, welcher uns zu neuen
Ufern und Landschaften von Seele und Geist trägt.

Mitgefühl und Eigennutz oder:
Wie der Verstand uns in die Quere kommt

Unser Verstand ist ein trickreicher, unermüdlicher Geselle. Er kann uns sogar bezüglich Mitleid und Mitgefühl aufs ethisch moralische Glatteis locken, wie sich bereits in den Antworten Sri Chinmoys zum Verhältnis von Mitleid zu Mitgefühl angedeutet hat.

In einem Internet-Blog finde ich dazu folgende Gedanken, die ich ausführlich zitiere:

»Ist Mitgefühl tatsächlich möglich?
Oft habe ich mir schon die Frage gestellt, ob Mitgefühl wirklich möglich ist. Und wenn ja, wie ich es am besten zum Ausdruck bringen könnte. Gerade vor wenigen Tagen bin ich in diesem Zusammenhang einigen Obdachlosen begegnet, die mich ›um 20 Cents oder so‹ gebeten haben. Fühlte ich beim Geben irgendein stolzes Gefühl in mir? Und was würden die Obdachlosen denn mit meinem Geld anstellen? Sich Zigaretten oder Alkohol dafür kaufen? Dafür wollte ich eigentlich nicht verantwortlich sein.

Die rechte und die linke Hand.
Die meisten kennen sicherlich den Bibelspruch, dass ›wenn du aber gibst, deine rechte Hand nicht wissen soll, was deine linke Hand tut‹. Oder anders ausgedrückt, wirkliches Geben niemals zur Schau gestellt werden darf, um alle Eitelkeiten und Regungen des menschlichen Stolzes außen vor zu lassen. Gleichzeitig gibt es jedoch auch eine Verantwortung des Gebenden gegenüber dem Empfänger. Es sollte ihm dadurch kein Schaden zugefügt werden und gleichzeitig auch keine einmalige Sache sein, sondern ihn dazu anregen, sein

Leben positiv umzugestalten und in seine eigenen Hände zu nehmen. Als Beispiel fällt mir hierzu spontan Karlheinz Böhms Äthiopienhilfe ›Menschen für Menschen – Hilfe zur Selbsthilfe‹ ein.

Die Gretchenfrage.

Richtiges Geben ist also gar nicht so einfach. Wie kann ich wissen, ob mein Geben nicht eine subtile Form meines Ego ist? Und, darüber hinaus, wirklich Sinn macht oder vielleicht sogar kontraproduktiv ist? Aus diesem Grund lautet für mich die Gretchenfrage, aus welcher Motivation heraus mein Geben geschieht. Und da muss ich immer wieder sehr gewissenhaft in mich hineinhorchen

Im Idealfall geschieht es wohl durch ein Gefühl der Verbundenheit und des Einsseins. Denn in Wirklichkeit gibt es ja, schenkt man den spirituellen Schriften dieser Welt Glauben, keinen Unterschied zwischen ›Dir‹ und ›Mir‹, zwischen ›Euch‹ und ›Uns‹. Alles ist in Realität eins. Wenn ich diese innere Untrennbarkeit mit den so genannten ›Anderen‹, und sei es auch nur für einen flüchtigen Moment, wirklich fühlen kann, dann existiert eigentlich kein ›Geben‹ im ursprünglichen Sinne des Wortes mehr. Ich gebe immer ›nur‹ mir selbst, wobei ich die jeweilige Entscheidung meinem eigenen höchsten Dasein überlasse, welches alleinig diese Form der Verbundenheit wirklich spüren kann. Ich lasse also sozusagen geben, wodurch irgendwelche Fehler sowie alle subtilen Spielarten meines Ego mit Sicherheit ausgeschlossen sind.

Und damit hat eine schwierig erscheinende Fragestellung im spirituellen Leben manchmal eine überraschend einfache Antwort.«

Wir können die Lösung als eine im Denken trickreich vollzogene spirituelle Antwort auf die »Gretchenfrage« gelten lassen oder sie als ein sich Herauswinden aus einer individuell zu verantwortenden Entscheidungsfindung sehen. Worauf der Blogger allerdings zu Recht aufmerksam macht, ist die Frage unserer Motivation zu Mitleid oder Mitgefühl. Meine persönliche Position dazu ist sehr eindeutig. So wie ich selbst die Gefühls- oder Herzensqualität »Mitgefühl« erlebe, ist sie aus ihrer unverwechselbaren Klarheit heraus geradezu ein Schutz gegen ein Ego, welches aus mitleidiger Überheblichkeit heraus handelt, und schon gar ein Schutz gegen jedwede Form von Verächtlichkeit, die uns auf andere, z. B. Obdachlose, hinunterschauen lässt. In der Realität finden wir beides: Aufrichtiges, verbundenes Mitgefühl sowie Mitleid, welches aus einem Gefühl eigener Überlegenheit oder aus einer Überzeugung von »Gutmenschentum« heraus milde Gaben an einen sich unterlegen fühlenden anderen reicht. Mag das Handeln subjektiv noch so gut gemeint sein, so kann es im zwischenmenschlichen Feld nichtsdestoweniger tiefe Wunden falscher Mildtätigkeit schlagen. Die sogenannten Charity-Ladies sind in diesem Sinne zu einem Inbegriff von Beschämung geworden.

Nehmen wir wirklich den Gedanken ernst, dass im Leben alles mit allem verbunden ist, dann bleibt in letzter Konsequenz kein Raum für die geringsten Überlegenheitsgefühle. Dies vorausgesetzt, löst sich auch obiges Dilemma auf. Ist alles mit allem verbunden, stehen wir in einem gemeinsamen Raum oder in einer gemeinsamen Situation mit anderen, dann kann es gar nicht ausbleiben, dass das Gute, das wir anderen aus Mitgefühl heraus tun, in guter Weise auf uns zurückwirkt. Der Philosoph Bernhard Waldenfels, der sich in seinem Lebenswerk besonders mit der Phänomenologie des Fremden und mit antwortender Leiblichkeit befasste, schreibt dazu: »Ich kann mich nicht altruistisch verhalten, ohne daß mir dies zugute kommt; ich kann mich nicht egoistisch verhalten, ohne daß ich selbst dabei verkümmere.« (1971) Authentisches, von Herzen kommendes Mitgefühl bringt trotz aller Anteilnahme am Leiden anderer die Freude in unser eigenes Leben. Mitleid oder Mildtätigkeit, die versteckteren Motivationen entspringen, bringen langfristig eher mehr Verkümmerung ins eigene Dasein. Die Emotionsforschung hat dies mittlerweile sogar handfest empirisch nachweisen können, wie Daniel Goleman unterstreicht: »Schon der Akt der Anteilnahme am Wohlergehen anderer erzeugt, so scheint es, einen Zustand eigenen, erhöhten Wohlbefindens. Der Befund liefert eine wissenschaftliche Bestätigung für eine Beobachtung, die der Dalai Lama oft gemacht hat: daß derjenige, der über das Mitgefühl für alle Wesen meditiert, der unmittelbare Nutznießer ist.« (2003)

Wer über den Weg des Mitgefühls parallel auch den Gleichmut in sich verwirklicht, braucht sich nicht den Kopf darüber zu zerbrechen, dass ein wesentlicher Effekt des Sich-Übens in Mitgefühl der eigene Nutzen ist, weil wir uns mit größerem Glück und Wohlergehen gesegnet fühlen. Weshalb sollten wir uns der eigenen spirituellen Vervollkommnung nicht erfreuen dürfen, ohne dass uns unser Verstand in die Quere kommt? Es ist sogar überhaupt nicht möglich, dem Eigennutz zu entgehen. Greifen wir erneut den Gedanken auf, dass alles mit allem verbunden ist, unsere Welt folglich eine große Einheit darstellt, dann können nicht Teile unserer Welt leiden, ohne dass wir selbst mit betroffen sind. Wir brauchen nicht mitzuleiden, aber jedes Leiden in der Welt und seine Ursachen wirkt auf uns direkt oder indirekt zurück. Fühlen wir uns also mitfühlend verbunden und tun anderen Gutes, den anderen Menschen, den anderen Kreaturen, Mutter Erde selbst, ihren Böden, ihren Pflanzen, ihren Wassern, ihrer Atmosphäre, der gesamten Mitgeschöpflichkeit, dann tun wir gleichzeitig uns selbst Gutes, und handelten wir noch so selbst-los. Haben wir den Quell des mitfühlenden Geistes erst einmal zum Fließen gebracht, sind wir die Ersten, die durch ihn gereinigt werden. Frank und frei begrüßt sogar der Dalai Lama unsere Reinigung als »klugen Eigennutz«, der sich in »Kompromiss-Eigennutz« und »gegenseitigen Eigennutz« (2007) zu verwandeln vermag. In Dialogen voller Esprit mit seinen hochrangigen westlichen Gästen aus Wissenschaft und Forschung erklärt er überaus lebhaft sein eigenes Empfinden: »Aus meiner eigenen bescheidenen Erfahrung weiß ich, daß es mir innere Kraft gibt, wenn ein Gefühl der Fürsorge oder Anteilnahme in meinem Herzen wächst. Das Ergebnis: Ich empfinde weniger Furcht, mehr Glück. Hier und da gibt es einige Probleme? Na gut, aber das ficht mich nicht an. Bei schockierenden, traurigen Nachrichten beschleicht mich kurz ein gewisses Unbehagen, aber das verfliegt rasch, und wieder erfüllt Frieden mein Herz. ... Die Übung des Mitgefühls gleicht einer Arznei, die einem, wenn man sehr erregt ist, wieder Gemütsruhe schenkt.«

Alles in allem ist Mitgefühl also ein »großartiges Beruhigungsmittel« (in Goleman, 2003). Es wäre in vielerlei Hinsicht anmaßend, mich mit dem Dalai Lama vergleichen zu wollen, aber wiederum vom eigenen Empfinden her kann ich uneingeschränkt teilen, dass sich Mitgefühl genau so anfühlt.

Vielleicht waren solche feinsinnigen Zusammenhänge der tiefere Grund für Friedrich Nietzsches Gedankengang, in welchem er einen großherzigen Menschen zu seinen Mitmenschen sagen lässt: »Sorgt ihr für mich, denn ich habe Besseres zu tun, nämlich für euch zu sorgen.« (1874)

»Es ist ein Band von meinem Herzen« oder: Mitgefühl und die Öffnung des Herzens

»Herzensöffnung« ist beileibe nicht das geläufigste Wort unter den Sprachen der Welt. Ohne die Sprache des Herzens gäbe es jedoch keinen Funken Mitgefühl auf unserem Planeten. Schauen und lauschen wir folglich tief in diese Weltsprache hinein, was sie uns zu erkennen geben mag, und gönnen wir uns das Vergnügen, das zu Erkennende auch in den tiefen Wassern eines Märchens zu ergründen.

Märchenhaftes:
Der Froschkönig oder der Eiserne Heinrich

In den alten Zeiten, wo das Wünschen noch geholfen hat, lebte ein König, dessen Töchter waren alle schön, aber die jüngste war so schön, dass die Sonne selber, die doch so vieles gesehen hat, sich verwunderte, sooft sie ihr ins Gesicht schien. Nahe bei dem Schlosse des Königs lag ein großer dunkler Wald, und in dem Walde unter einer alten Linde war ein Brunnen; wenn nun der Tag recht heiß war, so ging das Königskind in den Wald und setzte sich an den Rand des kühlen Brunnens; und wenn sie Langeweile hatte, so nahm sie eine goldene Kugel, warf sie in die Höhe und fing sie wieder; und das war ihr liebstes Spielwerk.

Nun trug es sich einmal zu, dass die goldene Kugel der Königstochter nicht in ihr Händchen fiel, das sie in die Höhe gehalten hatte, sondern vorbei auf die Erde schlug und geradezu ins Wasser hineinrollte. Die Königstochter folgte ihr mit den Augen nach, aber die Kugel verschwand, und der Brunnen war tief, so tief, dass man keinen Grund sah. Da fing sie an zu weinen und weinte immer lauter und konnte sich gar nicht trösten. Und wie sie so klagte, rief ihr jemand zu: »Was hast du vor, Königstochter, du schreist ja, dass sich ein Stein erbarmen möchte.« Sie sah sich um, woher die Stimme käme, da erblickte sie einen Frosch, der seinen dicken hässlichen Kopf aus dem Wasser streckte. »Ach, du bist's, alter Wasserpatscher«, sagte sie, »ich weine über meine goldene Kugel, die mir in Brunnen hinabgefallen ist.« »Sei still und weine nicht«, antwortete der Frosch, »ich kann wohl Rat schaffen, aber was gibst du mir, wenn ich dein Spielwerk wieder heraufhole?« »Was du haben willst, lieber Frosch«, sagte sie, »meine Kleider, meine Perlen und Edelsteine, auch noch die goldene Krone, die ich trage.« Der Frosch antwortete: »Deine Kleider, deine Perlen und Edelsteine und deine goldene Krone, die mag ich nicht; aber wenn du mich lieb haben willst, und ich soll dein Geselle und Spielkamerad sein, an deinem Tischlein neben dir sitzen, von deinem goldenen Tellerlein essen, aus deinem Becherlein trinken, in deinem Bettlein schlafen: wenn du mir das versprichst, so will ich hinuntersteigen und dir die goldene Kugel wieder heraufholen.« »Ach ja«, sagte sie, »ich verspreche dir alles, was du willst, wenn du mir nur die Kugel wiederbringst.« Sie dachte aber: Was der einfältige Frosch schwätzt, der sitzt im Wasser bei seinesgleichen und quakt und kann keines Menschen Geselle sein.

Der Frosch, als er die Zusage erhalten hatte, tauchte seinen Kopf unter, sank hinab, und über ein Weilchen kam er wieder heraufgerudert, hatte die Kugel im Maul und warf sie ins Gras. Die Königstochter war voll Freude, als sie ihr schönes Spielwerk wieder erblickte, hob es auf und sprang damit fort. »Warte, warte«, rief der Frosch, »nimm mich mit, ich kann nicht so laufen wie du.« Aber was half ihm, dass er ihr sein quak, quak so laut nachschrie, als er konnte! Sie hörte nicht darauf, eilte nach Haus und hatte bald den armen Frosch vergessen, der wieder in seinen Brunnen hinabsteigen musste.

Am anderen Tag, als sie mit dem König und allen Hofleuten sich zur Tafel gesetzt hatte und von ihrem goldenen Tellerlein aß, da kam,

plitsch, platsch, plitsch, platsch, etwas die Marmortreppe herauf-
gekrochen, und als es oben angelangt war, klopfte es an der Tür
und rief: »Königstochter, jüngste, mach mir auf.« Sie lief und wollte
sehen, wer draußen wäre, als sie aber aufmachte, so saß der Frosch
davor. Da warf sie die Tür hastig zu, setzte sich wieder an den Tisch,
und ihr war ganz angst. Der König sah wohl, dass ihr das Herz gewaltig klopfte, und sprach: »Mein Kind, was fürchtest du dich, steht
etwa ein Riese vor der Tür und will dich holen?« »Ach nein«, antwortete sie, »es ist kein Riese, sondern ein garstiger Frosch.« »Was will
der Frosch von dir?« »Ach lieber Vater, als ich gestern im Wald bei
dem Brunnen saß und spielte, da fiel meine goldene Kugel ins Wasser. Und weil ich so weinte, hat sie der Frosch wieder heraufgeholt,
und weil er es durchaus verlangte, so versprach ich ihm, er solle mein
Geselle werden, ich dachte aber nimmermehr, dass er aus seinem
Wasser heraus könnte. Nun ist er draußen und will zu mir herein.«
Indem klopfte es zum zweiten Mal und rief: »Königstochter, jüngste,
mach mir auf, weißt du nicht, was gestern du zu mir gesagt bei dem
kühlen Brunnenwasser?« Königstochter, jüngste, mach mir auf.«

Da sagte der König: »Was du versprochen hast, das musst du auch
halten; geh nur und mach ihm auf.« Da ging sie und öffnete die Türe,
da hüpfte der Frosch herein, ihr immer dem Fuße nach, bis zu ihrem
Stuhl. Da saß er und rief: »Heb mich herauf zu dir.« Sie zauderte,
bis es endlich der König befahl. Als der Frosch erst auf dem Stuhl
war, wollte er auf den Tisch, und als er saß, sprach er: »Nun schieb
mir dein goldenes Tellerlein näher, damit wir zusammen essen.« Das
tat sie zwar, aber man sah wohl, dass sie's nicht gerne tat. Der
Frosch ließ sich's gut schmecken, aber ihr blieb fast jedes Bisslein im
Halse. Endlich sprach er: »Ich habe mich satt gegessen und bin
müde, nun trag mich in dein Kämmerlein und mach dein seiden Bett
zurecht, da wollen wir uns schlafen legen.« Die Königstochter fing
an zu weinen und fürchtete sich vor dem kalten Frosch, den sie sich
nicht anzurühren getraute und der nun in ihrem schönen reinen
Bettlein schlafen sollte. Der König aber ward zornig und sprach:

»Wer dir geholfen hat, als du in der Not warst, den sollst du hernach nicht verachten.« Da packte sie ihn mit zwei Fingern, trug ihn hinauf und setzte ihn in eine Ecke. Als sie aber im Bett lag, kam er gekrochen und sprach: »Ich bin müde, ich will schlafen so gut wie du: heb mich herauf, oder ich sag's deinem Vater.« Da ward sie erst bitterböse, holte ihn herauf und warf ihn aus allen Kräften wider die Wand. »Nun wirst du Ruhe haben, du garstiger Frosch.«

Als er aber herabfiel, war er kein Frosch, sondern ein Königssohn mit schönen und freundlichen Augen. Der war nun nach ihres Vaters Willen ihr lieber Geselle und Gemahl. Da erzählte er ihr, er wäre von einer bösen Hexe verwünscht worden, und niemand hätte ihn aus dem Brunnen erlösen können als sie allein, und morgen wollten sie zusammen in sein Reich gehen. Dann schliefen sie ein, und am anderen Morgen, als die Sonne sie aufweckte, kam ein Wagen herangefahren, mit acht weißen Pferden bespannt, die hatten weiße Straußfedern auf dem Kopf und gingen in goldenen Ketten, und hinten stand der Diener des jungen Königs, das war der treue Heinrich. Der treue Heinrich hatte sich so betrübt, als sein Herr in einen Frosch verwandelt worden, dass er drei eiserne Bande hatte um sein Herz legen lassen, damit es ihm nicht vor Weh und Traurigkeit zerspränge. Der Wagen aber sollte den jungen König in sein Reich abholen; der treue Heinrich hob beide hinein, stellte sich wieder hinten auf und war voller Freude über die Erlösung. Und als sie ein Stück Wegs gefahren waren, hörte der Königssohn, dass es hinter ihm krachte, als wäre etwas zerbrochen. Da drehte er sich um und rief: »Heinrich, der Wagen bricht.« »Nein, Herr, der Wagen nicht, es ist ein Band von meinem Herzen, das da lag in großen Schmerzen, als Ihr in dem Brunnen saßt, als Ihr ein Frosch wart.«

Noch einmal und noch einmal krachte es auf dem Weg, und der Königssohne meinte immer, der Wagen bräche, und es waren doch nur die Bande, die vom Herzen des treuen Heinrich absprangen, weil sein Herz erlöst und glücklich war.

Vom Sinn des Lebens:
Spüren Sie Ihr mitfühlendes Herz

»Spüre dein Herz …!« – »Lassen Sie Ihr Herz in Mitgefühl erblühen …!« Gefühlskitsch lässt grüßen? Man muss erst einmal tief durchatmen und sich kräftig schütteln, um in dieser Gesellschaft frank und frei derartige Sätze in den Mund zu nehmen. Das Märchen hat es da noch einfacher. Es gibt vom Froschkönig oder dem Eisernen bzw. Treuen Heinrich Interpretationen wie Sand am Meer. Dem bräuchte ich eigentlich keine weitere hinzufügen. Weshalb biete ich Ihnen als Leser und Leserin dieses Buches trotzdem einmal mehr dieses bekannte Märchen an?

In meiner Arbeit mit Tausenden junger wie erwachsener Menschen im präventiven, beratenden und therapeutisch heilenden Bereich habe ich in einem ganz bestimmten Sinne über alle Jahre hinweg immer wieder gleiche und ähnliche in Wörter und Sätze verpackte Sehnsüchte und Wünsche gehört. Frauen wie Männer, Jungen wie Mädchen lassen mich immer wieder den sehnlichen Wunsch hören: »Ich wünschte, ich würde öfters mein Herz spüren …« oder »Es wäre schön, ich würde mehr mein Herz spüren …« und weiter »Es ist oft so eng um mein Herz, ich fühle mich wie eingeschnürt oder erdrückt. Ich möchte mich so gerne von dieser Enge befreit sehen und mein Herz weit offen spüren« oder »Ich würde mich so gerne verbunden fühlen. Es ist schrecklich, mich immer so abgeschnitten zu fühlen. Ich spüre mich selbst schon so wenig und kann nur ganz selten mit anderen irgendwie mitfühlen«. Es ist das verschlossene Herz, das Menschen leiden macht.

Wieder und wieder kamen mir in solchen Situationen daher die Worte des Eisernen Heinrich in den Sinn, wie ich sie als Kind in meinen Märchenbüchern gelesen hatte: »Es ist ein Band von meinem Herzen.« Über die Jahre hinweg hat sich mir eine neue Lesart des Märchens vom Froschkönig aufgedrängt, die sehr viel mit »Herzen«, mit »Mitgefühl«, »goldenen Kugeln«, »goldenen Menschen« und letztlich sogar mit dem Sinn des Lebens zu tun hat.

Mehr oder weniger stellen sich alle jungen wie erwachsenen Menschen die Frage: »Was ist eigentlich der Sinn meines Lebens? Warum bin ich da?« An der Antwort auf diese einfache Frage, die den denkenden Geist regelmäßig in Spannung versetzt, haben sich seit Menschengedenken viele kluge Köpfe versucht. Philosophen, Religionsstifter, Geistliche, Geisteswissenschaftler, Soziologen, Psychologen, echte und falsche Propheten, Dichter und Denker haben die Frage nach dem Sinn unseres Da-Seins umkreist und sie aus ihrer jeweiligen Sicht in vielen Varianten beantwortet. Mit letzter fragloser Sicherheit konnte indes bis heute niemand das existenzielle Rätsel des Mensch-Seins und des Lebens lösen. Am wenigsten befriedigend beantwortet werden die existenziellen Sinn- und Lebensfragen vom rein mechanistisch naturwissenschaftlichen oder materialistischen Denken westlicher Prägung. Aber auch in religiösen oder philosophischen Welt- und Menschenbildern, die an ein Leben nach dem Tod oder an Wiedergeburt, Reinkarnation, glauben, bleiben Erklärungslücken. Der Spalt zwischen Erklären, Verstehen, Interpretieren und Glauben lässt sich schlussendlich weder mit naturwissenschaftlichen Gesetzmäßigkeiten noch mit Spiritualität zweifelsfrei schließen. Alle Anstrengungen des Geistes, der begierig zu verstehen sucht, scheitern zuletzt: »Jeder Versuch, das Unbegreifliche zu verstehen, führt zum Selbstbetrug. Du denkst daran, im nächsten Augenblick hast du eine Idee daraus gemacht, und damit hast du es verloren.« Es bleiben Rätsel: »Der Gedanke kann alle Fragen über den Sinn des Lebens stellen, aber er kann nicht eine einzige beantworten, denn die Antworten liegen jenseits des Gedankens.« (zit. n. Fredriksson, 1998) Bei einer Offenheit für die Wunder des Lebens dürfen wir jedoch mit ziemlicher Berechtigung davon ausgehen, dass es vieles zwischen »Himmel und Erde« gibt, das sich einem ausschließlich verstandesmäßigen Verstehen absolut entzieht. Solange wir uns als normale sterbliche Menschen weder an frühere Existenzen erinnern können noch mit Gewissheit wissen, wer und was uns nach dem »Hinübergehen« erwarten wird, sollten wir uns auf unsere jetzige Realität besinnen: Es gibt ein Leben vor dem Tod!

Ungeachtet der Tatsache, dass wir auf offene Fragen nach Sinn und Sinnhaftigkeit unseres Da-Seins keine letztgültigen Antworten haben und Sinnfragen in unserer Kultur obendrein nur allzu häufig von Kommerz und lärmender Leere erschlagen werden, lassen sich tief im Menschen verwurzelte spirituelle Bedürfnisse dadurch nicht auslöschen. Solange wir jedoch keine Kopf, Herz und Bauch gleichermaßen befriedigende Antwort darauf finden, weshalb wir auf der Welt sind, könnten wir es zumindest mit einer vergleichsweise einfachen, aber alltagstauglichen Teilantwort im gelebten Leben probieren. Ich komme damit auf den Anfang meines Buches zurück: Der wohlverstandene Geist des Mitgefühls als eine innere Haltung dem Leben und der Schöpfung gegenüber rührt im Kern an den Sinn des Lebens.

Was wäre, wenn ein Sinn des Lebens ganz einfach darin bestünde, unser Herz mitfühlend zu öffnen und zu spüren, um unsere volle Liebesfähigkeit zu entfalten? »Das ist mir zu einfach«, erwidert mir in einer Gruppe umgehend eine kritisch denkende, kluge und lebenstüchtige Sozialarbeiterin, die ich sehr schätze. »Ich möchte schon auch noch wissen, wer ich eigentlich bin, wohin ich im Leben will, was mein Platz hier ist und wie ich am besten mit den Menschen zurechtkomme, die ich gerne mag.«

Der denkende Kopf oder der kritische, differenzierende Geist mögen keine einfachen Angebote. Der Geist, der immer weiterdenken möchte, tut sich nur allzu häufig schwer damit, sich von einem finalen, zweckbestimmten Denken zurückzuziehen, um sich auf das Wesentliche zu beschränken. Können wir demnach nicht ebenso gut denken – genauer: weniger denken, als einfach menschlich gewahr sein –, dass die vier simplen Wörter: »Ich spüre mein Herz« nicht bloß einschließen, sondern sogar die unabdingbare Voraussetzung sind für all das, was diese Sozialarbeiterin und neben ihr unendlich viele Menschen in ihrem Leben auch noch zu finden trachten. Müssen wir nicht unser Herz spüren, uns und anderen Mitgefühl angedeihen lassen, um wirklich unseren eigenen Platz im Leben zu finden, um herauszuspüren, wer wir sind, was gut für uns ist und was uns als schlechte Seelennahrung weniger gut bekommt? Menschen, die in einem Kulturraum aufgewachsen sind, der stärker vom buddhistischen

Welt- und Menschenbild geprägt ist, hätten mit diesem simpel erscheinenden Satz keine nennenswerten Probleme.

Wie viele Bande und Ringe legen wir in unserem Alltag um unser Herz, um bestimmte Gefühle gerade nicht zuzulassen und zu spüren? Sei es, weil wir sonst gar nicht so funktionieren könnten, wie es diese Gesellschaft von uns verlangt, sei es, weil wir so Trauriges erleiden, dass wir es kaum zu ertragen vermögen und uns mit Banden und Ringen ums Herz zu schützen suchen. Der Eiserne Heinrich legt sein Herz in Bande von Eisen, um seine Traurigkeit über den Verlust seines Herrn zu ertragen. Und es sind just diese Bänder, die von seinem Herzen abspringen, als selbiger Erlösung erfährt. Auch der König im Märchen ist zutiefst betrübt mit Banden um sein Herz, weil er nämlich bereits vor Jahren seine Königin verloren hat, im gleichen Wald, in welchem der Froschkönig von der Hexe verwünscht wurde. Und wo ist das fühlende Herz seiner Tochter, welche den Verlust der Mutter verschmerzen muss? Symbolisiert ihr liebstes Spielwerk, ihre goldene Kugel, nicht auch ihre unversehrte Empfindsamkeit, ihre innere Fähigkeit, tröstend mit sich selbst mitzufühlen, mit dem Vater und der verlorenen Mutter zu fühlen? Gelangweilt, weil abgeschnitten von der inneren Welt ihrer lebendigen Gefühle, spielt die Königstochter mit der goldenen Kugel.

Alle Personen im Märchen stehen zu Anfang gleichermaßen allein und unverbunden vereinsamt da. Der Frosch zeigt sich mitfühlend mit der Tochter des Königs, die ihre goldene Kugel im tiefen Brunnen verloren hat. Ob uneigennützig oder mit Absicht, lässt sich aus dem Märchen nicht zweifelsfrei erschließen. Wir dürfen allerdings berechtigt vermuten, dass er sich seine Erlösung versprochen hat, indem er der Königstochter ihre goldene Kugel als Symbol für ihre wiederzuerlangende innere Lebendigkeit und ihr brachliegendes Lebenspotenzial zurückgibt, ist seine Bedingung doch: »wenn du mich lieb haben willst …«. Die Königstochter erweist sich jedoch weder als dankbar noch als mitfühlend oder als »liebendes Herz«. Den in ihren Augen garstigen, hässlichen Frosch möchte sie am liebsten sofort wieder aus ihrem Leben verbannen. Erst auf Geheiß ihres Vaters spinnt sich die Geschichte weiter, bis sich das Hässliche in das Schöne wandelt und

Erlösung stattfindet. Ausschließlich durch die Kraft der Liebe und durch Mitgefühl als höchste Blüte der Liebe vermögen wir im Leben das zu integrieren, zu transformieren und zu erlösen, was wir an uns selbst oder anderen nicht leiden mögen, verabscheuen, verbannen oder gar zu bekämpfen trachten. Soweit meine kurze Deutung des Märchens vom »Froschkönig«. Ich beanspruche kein Monopol für meine Lesart. Meine Deutung geht eindeutig auf den spezifischen Kontext zurück, in welchem mir das Märchen immer wieder in den Sinn kam und kommt.

Viele meiner Patienten und Klientinnen verwenden das Bild einer goldenen Kugel oder eines goldenen Schlüssels als Symbol für ihr Herz, für ihren innersten mitfühlend empfindenden Kern. Für eine 16-jährige Gymnasiastin, die sich jahrelang quälende Fragen danach stellte, wer sie eigentlich sei, ob sie überhaupt einen eigenen inneren Kern, einen wirklichen eigenen Wert oder auch eine Seele habe, löste sich ihre Qual in dem Moment, als sie unter dem entaktogenen, also unter dem ihr eigenes Inneres berührenden und Mitgefühl weckenden Einfluss der psychoaktiven Droge Ecstasy (Kuntz 1998, 2007) eine völlig unerwartete Antwort fand: Sie sah in ihrem Inneren, an der Stelle ihres Herzens, eine strahlend helle goldene Kugel. Das Auffinden dieser Kugel war für sie wie das Finden ihrer Seele und eine wahrhaftige Erlösung in der Erkenntnis, dass es sie wirklich gab und geben durfte. Von da an konnte sie sich einen Wert zuerkennen und Verständnis für sich in Gestalt von empfundenem Mitgefühl aufbringen. Von ihrem Rauschmittelgebrauch konnte sie in der Folge ablassen, um sich der für sie spannenderen Frage zuzuwenden, was sie mit der gewonnenen Selbsterkenntnis und Herzensöffnung anzufangen gedachte.

Was möchten Sie im Leben finden oder wovon möchten Sie Erlösung erfahren?

Es ist doch geradezu eine Diagnose ebenso wie eine schallende Ohrfeige für unseren *Way of Life*, wenn so viele Menschen immer wieder suchen, was sie verloren zu haben glauben: »Ich suche mich selbst, ich will mich mehr spüren«, »Nur wenn ich mein Herz spüre, weiß ich, dass es mich doch noch gibt«, »Wenn ich mich nicht spüre, verliere ich mich, und dann verliere ich auch mein Leben aus den Augen«, »Wenn ich mein Herz spüre, bin ich bei mir, und dann weiß ich auch, wo mein Platz ist und was mir im Leben wichtig ist«, »Es ist mir immer wieder ein Warnsignal, wenn ich mal wieder registriere, dass ich ja mein Herz gar nicht mehr spüre und ich mich so unverbunden fühle«, »Ich möchte nicht länger zulassen, dass es mir so eng ums Herz wird, dass es sich anfühlt, als würde es von Ringen zerquetscht«.

Diese Menschen verbindet eines: Alle suchen sie eine Art Wahrheit. Bereits auf den französischen Mathematiker und Philosophen Blaise Pascal (1623–1662) geht die sinnige Unterscheidung in eine »Logik des Herzens«, eine »Logik der Gefühle« und eine »Logik des Verstandes« zurück. Pascal meint damit ganz unterschiedliche Wahrnehmungsweisen zur Erkennung der Welt. In seinen *»Pensées«* (»Gedanken«) schreibt er: »Wir erkennen die Wahrheit nicht mit der Vernunft allein, sondern auch mit dem Herzen.« Sogar vor allem mit dem Herzen, denn »das Herz hat seine Vernunft, die der Verstand nicht kennt«. (1997) Die Pascalsche »Logik des Herzens« findet sich wieder in »Der kleine Prinz« von Antoine de Saint-Exupéry, wo es heißt: »Man sieht nur mit dem Herzen gut.«

Was bedeutet das für uns? In dieser Gesellschaft der neuen frostigen Kälte tatsächlich sein mitfühlendes Herz zu spüren, zu seinen Wahrheiten zu stehen, erfordert den Mut, seinen eigenen Weg zu gehen. Den eigenen Weg zu gehen erfordert wiederum den Mut, so einen einfachen Satz gelten zu lassen wie »Ich spüre mein Herz«, und erfordert auch eine von Mitgefühl getragene sichere Positionierung gegenüber Dingmenschen, die solche Worte spöttisch belächeln oder als billige Gefühlsduselei abzutun trachten.

Sein mitfühlendes Herz zu spüren setzt eine innere Entwicklung und Bereitschaft voraus, dass sich das Herz öffnen kann und darf, dass wir es erblühen lassen mögen. Die Fähigkeit zu Mitgefühl bringen wir als menschliche Wesen schon mit auf die Welt. Uns aber vom Geist des Mitgefühls durchdringen zu lassen ist ein Prozess, der mit

Entwicklung und geistig seelischer Reifung zu tun hat. Betont rational gesteuerte Kopfmenschen mit wenig Zugang zu ihren Gefühlen
oder mit übergroßer Scheu vor »Gesülze und Gesäusel« sperren sich
häufig gegen Vorstellungen oder Äußerungen, die von einer Öffnung
des Herzens zeugen. Sie weisen sie eher Menschen zu, die sie aus ihrer
Sicht als gefühlsbetonte Schwärmer, sentimentale Melancholiker, spirituelle Überflieger oder sogar esoterisch abgedrehte Sonderlinge und
sonstige sektiererisch Verdächtige einstufen.

Doch weit gefehlt. Die Fähigkeit zur Herzensöffnung und zum
Mitfühlen mit der Schöpfung sowie die Fähigkeit, seinen klaren Verstand zu gebrauchen, stehen in keinerlei Widerspruch zueinander.
Beispielhaft steht einer der größten, rational denkenden und behar-
lich forschenden Menschen der Wissenschaftsgeschichte: Alexander
von Humboldt (1769–1859) spricht frank und frei von Herzensöffnung. Als Humboldt nach seiner Forschungsreise über die Straße der
Vulkane in Lateinamerika im Jahre 1804 in Peru die Ufer des Pazifik
erreichte, fühlte er sich innerlich zutiefst berührt. Obgleich er durch
die ausgedehnte Erforschung der Vulkane bereits Forschungs- wie
Sinneseindrücke und darüber Abdrücke der Schöpfung in seiner empfindenden Seele gesammelt hatte, die kaum ein Sterblicher jemals in
seinem Leben Gelegenheit hat zu erleben, war er von Eindrücken
überwältigt. Sie wissen als Leser und Leserin mit hoher Wahrscheinlichkeit aus eigener Anschauung, wie der Anblick des Meeres selbst
aus der Ferne in Bruchteilen von Sekunden Ihre gesamte Gefühlswelt
zu verändern vermag. Weit über bloße Bewunderung oder eine ästhetische Empfindung hinausweisend notiert Humboldt jedenfalls wörtlich beim Anblick des Pazifiks, dessen erhabener Weite, seiner Wasser
und Fluten: »Das Herz öffnet sich.« Als dem Naturwissenschaftlichen
zugeneigter Geist ist er sicherlich gänzlich unverdächtig, ein über-
triebener gefühlsmäßiger Schwärmer gewesen zu sein. Er hatte allerdings eine überaus feinsinnige sowie sich ein- und mitfühlende Wahrnehmung für die Berührung durch eine den Verstand übersteigende
Schöpfung. Deshalb war in Humboldts »Kosmos« (2004), seinem
Entwurf einer physischen Weltbeschreibung, stets auch Platz für die
Weisheit, dass »ein frühes Ahnen« aus dem Herzen heraus »dem späteren Wissen« meistens vorausgeht.

Sein Herz zu spüren und sich in Mitgefühl zu üben meint nicht, unablässig vor Gefühl triefend oder gar melancholisch sinnierend durch sein Leben zu stolzieren, sondern sich mit feinem Gespür offen zu zeigen für alle Erfahrungsbereiche, welche uns das Leben zu bescheren beliebt. Sein mitfühlendes Herz zu spüren heißt, sein Lebenspotenzial wahrzunehmen und auszuschöpfen, sich offen und wandlungsfähig zu erhalten, sich jedweder Enge im Denken und Fühlen zu enthalten.

Bittere, durch ein gutes Maß an Mitgefühl zu verwandelnde Tränen könnten wir bisweilen vergießen angesichts all der Ringe und Bänder, die wir im Laufe unseres Lebens schon um unser Herz gelegt haben. Sie sind der Fachmann oder die Fachfrau für Ihr Leben. Falls Sie mögen, überprüfen Sie doch die eisernen oder ideellen Bänder und Ringe, welche Ihr Herz umgeben. Ihr Herz zu spüren ist vielleicht nicht alles, aber ohne Ihr Herz zu spüren, ist alles nichts. Reichen Sie also getrost dem Eisernen Heinrich eine Hand: »Es ist ein Band von meinem Herzen, das zerspringt ...«

Mit Märchen verbinden sich für viele Menschen schöne und herzerwärmende Erinnerungen. Märchen wurden uns vorgelesen, oder wir selbst haben sie mit leuchtenden, lesebegierigen Augen verschlungen. Vorlesen tut nicht bloß kleinen, sondern auch erwachsenen Menschen gut. Gönnen Sie sich deshalb das Vergnügen: Legen Sie sich mit einem Menschen, der Ihrem Herzen nahesteht, in die Badewanne oder ins Bett und lesen Sie ihm vor. Verbuchen Sie ein solches Erlebnis als ein wohlschmeckendes Häppchen ungebändigter, mitfühlender Lebenslust.

Imaginationen, die das Herz in Mitgefühl erblühen lassen

Scheuen wir uns nicht vor den großen Gefühlen und treten wir auf dem Weg des Übens in Mitgefühl mit der Vernunft unseres Herzens in Kontakt.

Habe Sonne im Herzen ...

Unser Herz kann sprechen, und es kann brechen. Es zu spüren ist keine willentliche Entscheidung unseres Bewusstseins. Es sprechen zu lassen und seiner Stimme zu lauschen ist an den Geist des Mitgefühls, an entwickelte feinfühlige und achtsame Innerlichkeit gebunden. Wir können die Öffnung des Herzens aber tatkräftig unterstützen, indem wir bewusst den Kontakt zum fühlenden Herzen herzustellen suchen. Anfänglich hilft dabei eine sehr einfache Imaginationsübung.

ÜBUNG

✳ Setzen Sie sich bequem hin und schließen Sie die Augen. Ob Ihnen Gedanken durch den Kopf schießen wollen oder nicht, ist völlig unerheblich. Es ist, wie es ist. Sie fangen einfach an, etwas tiefer zu atmen ... Nehmen Sie wahr, dass Sie atmen und wie Sie atmen ... Schon allein das verlangsamte und vertiefte Atmen besänftigt Ihre Gedankenflut, Ihr Nervenkostüm und lässt Ihr Herz in Ihrer Brust gleichmäßiger und ruhiger schlagen.

Während Sie weiter ruhig ein- und ausatmen, stellen Sie sich vor, dass Ihr Herz genau in Ihrem Rhythmus mit ein- und ausatmet. Lenken Sie Ihre innere Aufmerksamkeit und Vorstellung dorthin in Ihrer Brust, wo Ihr Herz sitzt, und lassen Sie es mitatmen. Vor Ihrem inneren Auge können Sie genau sehen, wie Ihr Herz ein- und ausatmet ... Sie können auch sehen, welche Farbe Ihr Herz hat, wenn Sie es atmen lassen ... Bleiben Sie mit Ihrer Vorstellung noch für einen Moment bei Ihrem atmenden Herzen.

Und dann stellen Sie sich eine Situation vor, die Sie in natura bestimmt schon öfter beobachtet und andächtig genossen oder bewundert haben: Stellen Sie sich einen schönen morgendlichen Sonnenaufgang vor, in einer Landschaft oder Umgebung, wie es Ihnen beliebt ... Sie sehen genau, wie die Sonne aufgeht und beginnt, den Tag zu erhellen. Der ersten Morgendämmerung folgt eine bezaubernde Morgenröte ... Dann erhebt sich die Sonne immer höher, bis sie schließlich alles um Sie herum mit ihrem strahlend hellen Licht erleuchtet und wärmt.

Und jetzt stellen Sie sich vor, wie dieser Sonnenaufgang sich in Ihrer Brust, in Ihrem Herzzentrum vollzieht. Sie sehen die Sonne in der Gegend Ihrer Brust aufsteigen, in welcher Ihr Herz für Sie schlägt ... Zuerst wird Ihr Herz von den allerersten Strahlen der Morgensonne erreicht, dann in eine sanfte Röte getaucht und schließlich von dem immer heller werdenden Licht der Sonne erleuchtet und erwärmt, bis es in einem gleißenden, unermesslichen Licht erstrahlt.

Sie können sich nun sogar vorstellen, dass Ihr Herz selbst die aufgehende Sonne ist. Mit jedem Atemzug lassen Sie es ein wenig mehr aufleuchten und erstrahlen ... bis seine Lichtstrahlen und seine Wärme jede Pore, jede Zelle und jeden Winkel Ihres Körpers und Ihrer Seele erreichen ... Sie sehen und spüren Ihr Herz atmen und leuchtend erstrahlen.

Und nun können Sie sich noch vorstellen, wie Sie Ihr Herz ganz sorgsam in die eigenen Hände nehmen, wie Sie es in der Schale Ihrer Hände bergen und dort ruhen lassen ... Sie halten Ihr atmendes und leuchtendes Herz in den eigenen Händen wie einen unermesslich kostbaren Schatz.

Je nach eigenem Welt- und Menschenbild oder Glauben dürfen Sie sich auch vorstellen, dass Ihr Herz von den Händen eines anderen mitfühlenden Wesens berührt wird: von einem Engel, von Jesus, von Buddha, von Krishna, von Mohammed oder von einem weisen Mann oder einer weisen Frau, die in Ihrer Vorstellung auftauchen mögen.

Stellen Sie sich zum Schluss noch einmal Ihr Herz vor und spüren Sie hinein. Lassen Sie dabei alles so, wie Sie es genau in diesem Augenblick vorfinden ... Wenn Sie dann langsam wieder die Augen öffnen, nehmen Sie sich vor, in Zukunft möglichst häufig die Sonne in Ihrem Herzen aufgehen zu lassen.   ✳

Bei Menschen, die dieser Übung folgen und sich ganz nach ihren Möglichkeiten auf sie einlassen, kann jeder achtsam mitfühlende Beobachter bereits nach dem ersten Mal die Sprache des Herzens durch

die Augen hindurch vernehmen: In ihnen zeigt sich unmittelbar ein
verstärktes Strahlen und Leuchten.

Gleichfalls eine in schöner Weise für sich sprechende Bestätigung
für den Sinn und Zweck dieses Sonnenaufgangs im Herzen ist die
wiederholte Erfahrung sich völlig überfordert fühlender Frauen wie
Männer, die wie in einem anderen Zustand formulieren: »Mein Herz
ruht sich aus.«

Die Übung lässt sich beliebig und in jeder Situation wiederholen – zu
Hause in Ruhe ebenso wie im geschäftigeren beruflichen Kontext. Sie
lässt sich nach den ersten Erfahrungen sogar mit offenen Augen praktizieren und kann uns darin unterstützen, in schwierigen privaten wie
beruflichen Gesprächssituationen die Ruhe zu bewahren.

Die Luft zum Leben: Der Atem ist das Maß der Dinge

Wir können unser Herz weder öffnen noch es richtig spüren, wenn
wir uns selbst wenig mitfühlend die Luft zum Leben verweigern. So
ist unser Atem unser Maß der Dinge. Er spendet uns die Luft zum
Leben, ist Energiestrom wie vitale, organische Lebenskraft. Die vitale Zirkulation des Atemstroms als ein unablässiges Kommen und
Gehen, ein Hereinnehmen und ein Loslassen, aktiviert und unterhält
unser Da-Sein. Jeder Atemzug verheißt Erneuerung.

Bleibt unser Atem dauernd flach, zeigt sich auch unsere aktive Le-
bensteilhabe eher flach. Wir können vor Angst und Schrecken den
Atem anhalten; dann bleibt uns im wahrsten Sinne des Wortes die
Luft weg, und wir erstarren, werden handlungsunfähig. Nach einer
Anstrengung, einem aufwühlenden Erlebnis oder wiederum einer
Schrecksekunde atmen wir erst einmal tief durch, um uns zu erholen,
zu beruhigen, um wieder bei uns anzukommen. Haben wir uns, wodurch auch immer, selbst verloren, führt uns der Atem auf sicherem
und direktem Wege zu uns zurück, sofern wir uns mitfühlend seiner
erinnern und uns seiner Führung anvertrauen.

Der Atem kann jedoch noch weit mehr. Mit seiner Hilfe vermögen
wir in Tiefen unserer eigenen Seele oder unseres Unbewussten, in Bilder und erinnertes Erleben sowie spirituelle, dem rationalen Denken

verschlossene Welten vorzudringen, welche sonst eher Menschen vorbehalten sind, die mit potenten psychoaktiven Substanzen die Pforten
der Wahrnehmung zu diesen Ebenen aufzustoßen suchen. Verschiedene Atemtechniken, die bei der Hyperventilation, beim holotropen Atmen oder beim Rebirthing praktiziert werden, vermögen tiefe
introspektive und mystische Bewusstseinszustände zu wecken, die einem Erleben unter so mächtigen Halluzinogenen wie LSD, Meskalin
oder magischen Pilzen (Kuntz, 2000, 2005) nahekommen. An dieser
Stelle dringen wir jedoch nicht vor in diese Welten, sondern beschränken uns auf die gezielte Verwendung unseres Atems, der Luft zum
Leben in unserem Alltag, um uns auf direktem Wege mit uns selbst
zu verbinden.

Am Ursprung ist alles ganz einfach: Atem ist Leben und Präsenz. Der
Leben spendende wie Leben erhaltende Atemstrom kommt, und er
geht wieder. Kommt er dauerhaft zum Stillstand, endet das Leben.
Und obgleich Odem des Lebens, ist der Atem für sich allein weder
Weg noch Ziel, noch Tao. Ohne eine dem Atem gerecht werdende
innere Haltung des Atmenden führt der Atemstrom nirgendwohin.
Wenden wir dem Atem unsere Aufmerksamkeit zu, entdecken wir
ihn wieder als ein hohes, heilsames Gut. Wir nutzen ihn bewusst zur
mitfühlenden Nährung unseres Lebens, um uns wandlungsfähig und
offen zu halten für die Entfaltung unseres Lebenspotenzials. Damit
bleiben wir nahe dran an traditionellen ganzheitlichen Vorstellungen
vom Atem als Atem-Energiestrom oder als »Fahrzeug des Geistes«,
der kommt und wieder geht, der hineinfließt und wieder herausfließt,
ohne Anstrengung. Als Gegenbild gegen wachsenden Druck und
Überlastung in unserer Arbeitswelt werde ich nicht müde, dieses
Unangestrengte des Atmens in allen Eingangsinstruktionen zu Imaginationsübungen oder Fantasiereisen ausdrücklich zu betonen. Würdigen wir unseren Atem, verbindet er uns auf kürzestem Wege mit dem
Geist des Mitgefühls.

Die hilfreichen zwei: Atem und achtsame Präsenz

Unstrittig ist der Atem das natürlichste leibhaftige Mittel, welches uns jederzeit und überall zur Verfügung steht, um unser inneres Spannungs- und Erregungsniveau zu regulieren. Uns unseres Atems zur Beruhigung zu bedienen ist ganz allein unsere private Entscheidung und ein mitfühlender Akt. Dazu bedürfen wir keiner sonstigen Person. Tatsache ist bloß, dass wir aus Gedankenlosigkeit oder Unachtsamkeit häufig versäumen, auf dieses jederzeit taugliche Mittel zurückzugreifen, wenn es uns eigentlich guttäte. Deshalb gebe ich hier zuerst die Anregung zu einer einfachen Atemübung für jedermann und jedefrau für jeden Tag und jede Situation:

ÜBUNG

✳ Setzen Sie sich bequem an einen ruhigen Ort hin und schließen Sie die Augen. Falls es Ihnen nicht möglich ist, die Augen zu schließen, fixieren Sie einen Punkt auf dem Boden, etwa einen Meter vor Ihren Füßen. Nehmen Sie eine bequeme Haltung ein. Spüren Sie, wo Ihr Körper Kontakt zur Lehne, zum Sitz oder zum Boden hat. Achten Sie auf Ihre Atmung, gleichgültig, wohin Sie atmen, ob in den Bauch oder in die Brust. Nehmen Sie nur einige Atemzüge lang wahr, wie Sie atmen, dass Sie atmen und dass Ihr Atem kommt und wieder geht, ohne dass Sie bewusst etwas dafür tun müssen ... Machen Sie sich einen Augenblick bewusst, dass das Atmen in Ihrem Leben etwas ist, wofür Sie sich normalerweise nicht anstrengen müssen. Ihr Atem kommt und geht von allein. Als Einatem strömt er leicht und fließend ein und als Ausatem wieder heraus. Es gibt da in Ihrem Leben also zumindest einen Bereich, der ganz und gar ohne Anstrengung funktioniert. Machen Sie sich das noch einmal ausdrücklich bewusst.

Und nun beginnen Sie damit, Ihren Atem bewusst etwas zu vertiefen. Atmen Sie langsam tiefer ein und aus ... Ihr Atem kommt und Ihr Atem geht wieder ... Nehmen Sie ganz genau wahr, wie bei jedem Einatmen die Luft zum Leben in Sie einströmt und bei jedem Ausatmen wieder aus Ihnen herausströmt, um Raum zu schaffen für einen neuen Atemzug ... Spüren Sie die Temperatur der Luft, die Sie einatmen und die Sie eine kleine Weile später wieder ausatmen ... Können Sie die leichte Bewegung Ihrer Nasenflügel spüren, während Sie einatmen? Sie nehmen in allen Einzelheiten wahr, wie sich bei jedem Einatmen Ihr Brustkorb hebt, wie sich die Bauchdecke wölbt und sich Ihre Flanken weiten durch die Luft, welche Sie in sich einströmen lassen ... Bei jedem Ausatmen spüren Sie umgekehrt, wie Ihre Bauchdecke und die Flanken sich wieder leicht einziehen und Ihre Brust sich sachte senkt ... Verfolgen Sie diese Wahrnehmungen für einige weitere Atemzüge.

Und nun stellen Sie sich vor, dass Sie Ihren Atem bei jedem Ausatmen durch Ihre Arme fließen lassen. Stellen Sie sich genau vor, wie Sie den Ausatem durch Ihre beiden Oberarme, die Unterarme und ihre Hände schicken und ihn schließlich durch die Fingerspitzen wieder austreten lassen. Sie können genau spüren, wie Ihr Ausatem durch Ihre Arme strömt ... Bleiben Sie für einige Atemzüge bei dieser Wahrnehmung.

Und jetzt stellen Sie sich bitte vor, dass Sie Ihren Atem beim Ausatmen durch Ihren gesamten Körper schicken. Sie lassen ihn langsam durch Ihren Brustkorb, durch den Bauch und Ihr Becken, die Oberschenkel und die Unterschenkel wandern, bis Sie ihn durch ihre Fußsohlen in die Erde verströmen ... Nach einer kleinen Pause, welche Sie als ganz selbstverständlich registrieren, atmen Sie wieder tief und ruhig ein, um mit dem nächsten Ausatmen die Luft wieder durch Ihren ganzen Körper zu schicken, bis sie an den Fußsohlen schließlich wieder austritt ... Ruhig und regelmäßig folgen Sie in Ihrer Vorstellung diesem Atemrhythmus ... Gelingt Ihnen die Vorstellung, wie Ihr Ausatem Ihren gesamten Körper durchströmt? Falls die Vorstellung schwierig sein sollte, Ihren Atem beim Ausatmen so durch Ihren ganzen Körper zu leiten, nehmen Sie die Schwierigkeiten einfach beiläufig wahr und bleiben Sie trotzdem weiterhin bei dem Versuch dieser Vorstellung. Fällt die Vorstellung dagegen leicht, verfolgen Sie für einige weitere Atemzüge, wie Sie einatmen und Ihren Atem beim Ausatmen durch

Ihren Körper schicken. Sie können seinen Weg durch den Körper genau verfolgen … Vielleicht können Sie sogar richtig körperlich spüren, wie Ihr Ausatem durch den Körper fließt, als leichtes Kribbeln oder als ein körperlich spürbares Dahinströmen? … Oder ist es eher so, dass Sie den Weg des Atems durch den Körper bloß bildlich in Ihrer Vorstellung verfolgen? … Es gibt kein »richtig« oder »nicht richtig«, es gibt bloß Ihre Wahrnehmung.

Mit Ihrer Wahrnehmung ganz bei Ihrem Atem atmen Sie ohne Hast und Eile ruhig weiter. Ihr Atem kommt, er erfüllt Sie mit Luft zum Leben, und Sie schicken ihn beim Ausatmen auf die Reise durch Ihren Körper, bis er an den Fußsohlen wieder austritt. Ihr Atem kommt und Ihr Atem geht, gleichmäßig fließend, … ruhig, … beruhigend, … ruhig, … beruhigend … Ihr Atem fließt, er strömt ein, und er strömt wieder aus, … er kommt und er geht.

Und vielleicht stellt sich nach etlichen weiteren Atemzügen sogar das Gefühl ein, dass gar nicht mehr Sie es sind, der oder die atmet, sondern dass es Sie atmet, ganz selbstverständlich, ohne jegliche Mühe, ohne die leiseste Anstrengung, ohne wirkliches willentliches Zutun. Es atmet Sie, und Sie können sich dem vollkommen ruhig und entspannt überlassen.

Falls sich dieses Gefühl nicht oder noch nicht einstellt, ist es auch nicht weiter schlimm. Dann atmen Sie ganz einfach ruhig für sich weiter und verfolgen Sie, wie Ihr Atem kommt und wie er wieder geht, gleichmäßig, ruhig, beruhigend.

Falls Sie mögen, lassen Sie Ihren Atem noch für einige Atemzüge weiter kommen und wieder gehen, … öffnen Sie dann langsam wieder die Augen, strecken Sie sich wohlig und gönnen Sie sich einen letzten Moment achtsam präsenter Besinnung, bevor Sie sich wieder Ihrem Tagesgeschehen zuwenden.   ✳

Die Formulierung »Es atmet mich« ruft seit den Ursprüngen von New Age und Atemarbeit immer wieder neue Kritiker und Skeptiker auf den Plan, die sich wenig mitfühlend zu Spott und Häme berufen fühlen. Wer indes nur ein einziges Mal leibhaftig verspürt hat, wie sich dieses »Es atmet mich« authentisch anfühlt, wird nie wieder etwas an dieser Wortwendung bekritteln wollen, sondern vom puren Erleben und Entzücken beglückt sein.

Atemübungen gibt es viele. Insofern ist die soeben vorgestellte oder eine ähnliche Ihnen in Ablauf und Beendigung vielleicht sogar schon vertraut. Deshalb führe ich die Atemübung jetzt mit einer Variante fort, die dem Atem eine zusätzliche Komponente hinzufügt und das Mitgefühl noch weiter in uns befördert.

Aus zwei mach drei: Mitgefühl durch Atem- und Lichtarbeit

Aus der gerade vollzogenen Atemarbeit mit dem vordringlichen Ziel ruhiger, wacher Präsenz wird eine das Mitgefühl intensivierende Atem- und Lichtarbeit. Ich steige mit der Fortführung der Übungsanleitung einfach wieder vor dem obigen Ende ein.

ÜBUNG

✳ Ihr Atem kommt und er geht wieder, gleichmäßig, ruhig, beruhigend. Und nun stellen Sie sich bitte zusätzlich vor, wie Sie Ihrem Atem eine Farbe geben, die Farbe eines Lichts. Welche lichte Farbe bekommt dann Ihr Atem? … Stellen Sie sich Ihren Atem mit seiner lichten Farbe genau vor, und dann atmen Sie weiter, ruhig und vertieft.

Stellen Sie sich nun vor, wie bei jedem Einatmen nicht bloß Ihr Atem, Ihre Luft zum Leben, in Sie hineinströmt, sondern gleichzeitig mit Ihrem Atem werden Sie von der lichten Farbe Ihres Atems erfüllt. Welche lichte Farbe bekommt Ihr Atem? Sie sehen sie genau vor Ihrem inneren Auge. Mit jedem Atemzug nehmen Sie dieses farbige Licht in sich hinein. Zusammen mit Ihrem Atem füllt strahlend helles Licht Ihren Brustkorb … es erreicht Ihre Herzgegend und breitet sich in Bauch und Becken aus … Mit jedem Atemzug fühlen Sie sich immer mehr von diesem Atemlicht erfüllt und von innen erleuchtet. Gelingt diese Vorstellung? Können Sie sehen, wie Atem und Licht in Sie einströmen?

Und nun stellen Sie sich wieder vor, wie Sie Ihren Ausatem durch Ihren gesamten Körper schicken. Sie lassen ihn langsam durch die Brust und den Bauch und das Becken fließen, leiten ihn weiter durch die Oberschenkel und Unterschenkel, bis Sie ihn schließlich an den Fußsohlen wieder austreten und in die Erde eintreten lassen … Sie können seinen Weg durch Ihren Körper genau verfolgen, entweder weil Sie das Durchströmtwerden von Ihrem Ausatem regelrecht körperlich spüren können oder weil Sie den Weg des Atems in Ihrer Vorstellung verfolgen.

Stellen Sie sich jetzt zusätzlich vor, wie mit jedem Ausatmen nicht bloß Ihre Atemluft, sondern gleichzeitig auch die lichte Farbe Ihres Atems Ihren Körper durchfließt. Farbiges Licht strömt von Ihrem Brustkorb durch Bauch und Becken in Oberschenkel und Unterschenkel, um zusammen mit dem Atem an den Fußsohlen wieder aus Ihrem Körper auszutreten. Atem und Licht fließen gemeinsam durch Sie hindurch, treten aus Ihrem Körper aus und strömen mit jedem neuen Einatmen unverbraucht wieder in Sie hinein. Sie fühlen sich von Atem und Licht erfüllt und erleuchtet. Beides strömt ein, beides strömt aus. Beides kommt, beides geht, Atem und Licht … Es gibt die Luft zum Leben in Ihrem Leben, und es gibt strahlendes Licht, das Sie jederzeit mit Ihrem Atem in sich hineinfließen lassen können.

Stellen Sie sich nun vor, dass Sie alle Beschwernis des Tages, allen Ärger, allen Unmut, alle Selbstzweifel, alle Last auf Ihren Schultern, alle Trübsal, jeden Zorn, jedes ungute Gefühl, das Ihnen als ungesunde Seelennahrung die Lebensfreude zu vergällen droht, anheften an Ihren Ausatem. Gebunden an Ihren Atem lassen Sie alles, dessen Sie sich auf diese Weise entledigen möchten, durch Ihren Körper abfließen und durch die Fußsohlen in die Erde hineinfließen … Wiederholen Sie das in Ihrer Vorstellung so lange, bis Sie sich gereinigt und befreit fühlen …

Und dann stellen Sie sich erneut vor, wie Sie mit jedem Atemzug Licht in die Mitte Ihres Herzens atmen; und mit jedem Atemzug, mit dem Sie Licht in die Mitte Ihres Herzens atmen, verbinden Sie sich mehr und mehr mit sich selbst. Und je mehr Sie sich mit sich selbst verbinden, desto deutlicher nehmen Sie wahr, wie Sie mit jedem Einatem in die Mitte Ihres Herzens zugleich den Geist des Mitgefühls in Ihr Herzzentrum atmen. Licht und Mitgefühl durchdringen sich, werden eins … Mit jedem neuen Atemzug dehnt sich das Mitgefühl für Sie selbst weiter in Ihnen aus … bis Sie sich völlig von Mitgefühl und Liebe durchströmt fühlen. So fühlen Sie sich eins mit sich und im Einklang.

Erfrischt und beruhigt öffnen Sie nun langsam wieder die Augen, strecken Sie sich wohlig und gönnen Sie sich einen letzten Moment mitfühlender Besinnung, bevor Sie sich wieder Ihrem weiteren Tagesgeschehen zuwenden. ✳

Nicht wenige Klienten, Patientinnen oder an Gruppen Teilnehmende, welche bereits die eine oder andere Erfahrung mit Atemübungen machen durften, sind anfänglich überrascht, wenn ich ihnen vorschlage, die Atemarbeit mit Vorstellungen von Licht zu vereinen. Für andere dagegen ist diese Einheit völlig logisch und selbstverständlich. Es mag auch wenig überraschen, dass nicht bloß durch die Vorgabe »lichte Farbe« der Atem immer als etwas Helles, Strahlendes, Leuchtendes gesehen wird. Sein Farbspektrum reicht von hellem, strahlendem Weiß über Sonnengelb, goldgelbe Töne und Orangerot bis hin zu leuchtenden Erdfarben oder hellen Grün- und Blautönen. Seltener wird der Atem mit anderen Farben in Verbindung gebracht. Die den lichten Atemfarben innewohnende eigene Symbolik bedarf kaum der weiteren Deutung. Es verwundert auch nicht weiter, dass wir die Vorstellung von Licht zu nutzen vermögen, um dadurch den Geist des Mitgefühls, welcher der »Heilige Geist« ist, zu wecken, oder dass wir Licht umgehend in pures Mitgefühl verwandeln können. Auch die Farbe von Mitgefühl ist licht, hell, golden oder häufig auch rubinrot und in jedem Falle strahlend.

Das einzig Unbedachte an der Atem-Licht-Mitgefühlsübung ist, dass wir sie im Alltagsgeschehen vermutlich viel zu selten anwenden, weil wir uns ihrer gerade nicht erinnern wollen. Ansonsten ist sie völlig unkompliziert in ihrer Anwendung und führt obendrein auf direktem Wege zum Erfolg. Zumindest wird sie in aller Regel als beruhigend und entspannend erlebt, insbesondere auch von Menschen, die sich vorher in ihrem Leben noch nie bewusst an einer Atemübung versucht haben. Es braucht auch nicht unbedingt viel Zeit, um die Vorteile einer Atemübung zu genießen. Atemarbeit ist quasi sogar im Vorübergehen möglich, sogar in anstrengenden oder langweiligen Arbeitssitzungen mit offenen Augen, so dass niemand zu bemerken braucht, dass wir innerlich gerade ganz woanders am guten Werk sind. Mit einer gewissen Übung und Erfahrung mit Atemübungen sind sie jederzeit, an jedem Ort und in jeder Situation einsetzbar. Ihre stärkste Wirkungskraft entfalten sie freilich, wenn wir uns ihrer in Ruhe und ohne Hast bedienen.

Der Atem als Mittler zwischen Kopf und Herz und Bauch

Die Konzentration auf Ihren Atem kann Ihnen bei Bedarf dazu verhelfen, ein stimmigeres Gleichgewicht zwischen Kopf und Herz oder Kopf und Bauch herzustellen. Allzu rationale Menschen, die das Gefühl haben, ihr Kopf sei wie abgeschnitten vom Rest des Körpers, habe keine durchlässige Verbindung mehr zum Herzzentrum oder zum Bauch, können diese Verbindung aber mit gezielter Atem- und Lichtarbeit durchlässiger gestalten. Sie stellen sich beispielsweise vor, wie sie den Atem mit dem Einatmen in den auf der Wirbelsäule aufsitzenden Kopf lenken, um ihn mit dem anschließenden Ausatmen über den verbindenden Hals den Weg zum Herzen oder in den Bauch nehmen zu lassen. Der Fluss, das beständige Strömen des Atems zwischen dem angestrengt denkenden Kopf, dem empfindenden Herzen oder dem fühlenden Bauch, schafft auf Dauer eine stimmigere Balance zwischen Rationalität und Emotionalität. Gesteigert werden die Wirkungen des gelenkten Atems durch die gleichzeitige Vorstellung, wie das Herzzentrum oder der Bauchraum von Licht, der lichten Farbe des Atems, und vom Geist des Mitgefühls erfüllt werden.

Schöner klingt die Vermittlerrolle des Atems vielleicht, wenn ich sie in der Sprache der Chakras beschreibe. Wer also halbwegs mit Chakras, den energetischen Zentren unseres Körpers, vertraut ist, lässt den vermittelnden Atemstrom durch die Chakras fließen.

Sie können sich demnach vorstellen, dass Sie durch Ihr Kehlchakra oder durch das noch höher sitzende Stirnchakra einatmen und durch Ihr Herz- oder Nabelchakra wieder ausatmen, ganz so, wie es Ihnen beliebt. Es gibt da kein Nonplusultra. Probieren Sie insofern auch aus, wie es sich für Sie anfühlt, wenn Sie Atem und Licht durch Ihr Kronenchakra am Scheitel des Kopfes einsaugen, in Ihrer Vorstellung beides durch Ihr Stirn- und Kehlchakra hinunterfließen lassen, um den Atem- wie Lichtstrom durch das Herzchakra wieder auszuatmen. Der umgekehrte Weg steht Ihnen ebenfalls offen: Atmen Sie Luft und Licht in Ihr Herzchakra ein, leiten Sie beides durch das Kehl- und Stirnchakra nach oben und atmen Sie durch das Kronenchakra aus. Mit dem Ausatmen durch das Kronenchakra können Sie sich gleichzeitig noch vorstellen, wie Sie Ihren Ausatem und Ihr Atemlicht in den nach oben offenen, weiten Raum verströmen. Welche Farbe Sie jeweils einatmen möchten, bleibt ganz Ihrer Intuition überlassen. Sie brauchen das nicht so eng zu sehen, dass Sie bloß die den jeweiligen Chakras gemeinhin zugeordneten Farben ein- und ausatmen.

Mehr Stimmigkeit in ihrer Befindlichkeit ist auch erreichbar für Menschen, welche sich abgeschnitten fühlen von ihrer vitalen Lebensenergie im Becken. Sie lenken den Atem und sein Licht mit dem Einatmen gezielt in die Beckenregion sowie in diejenigen Organe, über welche sie nur durch ihre einzigartige Existenz als Frau oder Mann verfügen. Nehmen wir auch hier wieder die Chakras zu Hilfe, nimmt der fließende Atem den Weg über das Sakralchakra – etwa eine Handbreit unterhalb des Nabels gelegen – und wird durch das Wurzelchakra – im Bereich des Beckenbodens zwischen Genitalien und Anus – ausgeatmet. Der Atem als Luft zum Leben vermag ein lendenlahmes Becken mit vitaler Kraft und Energie aufzuladen. Er heilt allerdings für sich allein keine sexuellen Neurosen oder geschlechtlichen Identitätsstörungen. Viele Menschen nutzen ihren Atem auch gezielt, um akute Schmerzzustände zu mildern oder sogar gänzlich aufzulösen.

Geistig-spirituell sehr weit entwickelte Menschen können mit der Kraft des Atems über alle Grenzen gehen. Für die indischen Yogis ist die Atemberuhigung »der Schlüssel zum kosmischen Bewusstsein«. Daran kann sich der Normalsterbliche nicht messen. Aber jedermann und jedefrau vermögen den Atem als »Fahrzeug des Geistes« zu nutzen, soweit sie sich dafür offen zeigen. Jeder Weise, gleich welcher Herkunft oder »Schule des Geistes« schätzt den Atem. Was seine Atmung charakterisiert, ist die beiläufige Tiefe, welche der weise Atmende erreicht, ohne sich durch eine einzig richtige Atemtechnik oder gar Atemgymnastik zu gängeln, selbst wenn er bewusstes Atmen praktiziert. Im harmonischen Wechsel von Kommen und Gehen reguliert der Atem die Befindlichkeit und richtet die Aufmerksamkeit: nicht auf das Denken, welches sich während bewusster Atemarbeit oder beim Atem-Licht-Prozess aus jeder Zweckbestimmung zurückzieht, sondern auf das mitfühlend präsente Gewahr-Sein. Der gleichmäßige Fluss des eigenen Atemstroms verstärkt die Innenschau, die Introspektion, und begünstigt ein Loslassen und Zulassen in einem offenen Schwebezustand. In dieser Gerichtetheit nach innen ist der Atem dem auf Lebensklugheit bedachten Menschen die Nährung des Lebens sowie der Hauch der Weisheit und des Mitgefühls.

»Der König stirbt« oder:
Wenn wir nicht wählten die Liebe ...

»Leben von Luft und Liebe«? Wir alle haben in unserem Leben schon diesen Satz gehört, wenn für Außenstehende an unserem Glanz in den Augen sowie an unserem Verhalten mit einem Blick ablesbar war, dass wir frisch verliebt waren. Grundsätzlich werden Menschen mit einer weitgehend unbeschädigten Fähigkeit zu lieben geboren. Wie weit sie diese Fähigkeit im realen Leben bewahren und verteidigen, sie sich in der Konsumgesellschaft immer dreister abkaufen oder in der Atmosphäre neuer sozialer Eiseskälte beschädigen lassen, hängt von vielen Umständen ab. Säuglinge und Kleinkinder, die keine liebevolle Berührung und Zuwendung empfangen, sind nicht überlebensfähig. Sie sterben. Erwachsene sind ohne Liebe zwar in der

Lage zu überleben, vermögen aber nicht wirklich erfüllt zu leben. Sie darben.

In dieser Etüde über Liebe und Mitgefühl finden Sie keine direkten Übungsanleitungen. Es wird Ihnen jedoch über etliche Umwege ans Herz gelegt werden, sich in Liebe und Verbundenheit zu üben und dem Geist des Mitgefühls auf diesem Königsweg in Ihrem Leben Geltung zu verschaffen.

Im Theater, in Romanen, in Filmen und in »Seifenopern« des Fernsehens hat die »Liebe« Hochkonjunktur. Nicht wenige Menschen verzehren sich geradezu nach allem, was ihnen dort als Liebe verkauft wird. Vermutlich deshalb, weil wirkliche Liebe im Sinne unserer primären menschlichen Liebesfähigkeit in den *Modern Times* ein knappes Gut geworden ist. Andere »Dinge« scheinen immer vorzugehen. Und so ist die Liebe eine Wahl.

Das mag überraschend klingen, halten wir die Liebe doch zuvörderst für ein Gefühl, vermutlich sogar für das schönste Gefühl, das wir auf Erden kennen. Daran ist nichts Falsches. Nichtsdestoweniger ist es nicht alles. Die Liebe ist weit mehr als ein solcherart verstandenes Hochgefühl. Sie ist in der Tat auch eine Wahl, eine Lebensentscheidung oder eine Haltung dem Leben gegenüber. Wir wählen in letzter Konsequenz zwischen Krieg und Frieden. Die Liebe zu wählen bedeutet das Leben zu wählen, den Frieden mit sich selbst und mit seinen Mitmenschen. Das funktioniert ausschließlich über die Herzensqualität des Mitgefühls als höchster Blüte der Liebe. Die Liebe zu wählen, sich in Mitgefühl zu üben, bringt die Poesie ins Leben und ist eine fundmentale Entscheidung gegen Gleichgültigkeit, Hass, Gewalt und Krieg.

Ich möchte mich hier nicht mit fremden Federn schmücken. Ich habe mich zu diesen Gedanken durch eine Predigt (am 2.9.2007) von Alain Houziaux, einem Pariser Geistlichen der reformierten Kirche, inspirieren lassen, bei der ich auf der Suche nach einem französischen Kultursender im Rundfunk »zufällig« hängenblieb. Normalerweise höre ich mir keine Predigten oder Gottesdienste im Radio an. Weshalb erwähne ich also an dieser Stelle diese »Belanglosigkeit«? Es geht in meinem Buch ohne Unterlass um die Förderung des Mitgefühls, um einen zutiefst förderlichen Umgang mit uns selbst, mit anderen und mit der gesamten Schöpfung.

Damals blieb ich vor allem wegen der Stimme, die mich aus dem Radio erreichte, an besagter Predigt hängen. Lange bevor mein Bewusstsein den Inhalt der Worte zu begreifen begann, hatten andere Sensoren in mir längst entschieden, dass sie hören wollten, was diese Stimme voller Wärme, Güte und Humor zu sagen hatte. Die Stimme verströmte Mitgefühl. Deshalb hörte ich ihr weiterhin zu, und deshalb verfolge ich hier im Geiste des Mitgefühls weiterhin den Gedanken, dass die Liebe auch eine existenzielle Wahl, eine Entscheidung für oder gegen das Leben ist.

Unsere Fantasiewelten, Bilderreisen, Tagträume oder Imaginationen spielen sich auf unserer inneren Bühne ab. In Szene gesetzte Imaginationen, reale Theaterstücke also, spielen auf äußeren Bühnen, auf den »Brettern, die die Welt bedeuten«. Alain Houziaux, unser Pariser Pastor, erinnert in seiner Predigt in einer Mischung aus inhaltlicher wie persönlicher Interpretation an das Theaterstück »Der König stirbt« von Eugène Ionesco (1963). »Der König stirbt« darin, ohne in seinem Leben jemals eine Entscheidung für die Liebe getroffen zu haben. Damit es niemandem von uns ebenso ergehen möge, lassen wir zeitgleich ein wenig das Theaterstück sowie seinen Interpreten sprechen. Jedermann und jedefrau hat zu jedem Zeitpunkt im Leben noch eine Wahl. Erst mit dem Tode, mit dem Hinübergehen, erlischt die Möglichkeit, im Diesseits noch eine Wahl für oder gegen etwas zu treffen.

Der König in dem Bühnenstück, Behringer I., ist alt. Er hat zwar viel und lange gelebt, aber das Leben verfehlt. Sein Lebenswerk bestand darin, Kriege zu führen. Er hat alle seine Schlachten gewonnen und eine Überfülle an Macht erobert. Er hat sich fremde Territorien einverleibt, und er hat Frauen gewonnen. Über die gesamte Lebensspanne hat er die Kammern seines Palastes mit Geschmeide und Reichtümern gefüllt. Und plötzlich ist er alt. Sein Leibarzt, in Personalunion gleichzeitig Scharfrichter und Sterndeuter, kommt zu ihm und eröffnet ihm, dass er noch gerade mal eine Stunde zu leben habe.

Der König ist im wahrsten Sinne des Wortes außer sich und verzweifelt, weil ihm die Zeit seines Lebens zwischen den Händen zerronnen ist. Er hat doch noch gar nicht angefangen zu leben, niemals begonnen zu lieben, Liebe zu empfangen, Liebe zu schenken, den Geist von Mitgefühl zu kosten. Sicher, er hatte Frauen, aber er hat sich nie die Zeit genommen, liebevoll, geschweige denn mitfühlend in die Augen der ihn liebenden Frau zu sehen, weder wenn ihre Tränen ihren Blick verschleierten, noch wenn ihr Lächeln sie wieder erstrahlen ließ. Er hat sich kein einziges Mal die Zeit genommen, mit weit geöffneten Sinnen einem Sonnenaufgang oder -untergang beizuwohnen. Er hat sich niemals die Muße gewährt, seinen Enkel zu beobachten, wie er in glückliches Lachen ausbricht, während er die Züge seiner elektrischen Spielzeugeisenbahn über die Gleise flitzen lässt. Er hat bisher weder die Tiefe des Lebens noch die Liebe gewählt. Von mächtiger Umtriebigkeit beherrscht, hat er immer dem Lebensmotto gehuldigt: »Später, wenn ich mal Zeit habe, dann...« Nun, vor der Schwelle zum Tode, ist seine Macht vergangen, und er steht vor den Trümmern seines Lebens: »Ich habe keine Zeit gehabt, das Leben kennenzulernen.« Er hat es, unfähig zu Mitgefühl mit sich selbst wie mit anderen, verfehlt. Sein einzig verbleibender Wunsch ist daher: »Die Zeit von damals soll wiederkommen.« Er möchte zehn Jahre, eine Woche oder wenigstens noch einen einzigen Tag, um anzufangen, sein Leben zu leben und doch noch in Erfahrung zu bringen, was die Liebe ist. Doch Arzt, Scharfrichter und Sterndeuter sind unerbittlich. Es gibt keinen weiteren Aufschub mehr für den Verzweifelten. Er hätte sich für das wahre Leben und die Liebe früher entscheiden müssen. Der König hat falsch gewählt.

Sollte uns der Tod des Königs zu denken geben?
- Welche Prioritäten wählen wir als »Normalsterbliche« zum einen in unserer Gesellschaft, zum anderen in unserem privaten Leben?
- Wie nutzen wir die uns geschenkte Lebenszeit bis zum Verlöschen unseres Lebenslichts, bis unsere Lebenskerze heruntergebrannt ist?
- Wie viele Stunden am Tag arbeiten wir im Durchschnitt in unserem Beruf, um unsere materielle Existenz zu sichern?
- Wie viele Stunden verbringen wir zusätzlich mit anderen Arbeiten?

- Wie viel Lebenszeit widmen wir ausschließlich den Menschen, die unserem Herzen nahestehen, mit denen wir erfahren dürfen, was Liebe ist und was sie vermag?
- Können wir nach unserem Gefühl über genügend freie Zeit verfügen, oder jagen wir der Zeit hinterher?
- Wie viele Gedanken und Lebenszeit verwenden wir darauf, um uns in aufrichtigem Mitgefühl für uns selbst, für andere, für das Überleben der Schöpfung zu üben?
- Wünschen wir uns des Öfteren die verlorene Zeit von damals zurück?

Kein Geringerer als Wolfgang Amadeus Mozart, dessen unendlich schöpferischer musikalischer Genius ihm klingende Unsterblichkeit verleiht, schrieb in einem Brief an seinen Vater: »Ich lege mich niemals zum Schlafen nieder, ohne zu bedenken, dass ich (so jung ich auch noch sein mag) den nächsten Tag vielleicht nicht mehr erleben werde.« Mozarts Sicht auf das Leben und den »kleinen Tod«, den Schlaf, wohnt durchaus Weisheit inne. Wie weit ist sie doch entfernt von unseren verkrampften und angestrengten Bemühungen, unser Leben in die Zukunft hinein abzusichern. Ohne die geringste Gewähr, dass wir diese Zukunft überhaupt jemals erleben werden. Verbrauchen wir nicht viel zu viel kostbare Lebenszeit für das Planen einer fernen Zukunft nach der Zeit der Arbeit, ab der Rente, ab der Pensionierung? Was ist mit unserem Leben im Jetzt des Hier und Heute? Was ist mit dem ihm innewohnenden Auftrag, dass wir es ganz leben sollen, bevor »der König stirbt«? Ein höheres Maß an Mitgefühl für unser ureigenes Da-Sein im Hier und Jetzt ließe uns gewiss weisere Wege beschreiten.

»Bei lebendigem Leib keine Lebenszeit haben, aber das ist doch schon Tod. Das ist doch Verdammnis, deren Schatten vorausfällt.« Seit Erhart Kästner (1956) anlässlich seines Verweilens bei den Mönchen des heiligen Berges Athos diese Erkenntnis in Worte formte, hat sich zwar nicht die Zeit als solche beschleunigt, wohl aber das Zeitempfinden des modernen Menschen sowie sein wenig feinfühliges und mitfühlendes Verbrauchen kostbarer Lebenszeit. Und so steht manch einer als »sterbender König« am Ende seines Lebens vor den Trümmern desselben, weil er zu Lebzeiten eine unglückliche Wahl getroffen hat.

Bis hierher können wir alle aufgeworfenen Gedanken und Fragen als eine individualisierte und damit personalisierte Deutung des Bühnenstücks von Ionesco verstehen. Nach dem Motto »Klassiker neu gelesen« drängt sich unter dem herausgehobenen Gesichtspunkt von Mitgefühl und Fürsorge heutzutage allerdings eine Interpretation des Stückes auf einer übergeordneten Ebene auf. Zum ersten Mal in seiner Geschichte könnte sich der Mensch als »Krönung der Schöpfung« politisch, ökonomisch und ökologisch in den eigenen Abgrund wirtschaften. Ohne den Geist des Mitgefühls geht die Welt lieblos zugrunde. Mit übertragener, trickreich, skrupellos oder gewaltsam angeeigneter sowie gekaufter Machtfülle ausgestattet, agiert eine für die Erde nicht länger tolerierbare Zahl politisch wie wirtschaftlich handelnder *Global Players* nach der Devise, die des »Königs Tod« besiegeln konnte: »Nach uns die Sintflut.« Oder noch schlimmer: »Nach uns nichts.« Ein verantwortliches Handeln nach dem von Mitgefühl getragenen »Prinzip Menschlichkeit« ist ihnen ebenso fremd wie eine Sicht auf die Schöpfung und auf unseren »blauen Planeten« nach der viel zitierten uralten indianischen Weisheit: »Wir haben die Erde nicht von unseren Eltern geerbt, sondern von unseren Kindern geliehen.«

Machtgier, Herrsch- und Kontrollsucht, die sträflichst unterschätzten Formen nichtstofflichen Sucht- und Abhängigkeitsverhaltens überhaupt (Kuntz, 2005, 2007), kennen die Liebe nicht. Bar jeglichen Mitgefühls vertragen sie sich nicht mit ihr. Wenn wir dabei bleiben, dass die Liebe nicht bloß ein Gefühl, sondern obendrein eine Wahl ist, eine Wahl mit einem Versprechen auf die Zukunft, dann könnte es in letzter Konsequenz bedeuten: »Und wählten wir die Liebe nicht ...«, dann wäre unsere gesamte menschliche Existenz als Spezies und »Krone der Schöpfung« gefährdet.

Die Bibelfesten unter den Lesern und Leserinnen werden sich wohl unwillkürlich erinnert fühlen an das »Hohelied der Liebe«, das der

Apostel Paulus vor rund 2000 Jahren im Ersten Korintherbrief geschrieben hat:
»Wenn ich in Menschen und Engelszungen redete,
hätte aber die Liebe nicht,
wäre ich ein dröhnendes Erz und eine klingende Schelle ...«

Nur wenn wir die Welt mit den Augen der Liebe und im Geist des
Mitgefühls betrachten, erkennen wir, wie wertvoll sie uns ist mit
all ihrer lebenswerten Schönheit wie in ihrer Gefährdung durch
Menschenhand. Liebe ist Verbundenheit. Liebe fühlt mit. Mitgefühl
wohnt Fürsorglichkeit und Achtsamkeit inne. Der Gleichgültigkeit
und Unachtsamkeit mangelt es an beidem: Liebe wie Mitgefühl.

Ich wäre nicht verwundert, wollte manch betont kritisch denkender
Geist angesichts der aktuellen Weltenlage hier einwenden: »Das
klingt mir alles zu naiv.« Er wäre damit allerdings unbeabsichtigt sogar auf der richtigen Fährte. Denn gehen wir davon aus, dass »naiv«
im Ursprung des Wortes »natürlich, ohne Hintergedanken, kindlich«
bedeutet, gelangen wir wieder zum Ausgangspunkt: Solange Kinder
durch die Erwachsenenwelt nicht über Gebühr beschädigt sind,
bewahren sie sich ihre menschlich angeborene Liebesfähigkeit. Sie
verstehen sich auf die Liebe, natürlich und gänzlich frei von Hintergedanken. Ohne diese Seelennahrung verweigern sie sich dem Leben
und sterben. Wir alle haben jeden Tag aufs Neue die Wahl, welche
Welt wir unseren Kindern bauen und hinterlassen. Ob der König
stirbt oder lebt, ist unser aller »Lebens-Theater«. Es ist an uns, welche Rolle wir spielen möchten und welche Wahl wir treffen.

Mitgefühl und der »goldene Kern« des Menschen:
Keine falsche Scheu bitte

Stellen Sie sich vor, Sie sitzen in einem meiner Fortbildungs- oder Selbsterfahrungskurse, und ich spreche Sie sowie alle anderen Teilnehmenden plötzlich als »goldene Menschen« an. Nicht aus heiterem Himmel oder aus dem Zusammenhang gerissen, sondern durchaus im Kontext einer stimmigen Gruppensituation. Wie würden Sie sich in Ihrer Vorstellung mit dieser Ansprache als »goldener Mensch« vermutlich fühlen?

In der Tat ist mir das seit Jahren eine der liebsten Übungen: die Menschen als »goldene Wesen« anzusprechen. Der Effekt ist immer ähnlich: freudige Überraschung, leicht ungläubiges Staunen und Schauen, um Bestätigung bittende Blicke, dass meine Wortwahl wirklich ernst gemeint ist und keine falschen Untertöne in sich trägt. Da ich, wenn ich diese Worte wähle, innerlich tatsächlich der festen Überzeugung bin, mit »goldenen Menschen« in Kontakt zu sein, wird die Situation, obwohl ungewohnt, als menschlich authentisch und stimmig erlebt. Was dann zu sehen und zu spüren ist, gibt meinem Vorgehen als Ermutigung für die Menschlichkeit recht: Es tritt ein Leuchten und Strahlen in die Augen der meisten Klienten oder Kursteilnehmer, das glänzt wie pures Gold. Die Reaktion ist weder verwunderlich noch ungewöhnlich. Sie bestätigt im Grunde nur das tiefe, unverbrüchliche Wissen von Menschen um ihren eigenen inneren Wert als menschliche Wesen und »Krönung der Schöpfung«. Dieses intuitive Wissen um den Wert des Menschen mag angekratzt sein durch nagende, peinigende Selbstzweifel oder verschüttet und vergraben unter Bergen von Seelenmüll, den »Fertigmacher« in uns abgeladen haben. Sobald allerdings an das »Gold im Herzen« von Menschen appelliert wird, drängt die Sehnsucht nach menschlicher Bestätigung blitzartig an die Oberfläche. Der unwillkürlich aufglimmende und sich blitzartig ausbreitende Glanz in den Augen kann willentlich nicht unterdrückt werden.

Während der langen Jahre und der zahlreichen Situationen, in denen ich Menschen als »goldene Menschen« angesprochen habe, bin ich in keinem einzigen Fall auf Ablehnung gestoßen. Manche Kursteilnehmer zieren oder winden sich in einer Gruppe vielleicht ein wenig, weil ihnen die Formulierung zu dick aufgetragen scheint oder sie eine unlautere Absicht wittern wollen. Sie melden sich dann unter Umständen als »milde Spötter« zu Wort, aber letztlich nehmen auch sie gerne die Anregung von außen an, sich wieder vermehrt ihres Wertes als Menschen bewusst zu werden. Ich wähle die Worte »goldene Menschen« bewusst und aus innerer Überzeugung. Sie stimmen mit meinem eigenen Menschen- und Weltbild völlig überein, ohne dass ich dabei den Eindruck habe, damit eine äußere, gleichfalls von Menschen geschaffene Realität unkritisch zu verklären. Die Würde und der Wert von Menschen werden überall auf dem Globus achtlos mit Füßen getreten – auch in unserem Land. Große Teile unserer Realität sind ganz fraglos und ohne jegliche Beschönigung menschenverachtend. Jeglicher Geist von Mitgefühl ist daraus verschwunden oder verdrängt. Persönlich lasse ich mich dadurch dennoch nicht dazu verleiten, von meiner inneren Grundüberzeugung abzuweichen, dass Menschen menschlich wertvolle Schätze und Juwelen in sich tragen. Dieser Glaube trägt Früchte und erfährt Resonanz, wenn Menschen mir bestätigen: »Ich habe mein Vertrauen in das Gute im Menschen wiedergefunden.«

Obwohl ich die Menschen bereits seit Langem aus meinem tiefsten Inneren heraus als »goldene Menschen« anspreche, habe ich inneren Jubel empfunden, als ich bei Matthieu Ricard, dem großen französischen Botschafter des Buddhismus, gewahr werden durfte, bei wie vielen Gelegenheiten er das unzerstörbare »*golden nugget*«, den goldenen Wesenskern des Menschen, beschwört. Jedes menschliche Wesen beherbergt in seinem Inneren diesen edlen inneren Kern, der nur entdeckt und gehoben zu werden braucht, sofern er verschüttet ist. Ein Goldstück verändert sich in nichts, selbst wenn es jahrhundertelang in der Erde vergraben darauf wartet, wieder ans Tageslicht befördert zu werden. Sobald es von den anhaftenden Schichten von Schmutz und Erde gereinigt ist, erstrahlt es in dem ihm eigenen Glanz, so, wie es ist und immer schon war.

Nicht anders verhält es sich mit uns Menschen. Die Herzensqualität Mitgefühl führt uns auf direktem Wege wieder zu unserem goldenen Wesenskern zurück, soweit er uns verloren gegangen ist oder wir den Glauben an ihn aufgegeben haben. Dann darf der Glanz des auf soziale Resonanz, Spiegelung und Kooperation hin angelegten Menschen wieder ungehindert erstrahlen. Die Mehrzahl der Menschen, Sie selbst oder Menschen, die Ihrem Herzen nahestehen, verfügen offen bewusst oder tief verborgen in ihrem inneren Kern über die menschlichen Gaben ausgeprägter Sensibilität und Feinfühligkeit. Fördern wir über den Weg des Mitgefühls unsere menschlichen Schätze und Juwelen, kann sich im Verlauf des Weges sogar mancher Schatten auf der Seele als Gold im Herzen entpuppen.

Die aus dem Herzen kommende universelle Sprache goldener Symbolik

Seit Urzeiten ist Gold ein zweischneidiges Schwert: einerseits Demonstration von weltlicher Macht und Herrschaft, von Gier und Spekulation, andererseits eine ästhetische Qualität von Verehrung, eine der Kultfarben des Göttlichen, Transzendenten, Spirituellen.

In seiner »goldenen Periode« hat der Maler Gustav Klimt regelrecht in Goldtönen geschwelgt. Man sieht das Gold in seinen Bildern förmlich zerfließen, glänzend erstrahlen und Menschen mit einer Aura aus Gold umscheinen. Man kann sich den Bildern überlassen, in ihre Symbolik und Ästhetik eintauchen und darüber vielleicht so etwas wie einen eigenen goldenen menschlichen Wert erahnen. Oder man verschließt das Herz vor ihnen. In jedem Falle vermögen goldene Symbole mit ihrer sinnlichen Ästhetik eine völlig eigene Wirkung zu entfalten.

In allen Gotteshäusern, Tempeln und Weihestätten der Welt finden wir die Farbe Gold; manchmal demonstrativ üppig und prunkvoll, bisweilen eher dezent und bescheiden im Verborgenen. Goldene Kuppeln von Kathedralen und Kirchen, goldene Tempel, goldene Fresken, Decken- und Wandgemälde, goldene Bilder und Statuen von Christus oder von Heiligen, massiv goldene Buddhastatuen und Götterbilder, Kult- und Ziergegenstände aus Gold sind in sämtlichen Religionen der Welt Ausdruck der Würdigung. Einerseits dienen sie der Gottesverehrung, dem Glauben an die Lehren Buddhas oder der Huldigung anderer Götter und Heiliger. Andererseits haben die Menschen mittels der universellen Sprache goldener Symbolik vermutlich seit jeher einer aus dem Herzen aufsteigenden Ahnung Ausdruck verliehen, dass sie tief in ihrem Wesen einen eigenen »goldenen Kern« und einen »heiligen Geist« tragen. In jeder goldenen Symbolik sind sie also gleichzeitig selbst bereits als Teil der Schöpfung enthalten.

Da ein rasch wachzurufendes kollektives Unbewusstes oder sogar ein tiefes bewusstes Wissen um unsere Schätze im menschlichen Wesen überdauert, können wir auf die Wirksamkeit einer goldenen Sprache des Herzens vertrauen. Sie vermag Menschen zu nähren und zu verändern. Deshalb können wir uns dieser Sprache und Bilder auch bedienen, wenn wir mit Symbolik, mit Imaginationen, mit Bildern und Märchen arbeiten, um Menschen zu bewegen, auf ihrem Pilgerweg zum Mitgefühl voranzuschreiten.

Ich habe ausschließlich gute Erfahrungen damit gemacht, dass ich in meiner Arbeit mit Klienten, Patientinnen und Gruppen etliche imaginative Übungen mit hochwirksamen symbolträchtigen Elementen anreichere. In meiner langen geführten Imaginationsübung »Die Schale der Vergebung« statte ich ein uneingeschränkt wohlwollendes, mitfühlendes Wesen zusätzlich mit einer goldenen Schale aus, welche alle negativen Gefühle, insbesondere den Selbstwert zersetzende Scham- und Schuldgefühle, zu entgiften vermag. (Kuntz, 2009) Mitgefühl, gekoppelt an die Farbe, den Glanz und das Symbol »Gold«, vermag doppelte Effekte zu erzielen. Sei es die goldene Kugel wie im »Froschkönig«, ein goldener Schlüssel, meine goldene Schale der Vergebung, ein goldener Drachen oder ein Strömen wie von flüssigem Gold – allen Bildern wohnt eine Symbolik inne, die aus einem kollektiven, menschlichen Symbolbewusstsein entspringt und gleichzeitig seine Wirkung darüber zu entfalten vermag.

Betont rationale, kopfgesteuerte Menschen mit Scheu vor großen Gefühlen wittern in Mitgefühlsübungen, welche zusätzlich mit symbolträchtigen goldenen Elementen aufgeladen werden, schlichtweg Kitsch, eine Überladung oder gar ein falsches Pathos. Diesen halte ich die Erfahrung einer meiner Patientinnen entgegen, welcher das Symbol der »goldenen Schale« ein im wahrsten Sinne des Wortes lebensrettender Halt war. Es war eine Klientin, die als Enkelin einer durch die Nationalsozialisten und den Holocaust traumatisierten Großmutter durch selbige eine persönliche Traumatisierung erleiden musste, die das pure Grauen enthielt. In einem Zustand, in dem sie sich selbst nicht mehr ertragen konnte, von quälenden Scham- und Schuldgefühlen gepeinigt, wurde sie von einer befreundeten Ärztin an mich überwiesen. Mitgefühl für sich selbst war dieser leidgeprüften Frau über lange Zeit hinweg ein absolut verschlossenes Gefühl. Eine ambulante Behandlung lag zunächst bereits nicht mehr im Bereich des Möglichen. Ich ebnete der Patientin den Weg in eine empfohlene stationäre Einrichtung, wiewohl sie sich anfangs auf Grund schlechter Vorerfahrungen strikt dagegen sperrte. Ihre Hinbewegung zu einer Einwilligung in die stationäre Behandlung überbrückte ich mit ihr durch Halt gewährende Übungen. Ich war präsent und mitfühlend für sie da, habe ihr geantwortet, habe sie nicht bloß ausgehalten, sondern angenommen, sie in keiner Weise als Monster gesehen, wie sie sich selbst sah. Nach ihrer Behandlung in der Klinik schrieb sie mir: »Doch heute endlich möchte ich Ihnen danken für Ihr Dasein während meiner persönlichen Höllenfahrt. Gerade eine Achtsamkeitsübung, die Sie mir vorgeschlagen hatten – die ich aber teilweise ablehnte –, die Imagination einer goldenen Kugel, Schale, hat mich in dieser fürchterlichen Zeit immer wieder daran erinnert, dass es zumindest noch ein ästhetisches Feld von Farben, Kostbarem, Ganzem gibt, in dessen Raum ich mich begeben kann, wann immer ich mich daran erinnern möchte. Seither versuche ich in tausend Schritten das wahrzunehmen, was unversehrt ist.«

Nach der stationären Behandlung kam sie später ambulant zu mir.
Unser gemeinsamer Weg war während langer Passagen durch unweg-
same innere Wüsteneien ein Weg des Mitgefühls und später auch
der Mitfreude, auf dem wir immer wieder verlässlich lebensbewah-
rend zurückgreifen konnten auf die »goldene Schale«, ein »goldenes
Band« und auf »heilige innere Räume«.

Teilnehmer in Gruppen, welche sich zu Anfang schwertun können
mit aufgeladenen Bildern, goldener Symbolik oder großen Gefühlen,
machen in schöner Regelmäßigkeit die Erfahrung, dass sich ihr Erleben augenblicklich verändert, sobald sie ihre üblichen Bewertungen
abschalten. Werten, bewerten wir nicht vorschnell, sondern lassen zu,
tauchen ein, lassen wirken, dann öffnen sich jenseits unserer Bewertungen neue, weite einladende Räume.

Imagination: Sich über rubingoldenes Herzlicht mitfühlend verbinden

Wie sehr Sie persönlich konditionierten Bewertungen verhaftet sind
oder sich in neue, weite Räume einladen lassen mögen, können Sie
umgehend an einer imaginativen Visualisierung überprüfen.

ÜBUNG

✳ Setzen Sie sich bequem hin und schließen Sie die Augen. Falls
es Ihnen nicht möglich ist, die Augen zu schließen, fixieren Sie
einen Punkt auf dem Boden, etwa einen Meter vor Ihren Füßen.
Nehmen Sie eine bequeme Haltung ein. Spüren Sie, wo Ihr Körper
Kontakt zum Sitz, ihr Rücken zur Lehne hat und Ihre Füße Berührung mit dem Boden, der Erde haben. Achten Sie auf Ihre Atmung, gleichgültig, wohin Sie atmen, ob in den Bauch oder in die
Brust. Nehmen Sie nur einige Atemzüge lang wahr, wie Sie atmen,
dass Sie atmen und dass Ihr Atem kommt und wieder geht, ohne
dass Sie bewusst etwas dafür tun müssen ... Machen Sie sich einen
Augenblick bewusst, dass das Atmen in Ihrem Leben etwas ist,
wofür Sie sich normalerweise nicht anstrengen müssen. Ihr Atem

kommt und geht von allein. Als Einatem strömt er leicht und fließend ein und als Ausatem wieder heraus. Es gibt da in Ihrem Leben also zumindest einen Bereich, der ganz und gar ohne Anstrengung funktioniert. Machen Sie sich das noch einmal ausdrücklich bewusst.

Einatmend wissen Sie, dass Sie einatmen. Ausatmend wissen Sie, dass Sie ausatmen. Und während Sie weiter ruhig ein- und ausatmen, stellen Sie sich nun vor, dass Ihr Herz genau in Ihrem Rhythmus mit ein- und ausatmet. Lenken Sie Ihre innere Aufmerksamkeit und Vorstellung dorthin in Ihrer Brust, wo Ihr Herz sitzt, und lassen Sie es mitatmen. Vor Ihrem inneren Auge können Sie genau sehen, wie Ihr Herz ein- und ausatmet ... Sie können auch sehen, welche Farbe Ihr Herz hat ... Bleiben Sie mit Ihrer Vorstellung noch für einen Moment bei Ihrem atmenden Herzen.

Mit jedem weiteren Atemzug, den Sie in die Mitte Ihres Herzens einatmen, stellt sich die wachsende Empfindung von Herzenswärme, Herzensgüte und Mitgefühl ein, für sich selbst und für andere ... Und nun stellen Sie sich vor, wie Sie mit jedem Einatmen goldenes oder rubinrotes Licht in die Mitte Ihres Herzens atmen. Sie atmen goldenes, rubingoldenes oder rubinrotes Licht in die Mitte Ihres Herzens ein ... bis Ihr Herz immer stärker von diesem Licht erfüllt wird. (Falls Ihnen Ihre eigene innere Weisheit ein andersfarbiges Atemlicht eingibt, ist es ebenso in Ordnung.) Stellen Sie sich dann vor, wie dieses goldene oder rubinrote Licht sich in Ihrem Herzen zu einer strahlend hellen, leuchtenden Lichtkugel verdichtet, die mit jedem weiteren Einatmen strahlender und heller wird.

Stellen Sie sich nun vor, wie diese strahlend helle Lichtkugel sich aus der Mitte Ihres Herzens heraus beginnt auszudehnen ... Das goldene, rubinrote Licht strahlt in Ihre gesamte Brust hinein ... es erfüllt Ihren Bauch, Ihr Becken, breitet sich aus in Ihrem Kopf ... Sie *sind* nun ganz und gar dieses strahlende Licht ... Mit jedem Einatmen dehnt sich das strahlend goldene, rubinrote Licht weiter aus, bis Sie deutlich sehen können, wie es über die Grenzen Ihres

Körpers hinaus strahlt ... Sie fühlen sich jetzt eingehüllt von diesem Licht, und es dehnt sich immer weiter und weiter aus. Sie strahlen Ihr Herzlicht in alle Himmelsrichtungen aus ... Sie stellen sich vor, wie das Licht, das von Ihnen ausströmt, den Raum erleuchtet, in welchem Sie sich gerade befinden ... Und mit jedem Atemzug dehnt es sich weiter aus. Mit jedem Ausatmen schicken Sie Ihr Herzlicht, Ihre Herzenswärme, Herzensgüte und Ihr Mitgefühl in die Welt hinaus ... Das strahlend goldene, rubinrote Licht dehnt sich aus über die Grenzen des Raumes ... Es erfasst die dunkelsten Winkel Ihrer Stadt ... Es dehnt sich aus über Ihr gesamtes Land ... Es dringt mit seinem strahlenden Leuchten immer weiter und weiter vor ... Sie können sich vorstellen, wie Sie schließlich den Kontinent und den gesamten Erdball in Ihr strahlendes Herzlicht einschließen, alle seine fühlenden Wesen und Kreaturen. Und immer noch weiter und weiter dehnt sich Ihr goldenes, rubinrotes Herzlicht aus ... Es dehnt sich über die Grenzen unseres Erdballs hinaus aus, erstrahlt in den Kosmos, in die Weiten des Universums, in die Unendlichkeit und die Ewigkeit des Alls hinein ... Ruhig und gelassen ein- und ausatmend dehnt sich Ihr strahlend goldenes, rubinrotes Herzlicht aus über alle Grenzen, Zeiten und Räume hinweg ...

Und während Sie ruhig weiter ein- und ausatmen, lassen Sie für heute ein letztes Mal Ihr strahlendes Herzlicht aus sich herausströmen ... Dann zieht sich diese unendlich weite Kugel aus strahlend leuchtendem goldenen, rubinroten Licht langsam wieder zusammen, bis sie sich wieder in Ihrem Herzen verdichtet und Sie langsam wieder die Augen öffnen, um wieder ganz an Ihrem Platz in dieser Welt zu sein. Sie wissen, Sie können jederzeit und überall erneut Ihr strahlend goldenes, rubinrotes Herzlicht in die Welt und in das gesamte Universum schicken, in dem alles mit allem auf wunderbare Weise verbunden ist.   ✳

Ein Lächeln in innerer Freiheit:
Eine Mitgefühlsmeditation für »Anfänger-Buddhas«

Ich selbst praktiziere gern noch des Öfteren eine schöne und hilfreiche Variante dieser Übung zur mitfühlenden Verbundenheit. Falls Sie mit bildlichen Darstellungen von Avalokiteshvara, dem Bodhisattva des grenzenlosen Mitgefühls, vertraut sind, können Sie sich in Ihrem fühlenden Herzen und in der Vorstellung zusätzlich mit dessen unermesslicher Güte verbinden. Sie brauchen dafür kein praktizierender Buddhist zu sein, ja nicht einmal direkt an den Bodhisattva des Mitgefühls zu glauben. Ich erlebe in Gruppen immer wieder, dass allein die bildliche Darstellung Avalokiteshvaras mit seinen tausend Augen und tausend Armen als unterstützend erlebt wird, um das eigene Herz zu öffnen. Allein die Darstellung des Mitgefühls rührt an unser Innerstes.

ÜBUNG

✳ Sie können sich also vorstellen, dass Sie den Bodhisattva des Mitgefühls auf Augenhöhe Ihnen gegenüber anschauen. Eine personifizierte Vorstellung von Jesus oder Christus* kann einen ähnlichen Zweck erfüllen. Sie können sich weiterhin vorstellen, wie Ihnen mit jedem Einatmen aus dem Herzen des Ihnen gegenüber befindlichen Bodhisattva Avalokiteshvara Wellen oder Ströme von goldenem oder rubinrotem Licht zufließen, welche Sie als Licht und Mitgefühl in Ihrem Herzen aufnehmen. Sie öffnen sich, Sie weiten sich ... Mit Ihrem Ausatem können Sie eine Welle von Licht und Mitgefühl zurückfließen lassen, die Sie aus Ihrem Bauchnabel oder Nabelchakra ausströmen lassen. Im Rhythmus Ihres Ein- und Ausatmens sind Sie so über den Kreislauf von Licht und Mitgefühl mit dem Bodhisattva des grenzenlosen Mitgefühls verbunden. Das innige Gefühl dieser Verbundenheit kann Sie darin unterstützen, Ihr Herzlicht und Ihr Mitgefühl wie oben beschrieben in die Welt zu schicken. ✳

---

* Mit Christus ist hier allgemein das höhere Christusbewusstsein gemeint. Jesus ist eine Verkörperung von Christus.

Wenn Sie diese Übung eine Zeit lang wiederholt praktizieren, seien Sie nicht überrascht, falls sich eines schönen Tages das merkwürdige Gefühl einstellt, der Bodhisattva des grenzenlosen Mitgefühls befinde sich nicht mehr Ihnen gegenüber und blicke Sie liebevoll gütig an, sondern er befinde sich mitten in Ihnen selbst, sitze unmittelbar in Ihrer Brust, im Zentrum Ihres Herzens. Weil er dort mitten in Ihnen selbst sitzt, schaut er auch mit Ihnen oder aus Ihnen heraus in die gleiche Blickrichtung. Sie können darüber in der Tat den Eindruck gewinnen, plötzlich mit mehr als Ihren zwei eigenen Augen zu schauen. Die beschreibenden Worte können die besondere Qualität dieses Erlebens bloß sehr unvollkommen wiedergeben. Stellt es sich ein, werden Sie es als Beglückung empfinden. Vielleicht möchte Ihnen ein betont rationaler, vernünftiger Teil in Ihnen einflüstern: »Überbewerte das nicht. Du bildest dir da was ein!« Ein weniger skeptischer, für das Geschehen sehr empfänglicher Teil in Ihnen überlässt sich aber der meditativen Versenkung oder Verschmelzung, wertet nicht, genießt die Beglückung durch die Verbundenheit mit dem Bodhisattva des Mitgefühls, mit Jesus, mit Christus oder einem anderen heiligen Wesen sowie mit der gesamten Mitgeschöpflichkeit. Stellt sich dieses Erleben wiederholt ein, dürfen Sie sich mit einem inneren Lächeln die Freiheit gestatten zu denken: »Ich bin mein eigener kleiner ›Anfänger-Buddha‹ geworden.« Nehmen Sie Ihr Geschenk ernst und überlegen Sie sorgfältig, mit welcher Person Sie es durch Erzählen teilen möchten (denn Spötter finden sich schnell).

Durch die Augen direkt ins Herz:
Der mitfühlende Blick

Erinnern Sie sich an die Übung: »Heimisch werden: Anfreunden mit Leib und Seele« (siehe S. 115) und vergegenwärtigen Sie sich, wie wunderbar es ist, dass Sie zwei Augen haben, mit denen Sie sehen und tief schauen können. Atmen Sie einmal ein und werden Sie sich des Wunders Ihrer Augen bewusst. Atmen Sie aus und schenken Sie Ihren Augen ein Lächeln.

Ein Blick sagt alles, mehr als tausend Worte. Über das schauende Gewahrwerden vermittelt sich mehr menschliche Orientierung als über die verbale Verständigung.

Als soziale Wesen tasten wir Menschen uns gern ab mit dem Blick. Wir prüfen uns gegenseitig. Persönlich fragen wir uns häufig, wie wir durch die Augen der anderen gesehen werden. Umgekehrt reagieren die anderen unter Umständen stark darauf, wie sie sich durch den Blick unserer Augen gesehen fühlen. Ist unser Blick für sie »ein erschaffender Blick, ein gütiger, gnädiger, erkennender, verurteilender, verstümmelnder oder bloßstellender Blick, kalt, entlarvend oder liebevoll, schmeichelnd oder entwertend«? (Moser, 2005) Augen-Blicke können in unserem Empfinden über Sein oder Nicht-Sein entscheiden, über Strafgewalt wie Heil versprechende Hoffnung. Menschen können Menschen allein mit ihrem Blick Halt verleihen oder sie ins Bodenlose fallen lassen.

Tauchen wir ein in den Blick anderer Menschen, suchen wir zu ergründen, was sich darin spiegelt: Liebe, Güte, Mitfreude, Mitgefühl, bestätigende Zuneigung, Wohlwollen, freudiger Glanz, Vertrauen, Halt und Ermutigung oder Anflüge von Skepsis, Reserviertheit, Leere, Hinterhältigkeit, Spott, Unsicherheit oder gar Verzagtheit, Angst,

Panik, eventuell Bösartigkeit oder mehr noch blanke Ablehnung und Hass. In jedem Falle sind die Augen der Spiegel der Seele. Jeder Blick kann uns durch die Augen direkt ins Herz treffen. Eine ganz besondere menschliche Qualität kommt dem mitfühlenden, erschaffenden Blick zu, der uns fraglos in unserem menschlichen Wesen anerkennt. Einen solchen Blick können wir in stimmigen Situationen ernten von Menschen, die uns liebevoll zugewandt sind, weil wir ihrem Herzen nahestehen. In einer fluiden, kalten Gesellschaft lernen viele Menschen den absolut bestätigenden, grenzenlos mitfühlenden, liebevoll gütigen Blick aber entweder gar nicht mehr kennen oder nicht ausreichend genug, um sich selbst als uneingeschränkt wertvollen Menschen begreifen zu lernen. Die unzähligen Kinder, Frauen und Männer, die mit mangelnder Selbstakzeptanz und fehlender Selbstliebe bis hin zu Selbstablehnung oder Selbsthass zu kämpfen haben, sind ein beredtes Zeugnis dafür. Dann können wir uns diesen erschaffenden Blick ersehnen, erhoffen, erträumen von idealen oder idealisierten anderen. Oder wir gehen ihn suchen bei Menschen, die uns anziehen und beeindrucken mit ihren außergewöhnlichen Fähigkeiten, von denen wir uns Erlösung vom Leiden an uns selbst versprechen, indem sie uns allein mit ihrem Blick das Gefühl des völligen Angenommenseins schenken.

Auch einer meiner Klienten, der schwer zu kämpfen hatte mit den kaum erträglichen Zweifeln an seinem eigenen menschlichen Wert, suchte lange nach diesem ihn gelten lassenden, erschaffenden Blick, dem Glanz in den Augen des anderen. Zwar fühlte er sich auch von meinem Blick gesehen und in seinem Wesen bestärkt, aber ich war für ihn als Realperson wie Therapeut ein zu vertrauter Begleiter auf einem Stück Lebensweg. Er ersehnte sich immer noch seine innere Erlösung durch die wundersame Begegnung mit einem charismatischeren Menschen. Folglich zog es ihn unter anderem zu Mario Mantese, von dessen Blick er sich eine innere Wandlung erhoffte.

Mario Mantese war ein erfolgreicher Rockmusiker, bevor er nach einem Nahtoderlebnis und einem wochenlangen Koma schwerbehindert erwachte und sein Leben damit eine totale Wendung erfuhr. Seine »Vision des Todes« ist ein beklemmendes Dokument seiner »Reise durch das Jenseits« (1993) und auch eine schallende Ohrfeige für eine ahnungslose Medizin im Geiste des mechanistischen Weltbildes. Heute lebt und »arbeitet« Mantese als kosmischer Meister, der in seinen »Darshans«, den Zusammenkünften mit großem Publikum, vorwiegend über den Blick seiner Augen wirkt. Die Menschen treten mit ihm ein ins »Land der Stille« (1998). Was sich vollzieht, erläutert Meister M. in einem Interview für die Zeitschrift »Spuren«: »Ich blicke Menschen tief in ihre Seelen, und im Bruchteil einer Hundertstelsekunde kenne ich in mir ihre Leiden, ihre Ängste, ihre Sorgen, Wünsche und Bedürfnisse.« Den Blick Manteses erfahren die Menschen als »ein heilendes, erhellendes, erlösendes und klärendes Licht«. Wo Meister M. im »Licht der reinen Liebe« hinschaut, bewegen sich Welten. Das klingt sicherlich sehr mystisch, aber die Menschen fühlen sich gesehen und davon ergriffen.

Manteses Beispiel verdient noch ein paar weitere Worte, ist er doch einer der lebenden Menschen, welche nach einem Nahtoderlebnis zu einer außergewöhnlichen Spiritualität mit wundersamen Kräften erwachen. Überdurchschnittlich viele Menschen mit Nahtoderlebnissen (v. Lommel, 2009/Varela, 2001) sind anschließend hellsichtig und zeigen spirituelle Fähigkeiten oder heilende Kräfte, welche die Fähigkeiten unseres Verstandes, zu verstehen, weit übersteigen. Ohne den dramatischen Umweg über ein Nahtoderlebnis vermag die Entwicklung von Mitgefühl unsere geistigen Kräfte enorm zu fördern, freilich viel weniger spektakulär und vor allem weniger leidvoll. Mario Manteses Leben nach seinem Erwachen mutet an wie ein «Fenster ins Zeitlose«, das die Gesetzmäßigkeiten von Zeit, Raum und Materie außer Kraft setzt. Von außen betrachtet wirkt es wie eine menschlich gelebte Essenz der Theoreme der Quantenphysik.

Als ich meinen Klienten im Vorfeld seiner Reise zu Meister M. fragte, wie ihn Mario Mantese denn anschauen müsse, damit er seine quälenden Selbstzweifel im Licht der Liebe in Verständnis und Mitgefühl für sich selbst wandeln könne, war seine Antwort: »Er müsste mich so anschauen, dass seine Augen mir sagen würden: ›Schön dass du da bist, schön dass es dich gibt.‹« In der Tat fühlte er durch die Begegnung mit Meister M. eine »Essenz«, nämlich ein Samenkorn der Liebe, in sich hineingesenkt. Wo wir das nicht alle in der Begegnung mit realen Menschen aus Fleisch und Blut erleben, können wir übergangsweise die so dringend benötigte Seelennahrung von idealen imaginierten Wesen erfahren.

Genau in diesem Sinne biete ich Klienten und Gruppen seit Jahren immer wieder eine imaginative Begegnung der besonderen Art an.

Imagination: Eine erhebende Begegnung

In den imaginativen Fantasieübungen können imaginierte hilfreiche, wohlwollende und mitfühlende Wesen eine unschätzbar wertvolle Entwicklungshilfe auf dem Weg zu Mitgefühl leisten. Entweder vermögen sie ein erstes Samenkorn von Mitgefühl in Menschen zu versenken, welche sich noch überhaupt nicht vorstellen können, dass ein reales lebendiges Gegenüber sie des Mitgefühls für wert und würdig erachtet. Oder sie sind eine weitere Station auf dem Pilgerweg zu umfassendem Mitgefühl. Die nachstehende Imagination, welche eine Teilnehmerin in einer Gruppe eine für sie »erhebende Begegnung« nannte, lege ich Ihnen genau unter dieser Überschrift ans Herz.

ÜBUNG

✳ Legen Sie sich bequem auf den Rücken, so dass Sie alle Spannungen in Ihrem Körper loslassen können. Schließen Sie die Augen. Ihre Arme ruhen sanft auf beiden Seiten Ihres Körpers, die Handflächen zeigen geöffnet nach oben. Spüren Sie, wo Ihr Körper mit den Fersen, den Rückseiten der Beine, dem Gesäß, dem Rücken, den Händen und Armen Kontakt zur Unterlage oder zum Boden hat ... Spüren Sie auch, wie die Rückseite Ihres Kopfes die Unterlage berührt. Achten Sie auf Ihre Atmung, gleichgültig, wohin Sie atmen, ob in den Bauch oder in die Brust. Nehmen Sie nur einige Atemzüge lang wahr, wie Sie atmen, dass Sie atmen und dass Ihr Atem kommt und wieder geht, ohne dass Sie bewusst etwas dafür tun müssen. Machen Sie sich einen Augenblick bewusst, dass das Atmen in Ihrem Leben etwas ist, wofür Sie sich normalerweise in keiner Weise anstrengen müssen, denn Ihr Atem kommt mit fließender Leichtigkeit, und er geht mit fließender

Leichtigkeit ganz von allein. Wenn Sie mögen, vertiefen Sie Ihre Atmung ein wenig ... Und mit jedem Ein- und Ausatmen lassen Sie Ihren Körper noch ein wenig tiefer und tiefer in die Unterlage oder auf den Boden sinken ... Bereiten Sie sich mit den nächsten Atemzügen nun innerlich auf eine kleine Reise zu einer erhebenden Begegnung vor.

Stellen Sie sich zu Anfang einen schönen Ort vor, an welchem Sie eine Rast von Ihrem Tagesgeschäft einlegen möchten. Gestalten Sie diesen Ort in Ihrer Vorstellung in allen Einzelheiten genau so, wie Sie es sich wünschen: Wo soll dieser Ort liegen? ... Wie sind die Lichtverhältnisse dort? ... Wünschen Sie Tiere oder Pflanzen mit Ihnen an diesem Ort? ... Welche Temperatur herrscht dort, wo Sie jetzt in Ihrer Vorstellung sind? ... Welche Geräusche möchten Ihre Ohren hören, welche Düfte Ihre Nase einfangen? ... Wie richten Sie es sich an diesem Ort so ein, dass Sie sich gern eine Weile dort aufhalten mögen? ... Stellen Sie sich alles genau so vor, wie Sie es vorfinden möchten ... Und dann verweilen Sie einfach an diesem Ort.

Nach einer Weile, Zeit und Stunden spielen keine Rolle mehr an diesem Ort, sehen Sie, wie sich aus der Ferne langsam eine helle, lichte Gestalt Ihrem Ort nähert. Sie können noch nicht genau erkennen, wer oder was sich da auf Sie zubewegt, aber Sie sehen schon, dass es keine Person ist, die Sie heute kennen oder einmal gekannt haben. Sie können auch schon ausmachen, ob es sich bei dem Wesen um eine menschliche Gestalt oder um ein ganz anderes Wesen handelt. Sie werden immer neugieriger, welches Wesen zu Ihnen an Ihren Ort kommt und weswegen es Sie dort besucht ... Im Näherkommen können Sie die Gestalt, die auf Sie zukommt, jetzt immer genauer erkennen. Sie haben dieses Wesen bislang noch nie gesehen, aber Sie spüren unzweifelhaft, dass Sie ihm völlig vertrauen und sich gänzlich sicher und geborgen fühlen können. Dieses Wesen scheint Ihnen wie aus einer anderen Welt, unwirklich und fast überwirklich zugleich, und gleichzeitig ist Ihnen so, als kennten Sie das Wesen schon seit Ewigkeiten, als

wäre es Ihnen aus einer weit entfernten Erinnerung her absolut
vertraut ... Mittlerweile ist Ihnen das Wesen so nahe gekommen,
dass Sie seine Gestalt ganz genau vor sich sehen können ... Sie
können nun auch unmittelbar in seine Augen sehen ... und Sie sehen das Wesen nicht bloß vor sich, sondern sie spüren ganz intensiv seine Anwesenheit mit Ihnen an diesem Ort.

Von dem Wesen strahlt etwas ganz Besonderes aus. Sie sind völlig
gebannt von seiner Erscheinung und von dem Blick seiner Augen,
mit dem es Sie anschaut. Aus den Augen dieses Wesens strahlt
Ihnen etwas entgegen, das Sie in dieser Intensität noch niemals
vorher in Ihrem Leben empfunden haben. Die Gestalt schaut Sie
auf eine so eindringlich gütige, wohlwollende, ja sogar uneingeschränkt liebevoll bestätigende, warmherzige Weise an, dass es
über jedes Ihnen bekannte Maß weit hinausreicht ... Ihnen läuft
ein Schauer des Erkennens nach dem anderen über den Rücken ...
Von diesem Wesen strahlt Ihnen pures, grenzenloses Mitgefühl,
Wärme und Zuneigung entgegen ... Ein inneres Leuchten und
Strahlen geht von diesem Wesen aus, welches auf Sie übergeht ...
Sie fühlen sich durchdrungen und genährt von Güte und Mitgefühl, ja sogar von Gnade ... Und Ihre Nährung wird noch
gesteigert durch Ihre Wahrnehmung, dass dieses Wesen vor Ihnen
nicht nur liebevolles Mitgefühl verströmt, sondern gleichzeitig
Standhaftigkeit und innere Stärke vermittelt ... In Ihrem tiefsten
Inneren berührt, schauen Sie das Wesen vor Ihnen unentwegt weiter an ... Wortlos lässt sein vermittelnder Blick Sie spüren, dass
es extra und nur für Sie an Ihren Ort gekommen ist. In Ihrer Verwunderung fragen Sie sich vielleicht noch, ob wirklich Sie gemeint
sein können, aber jeder Zweifel daran, dass ganz und gar Sie gemeint sind, löst sich in fragloser Bestätigung und Annahme auf ...
Von dem Wesen Ihnen gegenüber fließt ein nicht abreißender
Strom von Annahme, Würdigung, Mitgefühl und liebevoller Güte
in einem solchen Ausmaß zu Ihnen herüber, dass Sie aus tiefstem
Gewahrsein heraus sicher sein dürfen, es hat den Weg zu Ihnen an
diesen Ort gefunden, weil es Sie hat finden wollen.

Mittlerweile ist es Ihnen schon, als flössen nicht nur aus den gütig blickenden Augen dieses Wesens, sondern aus jeder Pore seiner gesamten Gestalt Mitgefühl zu Ihnen herüber und in Sie hinein. Sie können diesem unablässigen Fließen und Genährtwerden regelrecht zuschauen. Es scheint, als flössen fraglose Bestätigung, Würdigung und Mitgefühl wie Ströme von flüssigem, strahlend licht oder rubin funkelndem Gold zu Ihnen herüber und drängen von der Oberfläche Ihres Körpers direkt bis zu jeder einzelnen Zelle in Ihrem Inneren vor ... Und plötzlich spüren Sie eine lange nicht mehr vertraute Rührung in Ihnen hochsteigen ... Sie fühlen sich vollständig gesättigt mit Mitgefühl und werden eins mit diesem Gefühl ... Sie erkennen sich selbst wieder und vermögen sich und Ihren einzigartigen Wert als menschliches Wesen zu schätzen wie nie zuvor.

Während Sie in diesem Zustand des inneren Einklangs mit sich selbst weiterhin diesem Wesen vor Ihnen in die Augen schauen, tritt es langsam einen Schritt auf Sie zu und legt seine rechte Hand oder etwas, das eine Hand sein könnte, auf das Zentrum Ihrer Brust, hinter welchem Ihr Herz schlägt. Sie lassen es einfach geschehen ... Durch die Berührung Ihres Herzens fühlen Sie, wie sich etwas in Ihnen vorbehaltlos öffnet ... Ihr Herz öffnet sich. Sie spüren es ganz ungewohnt schlagen. Damit einhergehend fühlen Sie sich erfüllt von einer neuen und gleichzeitig wieder uralt vertrauten Verbundenheit mit dem Leben.

Mit einer letzten Berührung Ihres Herzens und einem letzten Blick aus seinen Augen nimmt das Wesen vor Ihnen nun Abschied. Mit einem würdevollen Nicken seines Kopfes zu Ihnen hin entfernt es sich langsam von Ihnen und geht seiner Wege. Sie blicken ihm lange nach, bis es ihrem Blick entschwindet.

Was bleibt, ist Ihre innere Freude darüber, dass Sie dieses Wesen voll und ganz in sich aufgenommen haben. Sie sind in Ihrem inneren Kern selbst zu diesem Wesen geworden. Sie empfinden wahrhaftiges Mitgefühl, Barmherzigkeit für sich selbst ... und durch die Öffnung Ihres Herzens kann Ihr Mitgefühl auf alle Wesen der Schöpfung weiter strahlen. Sie haben Ihr Herz geöffnet und werden nie mehr zulassen, dass es sich wieder verschließt.   ✳

So weit diese imaginative Mitgefühlsübung, die mehr als ein einzelnes Samenkorn in einen Menschen zu legen vermag, welcher Mitgefühl für die eigene Person in sich wachsen lassen möchte. In besonders hartnäckigen oder tragischen Fällen von Selbstablehnung kann sie freilich der Wiederholungen bedürfen, um ihre volle Wirkungskraft zu entfalten. Von ihrem Potenzial her sind diese oder weitere Mitgefühlsübungen sehr mächtige Übungen, geeignet, ein Herz aus Stein zu erweichen oder einen gefühlsmäßigen Eispanzer aufzutauen und abzuschmelzen.

Mit dem Blick durch die Augen direkt ins kalte Herz: Mitgefühl als politische Kraft

So viel Politik muss sein: Der Geist des Mitgefühls schwebt nicht im luftleeren Raum, und mitfühlendes menschliches Verhalten meint kein Privatisieren als Rückzug von der »Erschöpfung der Moderne« (Dürr, 2009) in eine hermetisch abgeschlossene Innenwelt, welche das Außen zu ignorieren sucht. Mitgefühl steht sicherlich in einem Kontrast und einem enormen Spannungsverhältnis zur real existierenden Außenwelt, doch sucht engagiertes Mitgefühl im wohlverstandenen Sinne auf diese einzuwirken.

Die globale Mauer des Geldes, die Herabwürdigung des Lebens überall auf der Welt, die Saat der Gewalt, Kriege, atomare Bedrohung, Fundamentalismus, Ausbeutung von Mensch, Natur und Umwelt drohen nicht bloß die Tugend des Mitgefühls oder die simpelste menschliche Anständigkeit, sondern letztlich sogar alle sozialen Systeme in die Knie zu zwingen. Können die konstruktiven, heilsamen Geisteskräfte jene Kräfte überwinden, die unseren Planeten auseinanderzureißen drohen?

Wir wissen alle längst um die Gefahren, aber laufen weiterhin sehenden Auges hinein. Mahner haben größte Mühe, mit ihren Stimmen Gehör zu finden und auf Resonanz zu stoßen. Der kürzlich verstorbene ehemalige Präsident der Tschechischen Republik, der feingeistige Mensch und Autor Václav Havel, schrieb uns in seinem Essay »Zivilisation ohne Gott« ins Stammbuch: Die herrschenden Kräfte bringen immer stärker »ein undefinierbares Leben« hervor, »das menschliche Gemeinschaften zerstört und unter dem Banner internationaler Uniformität jede Individualität, Identität oder Heterogenität bedroht. Es ist ein schon früher beschriebenes, existenzielles Phänomen zu beobachten: ungezügelter Konsum erzeugt eine neue Form von Einsamkeit. Woher kommt diese traurige Entwicklung, und warum wird sie immer schlimmer? Wie kann es sein, dass Menschen auf diese gedankenlose Art und Weise nicht nur die Landschaft behandeln, die sie umgibt, sondern den ganzen Planeten, der ihnen zur Besiedlung gegeben wurde? Wir wissen, dass wir uns selbstmörderisch verhalten, und doch machen wir weiter. Wie kann das sein? ... Mit dem Kult von messbarem Wachstum, erwiesenem Fortschritt und messbarer Nützlichkeit verschwindet der Respekt vor dem Rätselhaften – und damit die Ehrfurcht vor der Unendlichkeit und der Ewigkeit ... Das Seltsame, das Übernatürliche, das Rätselhafte, das Unbegreifliche – es wurde aus der Welt seriöser Gedanken verbannt, als gehöre es in die obskuren Kämmerchen unzurechnungsfähiger Leute. Solange wir all das nicht in unsere Köpfe zurückkehren lassen, so lange wird es nicht besser werden. Wir müssen uns wieder wundern. Und uns Sorgen machen über das Nichtselbstverständliche der Dinge.« (2010)

Sich sorgen in Mitgefühl und Verantwortung für die Verbundenheit aller mit allem gilt dem herrschenden materiellen Zeitgeist bestenfalls als Sentimentalität, schlimmeren Falls als ausgesprochene Dummheit. Doch der Zeitgeist schafft Stimmungen, im Innen wie im Außen.

Frage ich Kurs-, Seminar- oder Fortbildungsteilnehmer gelegentlich, welche Gefühle die gesellschafts- und wirtschaftspolitischen Realitäten der realen Außenwelt in ihnen auslösen, bekomme ich als Antworten regelmäßig zu hören: Ohnmacht, Hilflosigkeit, Resignation,

Enttäuschung, Zorn, Wut, Ekel, Abscheu, Schaudern, Gleichgültigkeit, Rückzug. Selten ist es der Fall, dass jemand Beifall klatscht. Wohlgemerkt: Ich frage nach vorherrschenden Gefühlen, nicht nach einer intellektuellen Auseinandersetzung mit politischen Parteien oder Programmen. Wie verheerend sich solche Gefühle von Ohnmacht und Hilflosigkeit auf unser seelisches Wohlbefinden auswirken können, habe ich in meinem Buch »Der roten Faden in der Sucht« (2000) beschrieben. Können wir solch negative Gefühle nicht wirkungsvoll entgiften, werden sie zur seelischen Belastung mit realem leiblichem Gesundheitsrisiko, geeignet, jeden Anflug von Mitgefühl zu untergraben.

Die wenigsten Menschen in unserem Gemeinwesen reagieren auf ihre Ohnmachtsgefühle bislang damit, dass sie sich selbst in die Tagespolitik einzumischen beginnen und damit vom bloßen »Bürger« zum sich selbst aktiv vertretenden *Citoyen* in der Zivilgesellschaft werden. Der passive Widerstand, sein Wahlrecht nicht auszuüben, hilft auch nicht wirklich weiter, weil die große Partei der Nichtwähler in ihrer Interessensvertretung unorganisiert bleibt. Und als mit dem (Un-)Wort des Jahres geadelter »Wutbürger« ständig mit geballter Faust in der Tasche durch die Gegend zu laufen, wäre ein wenig mitfühlender Akt, der nur weitere düstere Gefühle von Ohnmacht und Zorn nährte, würde er nicht von unduldsamer Spontaneität, politischer Frische und vom unzerstörbaren Prinzip Hoffnung auf durchsetzbare Veränderungen getragen.

Was hilft, wenn derzeit nirgends mehr eine politische Utopie als Idealbild, als Hoffnungsträger für all die enttäuschten Menschen erkennbar ist, die sich von der Realpolitik in gleich welchen Teilen der Erde ihres menschlichen Geburtsrechts auf Glück und Gerechtigkeit beraubt sehen? Weiterbringen kann uns der Geist des Mitgefühls. Er ist keine Utopie, sondern eine ideelle innere Haltung, die als mentale Welt in die Verwirklichung drängt, gewaltfrei, friedfertig, selbst in größtem, mitfühlend berechtigtem Zorn.

Gleichgültig, an welchem Platz in der Welt wir stehen, wir kommen nicht umhin, uns an unserem Platz im Leben zu positionieren.

Als Privatmenschen ebenso wie als sozial handelnde oder politisch denkende Bürger und Bürgerinnen. Wo passen wir uns fugenlos in diese Welt ein, schwimmen reibungslos mit dem Strom, oder wo denken wir quer und versuchen, aus der Reihe tanzend jeden Tag ein wenig mehr den Geist des Mitgefühls zu verwirklichen?

Wir haben ein menschengegebenes Interesse daran, deutlich sorgfältiger als bislang zu entscheiden, welchen Personen und Gruppierungen wir politische Verantwortung und Macht übertragen. In unserem Gemeinwesen mit seinen demokratischen Grundzügen dürfen wir alle in regelmäßigen Abständen zu politischen Wahlen schreiten. Wir dürfen uns glücklich schätzen, dass es so ist, gemessen an den Machtverhältnissen in anderen Regionen der Erde. Doch sollten wir nichtsdestoweniger aufmerksam zur Kenntnis nehmen, dass auch unser Gemeinwesen eher ein nach demokratischen Gepflogenheiten organisiertes System ist, als dass die Demokratie wirklich in den Herzen und Köpfen der Menschen verankert wäre. Überall, wo die totale Erschöpfung der Moderne sie in wachsende Krisen treibt, sind auch die großen Demokratien über die Beschneidung der Menschenrechte wie der bürgerlichen Freiheitsrechte gefährdet, ausgehöhlt zu werden.

In parlamentarischen Demokratien sich zur Wahl stellende Frauen und Männer bewerben sich rivalisierend um die Macht. Wir Wähler entscheiden uns nach eigenem politischem Selbstverständnis, nach Parteienpräferenz, Programmen, Versprechungen oder Hoffnungen, wo wir unsere Kreuzchen machen. Nehmen wir Tugenden wie Mitgefühl dabei wirklich ernst und betrachten diese Herzensqualität nicht als etwas Exotisches, außerhalb der Politik Stehendes, dann verändern wir unseren Blickwinkel und betrachten die Politik mit gänzlich anderen Augen. Wir könnten dann ein Kriterium in unsere Entscheidungsprozesse einbeziehen, welches bezüglich menschlicher Qualitäten untrüglich ist. Schauen wir den Menschen, die an die Macht drängen, schlichtweg direkt in die Augen. In dem Fall sehen wir nämlich, dass wir vielfach nichts sehen. Die Augen vieler Politiker und Wirtschaftsführer sind so tot, dass wir darin keinen Funken lebendigen Lebens mehr zu entdecken vermögen. Ihnen fehlt jeglicher beseelter Glanz. Augen spiegeln zuverlässig den Zustand der menschlichen

Seele. Wer aus derart erloschenen Augen blickt wie viele unserer führenden Köpfe, hat schlichtweg jede aufrichtige Menschlichkeit in sich ersterben lassen oder zumindest Bande und Ringe um sein Herz gelegt. Wir blicken diesen völlig machtuntauglichen Menschen durch die Augen direkt in ihr verschlossenes, kaltes oder steinernes Herz. Solche Bewerber um die Macht sind von ihrem inneren Wesen her in keiner Weise mehr in der Lage, eine Politik für lebendige und überlebenswillige Menschen im Geiste von Respekt, Mitgefühl, Achtsamkeit und verbundener Verantwortlichkeit zu gestalten.

Lebendige Menschen stehen vielerorts auf der Welt in einem enormen Spannungsverhältnis zur verkrusteten Real- und Machtpolitik. Auf der einen Seite stehen die hoffnungsvollen Zeichen der Zeit weithin erkennbar auf Wandel. Auf der anderen Seite trifft leider noch verschärft zu, wovor bereits im Jahr 1991 der damalige brasilianische Umweltminister José Antonio Lutzenberger in der Londoner »Sunday Times« mahnte: »Die moderne Industriegesellschaft ist eine fanatische Religion. Wir demolieren, vergiften und zerstören alle Lebenssysteme auf diesem Planeten. Wir zeichnen Schuldscheine, die unsere Kinder nicht werden einlösen können … Wir handeln, als seien wir die letzte Generation auf diesem Planeten. Ohne einen radikalen Wandel in unseren Herzen, in unserem Geist und in unserer Vision wird die Erde enden wie die Venus: tot und verkohlt.«

Seither wurde weiter an der Uhr gedreht. Und dementsprechend ist es für unseren Globus allerhöchste Zeit zum Umsteuern. Daran gibt es nichts zu deuteln.

Mitgefühl im Bunde mit seinem unermesslichen Begleiter Achtsamkeit kommt und wächst von unten. Tragen die Menschen, welche sich entweder noch oder neu und immer stärker von einem überlebensfähigen Maß an Menschlichkeit beseelt fühlen, dazu bei, dass der mitfühlende Geist sich als mächtige Idee oder Vision im wachsendem Maße durchsetzen kann, wird mitfühlendes Denken und Handeln zu einem politisch (r)evolutionierenden Geschehen und zu einem Versprechen auf die Zukunft.

Dann mögen hoffentlich auch leichter so besonders sensible Menschen überleben, wie ein mir ehemals vertrauter Mensch, der einmal voller Zorn und Überdruss zu mir sagte: »Wenn du in diesem Land kein Schwein bist, die Leute nicht bescheißen und abzocken willst, sondern dein Geld mit Redlichkeit und menschlichem Anstand verdienen willst, dann kommst du nicht weit.« Kein Mitgefühl hielt ihn im Leben, konnte ihn davon abhalten, sich aus einer als unerträglich empfundenen Realität heraus in den Tod zu trinken. Er schied mit Vorsatz aus dem Leben.

Mitgefühl und das Rätsel »liebender Güte«

Es gibt immer wieder Menschen, deren Leben mutet an wie eine einzige Personifizierung von liebender Güte. Zu ihnen zählen in den letzten Jahrzehnten sicherlich Mutter Teresa, Sœur Emmanuelle, Abbé Pierre, Albert Schweitzer auf der humanitären Seite und Persönlichkeiten wie Mahatma Gandhi, Martin Luther King und Nelson Mandela auf der politischen Bühne. Insbesondere Menschen wie die Erstgenannten, die ihr Leben völlig in den Dienst der Ärmsten der Armen, der Kranken, der Entrechteten und Geknechteten, der »Müllmenschen« stellen, erfahren zweierlei Reaktionen von der Außenwelt: Zum einen wird ihnen höchste Anerkennung für ihr unspektakuläres Charisma gezollt, zum anderen sehen sie sich aber ebenso milde oder kopfschüttelnd belächelt ob ihrer grenzenlosen Opferbereitschaft für andere. Ihr Leben in mitfühlender, barmherziger, liebevoll gütiger Weise anderen zu weihen, passt nicht in die Lebensauffassung des fortschrittlichen modernen Individualisten. Seine Werte sind völlig andere, und auch sein Erkenntnisinteresse kreist nicht gerade um selbstlose Menschenfreundlichkeit.

Mitgefühl und liebende Güte sind den Forschungsbemühungen der Psychologie, der Psychotherapie sowie der Kognitions- und Neurowissenschaften folglich ein komplettes Rätsel. Jahrzehntelang wurden sie überhaupt nicht erforscht. Sie passen einfach nicht in die Denkgebäude von Wissenschaften, in deren Fokus viel mehr der beschädigte, geistig und seelisch kranke oder der konditionierbare und zu manipulierende Mensch steht. Das Hervorbringen von Mitgefühl und liebender Güte als menschenfreundliche Verhaltensweisen können die versammelten Wissenschaften bis heute nicht zufriedenstellend erklären.

Immerhin haben westliche Forscher angefangen, sich für Mitgefühl und liebende Güte als Rätsel zu interessieren, vor allem durch die in einem regelmäßigen Turnus stattfinden Mind- and Life-Konferenzen, bei denen sich hochrangige westliche Wissenschaftler verschiedener Forschungsdisziplinen mit dem Dalai Lama an dessen Wohnsitz in Dharamsala, seinem indischen Exil, treffen. Dass sie sich in der Folge verstärkt der Erforschung dieser menschenfreundlichen Rätsel angenommen haben, liegt darin begründet, dass ihnen in der direkten Begegnung mit dem Dalai Lama und dem buddhistischen Welt- und Menschenbild Erfahrungen widerfuhren, mit welchen sie in keiner Weise persönlich gerechnet hatten. Sie erfuhren leibhaftig, welche wundersam heilsamen Kräfte Mitgefühl und liebender Güte innewohnen und wie sie wie nebenbei ihre Kräfte zu entfalten vermögen, durch die ausschließliche Präsenz von Menschen, deren Hauptmerkmale Mitgefühl und gelebte liebende Güte sind.

In ergreifendster Weise hat dies sicherlich Paul Ekman beschrieben, der wohl bekannteste Emotionsforscher unserer Tage. Ekman wurde aus heiterem Himmel von der liebenden, mitfühlenden Urgüte seines Gastgebers, des Dalai Lama, bis ins Mark erschüttert. Sie hat sein komplettes Leben verändert. Wenn ich hier auf seine Geschichte eingehe, ist das einerseits eine Würdigung, wie er dieses intime Geschehen preisgibt, und zum anderen wird an diesem Beispiel deutlich, was uns Menschen an Herzensqualitäten ermangelt in der verbreiteten Abwesenheit von Mitgefühl und liebender Güte.

Paul Ekman hat sein gesamtes Leben der Erforschung der menschlichen Emotionen gewidmet. Seine eigenen Hauptemotionen, welche ihm bis zur Begegnung mit dem Dalai Lama sein Leben erschwerten, waren sein Ärger und Zorn. Psychologisch erklären konnte er sich die Quelle seines immerwährenden Ärgers durchaus. Er hatte eine überaus unglückliche Beziehung zu seinem Vater, der ihn regelrecht mit einem Lieblingsfluch belegte und damit für sein Leben bannte. Von dem Fluch entbinden konnte sich Ekman nämlich nie. Er lässt uns wissen: »Es ist nicht so, dass ich nicht vorher schon andere Ansätze ausprobiert hätte, um meine Probleme mit dem Ärger in den Griff zu bekommen. Insgesamt habe ich mich dreimal einer Psychoanalyse unterzogen, zum Teil weil ich das schreckliche Problem des Ärgers in den Griff bekommen wollte. Aber es hat nichts geholfen.«

Er ging weiterhin eher unbarmherzig und rigide als gnädig mitfühlend mit sich selbst um. Bis die unmittelbare Erfahrung direkten Mitgefühls und liebender Güte in den Begegnungen mit dem Dalai Lama ihn bis in seine Grundfesten hinein erschütterte. Er fühlte sich völlig ergriffen, und all der lebenslange Ärger verschwand zu seiner größten Verwunderung wie Freude aus seinem Leben. Die alte, ärgerliche Lieblosigkeit war einfach wie ausgelöscht. Paul Ekman hat sich in die heilsame Kraft von Mitgefühl ergeben, er hat sich hingegeben und darüber die Gnade der liebenden Güte in sich aufgenommen. Als Mensch wie Wissenschaftler hat er seine eigene Veränderung unmittelbar erfahren, er kann sie bezeugen, seine Umwelt kann sie bezeugen. Das Problem, das ihm bleibt: Er kann sie sich wissenschaftlich in keiner Weise erklären: »Als Wissenschaftler kann ich nicht ignorieren, was ich erlebt habe. ... Ich glaube, die Veränderung, die in mir stattfand, begann mit dieser körperlichen Empfindung, was immer das war. Ich glaube, dass das, was ich erlebte ›Güte‹ war – ein nichtwissenschaftlicher Begriff. Auch die anderen acht Personen, die ich befragte, sagten alle, sie hätten Güte gespürt. Sie fühlten, wie sie ausstrahlte, und empfanden dieselbe Art von Wärme wie ich. Ich habe keine Ahnung, was es ist und wie es geschah, aber es existiert nicht nur in meiner Fantasie. Auch wenn wir nicht über Methoden verfügen, um das Phänomen zu erklären, so heißt das nicht, dass es nicht existiert.«

Es ist berührend, wie Paul Ekman sein andächtiges Erstaunen ob seiner eigenen inneren Wandlung beschreibt. Er hat seinen Frieden mit sich und der Welt gefunden und seither seinen Forschungsschwerpunkt gänzlich neu gelegt. Zwar erforscht er weiterhin die Emotionen, doch versucht er nun die Rätsel von Mitgefühl und liebender Güte zu entschlüsseln. Sein Fühlen wie Denken sind neu ausgerichtet: »Nur weil die Wissenschaft etwas im Moment nicht erklären kann, heißt das nicht, dass wir nicht versuchen sollten, es zu erklären. Ich vermute, dass an der kontemplativen Praxis etwas ist, was bei manchen Menschen, einer kleinen Zahl von Menschen, *Güte* hervorbringt – mir fällt kein anderes Wort ein, obwohl es kein Wort des 21. Jahrhunderts ist –, aber eine Art von Güte, die anderen von Nutzen ist.« (Dalai Lama/Paul Ekman, 2009)

Im Grunde genommen müsste es uns allesamt fassungslos machen und erschüttern, wie wenig alle am westlichen Denken orientierten Wissenschaften zusammengenommen bis heute zu diesen wertvollsten aller menschlichen Tugenden beizusteuern haben. Es braucht bisweilen nichts weiter als eine hautnahe Begegnung mit der Präsenz von Mitgefühl und liebevoller Güte, und alle gewohnten Gedankengebäude stürzen in sich zusammen, und das Leben nach vorne hin öffnet sich in eine gänzlich veränderte Dimension.

Kann Sie dieses Beispiel von Paul Ekman weiter ermuntern, sich in Mitgefühl und Meditation zu üben, damit aus der vermeintlich kleinen Zahl von Menschen, die Güte hervorbringt, eine größere Zahl wird? Mitgefühl, liebevolle Güte, Gnade und Barmherzigkeit bekämen so die wachsende Chance, wieder zu menschlich ganz geläufigen Wörtern des 21. Jahrhunderts zu werden.

Mitgefühl und die Versöhnung
mit sich selbst oder: Die Magie der Seele

Es ist eine leicht beobachtbare Tatsache, welche für viel Unheil und Leid sorgt, dass viele Menschen sich mit einem hohen Maß an verinnerlichtem Groll, mit Zorn, Wut und gar Hass durchs Leben schleppen. Ein wirksam heilendes Gegenmittel ist Mitgefühl.

Das Wunderbare am Mitgefühl ist, dass es uns stärker und stärker mit uns selbst, mit den anderen, der Welt und dem Leben versöhnt. Somit entlastet und befreit es gleichzeitig von allerlei negativen Gefühlen und Gedanken, welche uns das Leben zu vergällen drohen. Sind wir versöhnt, sind wir in der Mitte unseres Herzens im Reinen mit uns und mit der Welt.

Den bisweilen steinigen Weg zu unserer Versöhnung können wir allerdings nur selbst beschreiten. Es ist der Weg des Mitgefühls und des geistig-spirituellen Wachstums. Andere Menschen können uns zwar dabei unterstützen, aber selbst Menschen mit außergewöhnlichen spirituellen oder heilenden Gaben können uns die eigene Arbeit nicht abnehmen.

Wiederum ganz im Sinne des Gebots »Du sollst deinen Nächsten lieben wie dich selbst« ist jede Versöhnung ein Liebesdienst an uns selbst. Sie kann sich nicht vollziehen als ein Geschenk an andere. Caroline Myss, eine spirituelle Kapazität auf dem Gebiet des energetischen Heilens, hat dementsprechend einmal gesagt, Versöhnung sei eigentlich ein sehr egoistischer Akt, denn er tue niemandem so gut wie einem selbst. Doch wenn wir uns über den Weg des Mitgefühls mit uns selbst versöhnen, können wir durch die Liebe zu uns selbst die Welt lieben und umarmen und durch Resonanz wie Verbundenheit heiler werden lassen.

Entbinden, Enterben oder: »Es ist nie zu spät, eine glückliche Kindheit gehabt zu haben«

»Es ist nie zu spät, eine glückliche Kindheit gehabt zu haben!« Diesem von Milton Erikson, dem Begründer der modernen Hypnosetherapie, geprägten Satz, der auch in die systemische Familientherapie eingewandert ist, haftet einerseits ein guter Spritzer Zynismus an, denn zu viele Kinder, Jugendliche, Männer und Frauen in allen Teilen der Erde sind gezwungen, ihr Leben unter Verhältnissen zu fristen, die alles andere als beneidenswert zu nennen sind. Mancherlei Ohnmacht gegenüber den Bedingtheiten und Verletzungen des Lebens zieht denn auch nur zu häufig eine Verbitterung nach sich, die sich in unserem Leben einnistet. Dem familientherapeutischen Glaubenssatz wohnt aber ebenso eine gute Portion Wahrheit und Weisheit inne. Denn es kommt im Leben immer darauf an, was wir aus dem machen, das aus uns gemacht wurde. Wir sind unserer Geschichte nicht ohnmächtig und hilflos ausgeliefert. Die wunderbare Magie der Seele befähigt uns zu allerlei Wandlungs- und Heilungsprozessen. Von schlechter, unverdaulicher Seelennahrung oder von einem untragbaren Familienerbe können wir uns über den Weg des Mitgefühls entbinden oder enterben.

Eine überaus achtsame Mitgefühlsübung nach dem weisen Ratschluss »Entwickeln Sie das Beste in sich, das Sie in sich tragen, durch die Liebe zu Ihnen selbst« möchte ich Ihnen ans Herz legen. Es ist ein erstes Mittel zur Selbsthilfe, das es wahrlich in sich hat. Das Ziel der Übung ist die Erlösung von inneren »Bannsprüchen«, die so ins persönliche Lebensskript eingraviert sind, dass sie die selbstbestimmte Lebensführung und die volle Ausschöpfung Ihres Lebenspotenzials empfindlich behindern. Die Befreiung oder die Entbindung findet statt mittels korrigierender »Zauber-« oder Lösungssätze.

Alle Menschen, Sie eingeschlossen, tragen das tiefe Bedürfnis in sich, sich als leiblich-seelisch verkörperte Personen »ganz« und »richtig« zu fühlen. (Kuntz, 2000) Dem entgegen stehen bei ungezählt vielen Menschen tief verinnerlichte »Bannsprüche«, »Killersätze« oder »Fertigmacher«, die ihnen als Botschaften oder Lebensaufträge in

Form innerer Stimmen das Leben schwer machen. In der Geschichte waren Bannsprüche immer und ausnahmslos ein Instrument der Herrschenden zur Machtausübung. Menschen wurden exkommuniziert, ausgegrenzt, aus der Gemeinschaft verstoßen oder als Hexen und Ketzer verschrien und auf dem Scheiterhaufen verbrannt. Ganz so drastisch wirken heutige Bannsprüche zwar nicht, aber sie können ein ganzes Leben zur Bürde geraten lassen, indem sie vorwiegend psychische Schatten werfen, welche die Zuneigung zu uns selbst sowie unser uneingeschränktes Mitgefühl verdunkeln.

Arbeite ich mit Lösungs- oder Zaubersätzen in einer Gruppe, sammele ich zunächst die Negativbotschaften der »Bannsprüche«. Hören die Gruppenteilnehmer und -teilnehmerinnen in sich hinein, werden sie fast ausnahmslos umgehend fündig. Die unfreundlichen Einflüsterungen lauten zum Beispiel:

»Du kannst sowieso nie was richtig machen.«

»Aus dir wird nie eine große Leuchte werden.«

»Das Leben ist ein Kampf. Siege!«

»Du bist nichts, hast nichts, kannst nichts.«

»Wie konnte ich dich bloß auf die Welt bringen. Du wärst besser nicht geboren worden.«

»Wärst du bloß ins Klo gefallen.«

»Womit habe ich dich bloß verdient.«

»Deinetwegen geht es mir so schlecht.«

»Eigentlich solltest du ein Junge werden.«

»Du bringst mich noch ins Grab.«

»Wie kannst du nur so undankbar und missraten sein?«

»Was du anfängst, musst du auch zu Ende bringen.«

»Lass mich das lieber machen ... mit deinen zwei linken Händen«

usw. usf.

Es ruft betroffenes Staunen, mitfühlendes Entsetzen und Gänsehaut hervor, dass die Flut der entsprechenden Botschaften gar nicht mehr abebben mag, haben wir die Schleusen erst einmal geöffnet. Doch nicht bloß solche »Killersätze« können sich im Leben von Menschen verheerend auswirken. Selbst ursprünglich positiv gemeinte Botschaften können sich zu schweren Lebensbürden auswachsen:

»Du bist doch immer unsere Beste.«

»Du bist wirklich Papas Liebling.«

»Du bist der ganze Stolz der Familie.«

»Du schaffst das schon.«

»Wenn du das wirklich willst, kannst du das auch allein.«

»Du hältst die ganze Familie zusammen.«

»Wir wissen doch, was wir von dir erwarten dürfen.«

»Aus dir wird mal was ganz Besonderes.«

»Du bist mein Sonnenschein.«

»Du bist einfach nicht wie die anderen.«

»Ich weiß, ich kann mich doch auf dich verlassen.«

»Du sollst es mal besser haben als wir« usw. usf.

ÜBUNG

✳ Was fällt Ihnen denn gerade alles so ein? Oder durchfährt es Sie vielleicht sogar glühend heiß, weil gerade die eine oder andere Botschaft in Ihnen hochkocht, die Sie lange vergessen, verarbeitet oder unter Kontrolle glaubten? Sammeln Sie alle Erziehungssprüche, Kommentare, Fertigmacher, Bannsprüche oder erhaltenen Lebensaufträge und schreiben Sie sie auf. Überprüfen Sie die Botschaften danach, wie sie heute noch in Ihnen wirksam sind. Konzentrieren Sie sich insbesondere auf diejenigen, von denen Sie das Gefühl haben, dass Sie Ihnen das Herz schwer machen und einen wesentlichen Teil Ihrer Lebensfreude trüben. Manch innere Stimme, die nicht wirklich Ihre eigene ist, würden Sie vermutlich gern für immer zum Schweigen bringen, sie aus Ihrem Inneren tilgen oder ausmerzen. Ordnen Sie Ihre erfahrenen Bannsprüche und Fertigmacher als Ihre persönliche »Hitliste« nach Dringlichkeit und Belastungspotenzial.

Manche Bannbotschaften sind selbst noch nach eigenen Psychotherapien wirksamer, als uns lieb sein mag, falls sie nur auf der verbalen Ebene bearbeitet wurden und ihre Korrektur nicht wirklich vom »Kopf« ins »Gefühl«, und das heißt prozessgemäß auch ins emotionale Gedächtnis des Gehirns sowie des leiblichen Körpers eingewandert ist.

Alle irgendwie gebannten Menschen finden tief in ihrem Inneren einen passenden Lösungs- oder Zaubersatz für ihre jeweiligen Bannsprüche, sofern wir sie zur Suche danach ermuntern. Meistens kommen die Lösungssätze ganz spontan, weil sie als innere Erlösungsfantasien mehr oder weniger dicht unter der Oberfläche des Erlebens auf den richtigen Zuspruch warten. Jeder und jede kann folglich den persönlichen Wunschsatz formulieren, um sich durch dessen Gegenwirkung von den Negativbotschaften oder Aufträgen eines Banns erlöst zu finden.

Finden und formulieren Sie jetzt Ihre persönlichen Lösungs- und Zaubersätze, um sich von lebensüberschattenden Einflüsterungen entbinden zu können. Lauschen Sie Ihren eigenen Formulierungen allerdings nicht bloß mit wachem Ohr, sondern auch mit tiefstem Herzen und mit Ihrem Leib als Resonanzkörper. Weswegen?

In Ihren ersten oder erstmalig formulierten Lösungs- oder Zaubersätzen können sich noch Fußangeln oder trickreich gestellte Fallen verstecken. Die Persönlichkeitsteile in Ihrem Inneren, die den Bannsprüchen und Lebensskripten bislang gefolgt sind, beispielsweise sogenannte »Innere Kinder« oder sonstige identifizierbare Ich- oder Selbstanteile, mögen vielleicht noch nicht wirklich überzeugt sein von der erhofften Wirksamkeit der Lösungssätze. Oder sie dürfen sich noch nicht voll und ganz trauen, dem Bann entgegenzutreten, um sich von ihm loszusagen. Oder andere Stimmen und Teile, die als innere Boykotteure tätig sind, versuchen aufgescheucht diejenigen Selbstanteile zu behindern, die voller Hoffnung auf die Befreiung von lebensbestimmenden Botschaften zusteuern. In den Wunschsatz können sich über solche Einschränkungen relativierende »Beiwörter« einschleichen – beziehungsweise trickreich eingeschleust werden –, welche die Wirksamkeit des erlösenden Zaubers zu vereiteln suchen. Versuchen Sie also, eventuelle versteckte »Querschüsse« in Ihren Lösungssätzen und Zaubersprüchen herauszuhören, um sie auszufiltern. Sie können sie sich dafür laut vorsprechen oder sie von einer Ihnen vertrauten Person überprüfen lassen. So werden Sie schließlich Ihre Wunschsätze finden, denn Ihre innere Wahrheit weiß am besten, welcher

Satz Ihnen die erlösende Botschaft verkünden soll. Sollte der äußerst seltene Fall eintreten, dass Ihnen gar kein passender Lösungssatz für einen Bannspruch in Ihrem Lebensskript einfallen mag, können Sie sich Vorschläge von Menschen machen lassen, die Ihrem Herzen nahestehen, Sie gut kennen und es gut mit Ihnen meinen.

Bannsprüche sind in aller Regel mit den entsprechenden Situationen und Personen in Ihrem Leben verbunden. Haben Sie die für Sie gültigen Lösungs- und Zaubersätze als Befreiungshilfen gefunden, besteht der zweite Teil der Übung daher darin, sich Ihre eigenen Wunschsätze immer wieder selbst vorzusagen, damit Sie sie tatsächlich hören können. So können Sie nach und nach als korrigierende Gegenbotschaft in Sie einwandern und ihre Wirkung tun. Verstärken können Sie diesen Prozess, indem Sie sich Ihre Wunsch- und Zaubersätze von Menschen zu Ihnen sprechen lassen, die Sie selbst mögen, die Sie ernst nehmen und als vertrauenswürdig erachten. Sie können diese Menschen sogar bitten, für Sie während dieser Momente in eine bestimmte Rolle zu schlüpfen. Dann sprechen sie Ihre Wunschsätze aus dieser Rolle heraus zu Ihnen. Sie müssen ihnen bloß genau vorgeben, was Sie wünschen. Wer erlöst werden möchte, weiß in der Regel, wen und was er dazu braucht. Vermutlich werden Sie sich als Adressat Ihres Wunschsatzes eine oder mehrere Wiederholungen des Lösungssatzes wünschen, bis Sie das stimmige Gefühl verspüren, die Botschaft der Worte ist wirklich und wahrhaftig am passenden Ort in Ihnen angekommen. Die emotionale Korrektur des Bannspruchs erfolgt nicht bloß gedanklich auf der verbalen Schiene, sondern über alle leiblich-seelischen Kanäle sowie über den zwischenmenschlich gestalteten Handlungsvollzug.

Gehen Sie zusätzlich den Weg, denjenigen Menschen, die Negativbotschaften, Fertigmacher und Bannsprüche in Ihnen versenkt haben, diese für Sie schlechte Seelennahrung wieder zurückzugeben. Das können Sie zumindest in Ihrer Vorstellung vollziehen nach dem bereits bekannten Prinzip »Vorstellungskraft ist

Zauberkraft«. Stellen Sie sich eine Situation vor, in welcher Sie der Person begegnen, von der ein Bann stammt, den Sie aufzulösen wünschen. Sie konfrontieren diese Person in Ihrer Vorstellung mit Ihrem heutigen Erwachsenen-Ich. Achten Sie in der vorgestellten Gestaltung der Szene darauf, dass Sie auf Augenhöhe mit Ihrem Gegenüber sind. Sie blicken ihm mit erhobenem Haupte in die Augen. Keinesfalls senken Sie Ihren Blick.

Innerlich können Sie sich auf eine solche Situation vorbereiten, indem Sie vorher in die Mitte Ihres Herzens atmen, innerlich Ihren sicheren Wohlfühlort aufsuchen, sich Ihrer Schutzhülle bedienen, sich Ihre hilfreichen Wesen zu Ihrer Unterstützung herbeirufen und sich mit etwas Größerem außerhalb Ihrer selbst verbinden, soweit Sie das mit Ihrem Welt- und Menschenbild in Übereinstimmung bringen können. In Ihrer Fantasie und Vorstellung ist das alles uneingeschränkt möglich. Dann geben Sie alle als Bürde und Lebenseinschränkung empfundenen Botschaften wieder zurück, um sich gänzlich davon zu entbinden. Sie können Botschaften direkt mit Ihren eigenen Worten zurückgeben, oder Sie können sie auch in Ihrer Vorstellung als Päckchen oder Paket verpackt an den Absender zurückgeben.   ✳

Zugegeben: Allein und in Eigenregie angewandt, hilft diese Methode vorwiegend bei Bannsprüchen, die nicht das gesamte eigene Innenleben infiziert oder sogar zerstört haben. Ist die eigene Seele und Psyche oder gar die körperliche Integrität zu stark versehrt, kann diese Methode zwar gleichfalls wunderbar hilfreich sein. Dann brauchen Sie dazu aber zusätzlich das Eingebundensein in eine professionelle therapeutische Behandlung. Das wiederum setzt voraus, dass ein Psychotherapeut oder eine Therapeutin sowohl willens ist, mit Ihnen zu arbeiten, als auch mit solchen Methoden und Verfahren vertraut ist. Außerdem sollte die Person, die Sie begleitet, möglichst uneingeschränkten Zugang zu ihrer Herzensqualität Mitgefühl sowie zu ihrer eigenen Spiritualität haben. In einem solchen Setting ist das Entbinden oder Enterben von schweren Lebensbürden dann eine Mischung aus imaginativer Wiederinszenierung und emotional korrigierendem neuem Handlungsvollzug in der Form einer kleinen umgestaltenden

Strukturarbeit. Als solche ist sie auch bestens geeignet zur Anwendung in Selbsterfahrungs- und Fortbildungsgruppen.

Über die Jahre hinweg habe ich während solcher Strukturarbeiten eine Fülle an Zauber und Lebenspoesie sich ereignen sehen. Durch deren Bezeugung ist mir diese wertvolle methodische Intervention so ans Herz gewachsen, dass ich sie keinem Menschen vorenthalten möchte, der damit eine korrigierende Erfahrung an Leib und Seele zu verinnerlichen sucht. Nach der Übung ist die Welt nicht mehr die gleiche wie zuvor. Deshalb biete ich ihre Erprobung hier auch für den Hausgebrauch an.

Schmerz lass nach! – Begegnungen in Liebe

Eine Übung anderen Charakters, die mühelos in Eigenregie durchführbar ist, verfolgt das gleiche Ziel: Die Versöhnung mit sich selbst und anderen. Da es eine untragbare Hypothek oder Bürde ist, ein hohes Maß an Unversöhnlichkeit mit sich selbst wie anderen durchs das Leben zu tragen, tut es gut, wenn wir auf verschiedenen Wegen zur Versöhnung, zur Enterbung oder Entbindung gelangen können.

Sofern Sie sich in schmerzhaften Erinnerungen, Bildern und Szenarien befangen fühlen, die mit Ihren Eltern und Ihrer Herkunftsfamilie zu tun haben, versuchen Sie sich an folgender Übung:

ÜBUNG

✳ Nehmen Sie sich jetzt fest vor, sich von lebensbehindernden schmerzhaften Erinnerungen zu befreien. Wenden Sie sich dann dem inneren Kind in Ihnen zu, welches am meisten an seiner schmerzvollen Geschichte zu leiden hat. Atmen Sie über Tage oder Wochen mehrfach täglich bewusst ein und aus und sagen Sie sich in Gedanken dabei: »Ich atme ein, und bei jedem Einatem sehe ich mich als das Kind in diesem oder jenem Alter in mir, das leidet. Ich atme aus, und mit jedem Ausatem wende ich mich diesem Kind in mir zu und umarme es mit einem Lächeln und einem liebevollen Blick. Mitfühlend mit diesem Kind in mir übernehme ich als erwachsener Mensch die Verantwortung dafür, dass es ihm gut geht.« Sie können in weitere innere Dialoge mit dem Kind eintreten. Etwa: »Mein liebes Kind, was musstest du erdulden und Schmerzen leiden. Aber nun werde ich mich liebevoll um dich kümmern.« Sofern Sie das lange genug praktizieren, wird mehr und mehr Mitgefühl für dieses Kind in Ihnen aufkeimen.

Haben Sie derart eine oder mehrere Wochen mit dem Gedenken an Ihr inneres Kind zugebracht, wenden Sie sich dem Menschen zu, von dem sich das innere Kind verletzt gefühlt hat, beispielsweise Ihrem Vater. Versuchen Sie Ihren Vater gleichfalls als Kind in einem bestimmten Alter zu sehen. Dabei können alte Familienfotos behilflich sein. Existieren solche Fotos nicht, bleiben Sie in der Vorstellung bei Einzelheiten oder Situationen aus der Kindheit Ihres Vaters, welche Sie vom Erzählen kennen oder von denen Sie eine innere Ahnung haben. Sagen Sie sich dann in Gedanken: »Ich atme ein, und mit jedem Einatmen sehe ich meinen Vater als Kind in diesem oder jenem Alter. Ich atme aus, und mit jedem Ausatem umarme ich das Kind, das mein Vater einmal war, mit einem Lächeln. Mitfühlend mit diesem Kind, das ebenfalls einmal verletzlich und zerbrechlich war und leiden musste, kann ich tiefer schauen und verstehen. Weil ich verstehen kann, kann ich frei werden und mich entbinden davon, dass die Vergangenheit schmerzhaft in mir weiterwirkt. Ich überlasse meinem Vater als erwachsenem Menschen die Verantwortung für das, was er getan hat.« ✳

Sobald wir tief genug schauen und wirkliches Verstehen entwickeln, können wir die unheilsame Vergangenheit transformieren, unseren Frieden damit machen und uns wie unser Leben so in die Zukunft hinein öffnen.

ÜBUNG

✳ Ein weiterer Gedanke, der überaus heilsam zu sein vermag, ist die Vorstellung, dass Ihre Eltern gewesen sein können wie auch immer. Ohne deren Verbindung in Zuneigung und Liebe gäbe es

Sie nicht. Sie sind gezeugt als ein Kind in Liebe. Gäbe es Sie nicht und Sie wären nicht da, würden Sie der Welt fehlen.

Und selbst wenn Sie überzeugt davon wären oder sogar mit Sicherheit wüssten, dass Sie als Kind eher ein »Zufallsprodukt« oder im schlimmsten Falle sogar nicht einmal gewünscht waren, würde die Vorstellung helfen: »Da ich zur Welt gekommen bin, wollte ich unbedingt zur Welt kommen. Ohne meine beiden Eltern gäbe es mich nicht, wäre ich nicht geboren worden. Wäre ich aber nicht da, fehlte ich in der Welt, in der alles mit allem verbunden ist.«   ✳

Solche Gedanken dienen in keiner Weise einem billigen Entschuldigen von Verantwortung oder gar einem Zukleistern schmerzhafter Erlebnisse. Dagegen wecken sie unweigerlich Mitgefühl und Verstehen, welches wiederum die Quelle für neue Liebe ist. Das aufkeimende Mitgefühl kann Sturzbäche von Tränen fließen lassen. Durch das erleichterte Aufatmen der Seele vermag darüber jedoch neue Beglückung ins Leben einzuziehen.

Ein Weg der Versöhnung in fünf Schritten

Bisweilen lernen wir eine Lektion für unser Leben auf völlig unverhofften Wegen. Bekräftigen wir deshalb noch einmal mitfühlend unsere innere Entscheidungsfreiheit, dass wir nicht auf Gedeih und Verderb dazu verdammt sind, in uns das Leben vergällenden Lebensskripten, Verstrickungen oder schlechten Gewohnheiten gefangen zu bleiben. Lassen wir uns dann unverzüglich einen dritten Ausweg aus sich wiederholenden Lebensmustern weisen durch ein Gedicht von Portia Nelson mit dem Titel »Autobiographie in fünf Kapiteln«. Als mitfühlende Handreichung lege ich das Gedicht all denjenigen hart mit sich ins Gericht gehenden Menschen ans Herz, die vor der Aufgabe stehen, sich vor jedweder weiteren Versöhnung zu allererst mit der eigenen Unversöhnlichkeit zu versöhnen.

1.
Ich gehe die Straße entlang.
Da ist ein tiefes Loch im Gehsteig.
Ich falle hinein.
Ich bin verloren … Ich bin ohne Hoffnung.
Es ist nicht meine Schuld.
Es dauert endlos, wieder herauszukommen.

2.
Ich gehe dieselbe Straße entlang.
Da ist ein tiefes Loch im Gehsteig.
Ich tue so, als sähe ich es nicht.
Ich falle wieder hinein.
Ich kann nicht glauben, schon wieder am gleichen Ort zu sein.
Aber es ist nicht meine Schuld.
Immer noch dauert es sehr lange, herauszukommen.

3.
Ich gehe dieselbe Straße entlang.
Da ist ein tiefes Loch im Gehsteig.
Ich sehe es.
Ich falle immer noch hinein … aus Gewohnheit.
Meine Augen sind offen.
Ich weiß, wo ich bin.
Es ist meine eigene Schuld.
Ich komme sofort heraus.

4.
Ich gehe dieselbe Straße entlang.
Da ist ein tiefes Loch im Gehsteig.
Ich gehe darum herum.

5.
Ich gehe eine andere Straße.

Mitgefühl und spirituelle Suche als kollektives menschliches Grundbedürfnis

Mitgefühl ist ein zutiefst spirituelles Gefühl. Es ist eine Tatsache, dass alle Menschen nach Glück streben und frei sein möchten von Leid. Da aber längst nicht alle Menschen gleichermaßen glücklich sind und schon gar nicht frei von Leid und seinen Ursachen, beschreiten sie unterschiedliche Wege in ihrem Leben. Es gibt viele Vorstellungen vom Glück. Doch ohne inneren Frieden ist Glück nicht wirklich zu finden. Unsere Erde ist voll von Leiden und Ursachen für Leiden. Folglich suchen und erhoffen sich Menschen, die in ihrem Schmerz, in Unglück und Leid befangen sind, eine Erlösung. Weil es einfacher ist oder zumindest einfacher erscheint, suchen und erhoffen sie sich die Erlösung von Schmerz und Leid aber meistens im Außen. Zumindest gilt dies in hohem Maße für unsere westliche Kultur. Unser über die letzten Jahrhunderte und verstärkt noch die letzten Jahrzehnte immer einseitiger gewordenes Welt- und Menschenbild, welches einem ebenso engen wie in großen Teilen falschen Verständnis von Wissenschaft verhaftet ist, hat uns aus unserer »Innerlichkeit« herauskatapultiert. In unserem evolutionären wie kulturellen Erbe ist zwar als kollektives menschliches Grundbedürfnis ein tiefer Wunsch nach Spiritualität verwurzelt, wie ihn unter anderen Carl Gustav Jung (1875–1961) in seinem Lebenswerk immer wieder beschrieben hat (1971). Doch wissen wir nicht mehr so recht umzugehen mit unserem spirituellen Wesenskern. Viele Menschen haben den Bezug dazu verloren, spüren aber oft noch diffus, dass ihnen tief drinnen etwas Entscheidendes fehlt, das sie kaum noch zu benennen wissen. Spiritualität, die über unser eigenes begrenztes Wesen hinausführt und uns mit etwas anderem, etwas Weiterem verbindet – mit den anderen, mit der Schöpfung, dem Universum, mit etwas Ewigem, Unendlichem oder etwas absolut Gültigem –, fordert uns in unseren Denkgewohnheiten heraus. Bringen wir sie obendrein noch mit veränderten Bewusstseinszuständen in Verbindung, können selbst »große Geister« vor der spirituellen Welt verwirrt zurückschrecken.

Sigmund Freud mit seiner über Jahrzehnte fast ungebrochenen Definitionsmacht in der psychoanalytischen Theorienbildung war die Welt des Spirituellen oder der Mystik ebenso fremd, wie ihm die Welt der Musik verschlossen blieb. Freud verschloss sich zwar nicht der intellektuellen Beschäftigung mit spirituellen Phänomenen oder »okkulten Tatsachen«, musste aber, einen Ausdruck des französischen Literaturnobelpreisträgers Romain Rolland (1866–1944), mit dem er in einem Briefwechsel stand, aufnehmend gestehen, »dies ›ozeanische Gefühl‹ nicht in mir entdecken« zu können, dieses »Gefühl der unauflösbaren Verbundenheit, der Zusammengehörigkeit mit dem Ganzen der Außenwelt« und »dem All«. Die Offenbarung dieses Zustands, den Rolland »die Empfindung der ›Ewigkeit‹« nannte, »ein Gefühl wie von etwas Unbegrenztem, Schrankenlosem, gleichsam ›Ozeanischem‹«, blieb Freud verwehrt. Obendrein sah er darin sogar eher etwas regressiv Pathologisches: einen Ausdruck des »uneingeschränkten Narzißmus« oder eines »primitiven Lust-Ichs«. Weil es Freud immer »sehr beschwerlich« blieb, »mit diesen kaum faßbaren Größen zu arbeiten« (1930), war es ihm zeitlebens nicht vergönnt, transzendente Verbundenheit zu erleben.

Franz Alexander (1891–1964), ein Zeitgenosse Freuds und als »Vater« der psychoanalytischen Psychosomatik ebenfalls ein namhafter Analytiker, stellt sogar die spirituelle Praxis buddhistischer Meditation in einen wenig rühmlichen Zusammenhang: »Nach unseren gegenwärtigen psychoanalytischen Erkenntnissen ist klar, daß die Selbstversunkenheit in der buddhistischen Meditation eine libidinöse, narzisstische Wendung des Wissensdrangs nach innen darstellt, eine Art künstliche Schizophrenie mit vollständigem Abzug des libidinösen Interesses von der Außenwelt.« (1931, in: Grof, 1987)

Aus heutiger Sicht können wir uns über derartige Verkennungen von Spiritualität bloß noch verwundern. Doch sie hatten und haben bis heute ihre Folgen. Wer spürt, dass ihm tief in seinem Inneren etwas fehlt, wer an einem verschlossenen Herzen oder anderen seelischen Leiden krankt, sucht nicht selten psychotherapeutische Hilfe. Wird die spirituelle Seite des Menschen im weiten Sinne jedoch ausgeblendet, weil nicht sein kann, was nicht sein darf, kann dieser Teil nur unter erschwerten Bedingungen zur Heilung beitragen. Bis heute laufen Menschen mit außergewöhnlichen Fähigkeiten, Gaben und Bewusstseinszuständen, welche sie anfangs vielleicht selbst nicht als solche zu erkennen vermögen, Gefahr, pathologisiert, schlimmstenfalls psychiatrisiert zu werden, sobald sie beginnen, darüber zu sprechen.

Dennoch nehmen zunehmend mehr Menschen wieder so etwas wie ein spirituelles Grundbedürfnis in ihrem Leben wahr und entwickeln sich hin zu dieser Dimension. In Ansätzen sind inzwischen auch psychotherapeutische Schulen dafür offener geworden, weil es mutige Vorreiter gab, die es wagten, der Spiritualität einen Raum in ihrem Denken einzuräumen. Mit zunehmendem Lebensalter nahm beispielsweise Carl Rogers die »transzendentale« Dimension in seinem Leben immer ernster. Sie war für ihn als Therapeuten nicht mehr abweisbar: »Wenn ich mich entspanne und dem transzendenten Kern von mir nahe komme, dann verhalte ich mich manchmal etwas merkwürdig und impulsiv in der jeweiligen Beziehung, ich verhalte mich auf eine Weise, die ich rational nicht begründen kann und die nichts mit meinen Denkprozessen zu tun hat. Aber dieses seltsame Verhalten erweist sich merkwürdigerweise als *richtig*: Es ist, als habe meine Seele Fühler ausgestreckt und die Seele des anderen berührt. Unsere Beziehung transzendiert sich selbst und wird ein Teil von etwas Größerem.« (1981)

Schöne Worte: Unsere Seele streckt die Fühler aus und wird Teil von etwas Größerem, das sich als richtig erweist, obwohl oder eher weil es über jede Rationalität hinausweist.

So wird Spiritualität wieder vorstellbar in unserer Welt, in der Transzendenz und Spiritualität oft gleichgesetzt und verwechselt werden mit seltsamen und falschen Vorstellungen von »New Age« und

»Esoterik«, die sicherlich in gewisser Weise ihren Teil im Treiben
manch seltsamer Blüten dazu beigetragen haben. Doch Spiritualität
ist nichts Fremdes, Okkultes oder Überhöhtes. Im Grunde genommen
ist Spiritualität die Durchdringung der Welt in einem anderen Geist,
einem Geist, mit dem wir zu unseren eigenen inneren Ressourcen
und Potenzialen reisen. Diese Reise ist eine Reise zur Weisheit. Spiritualität, diese Durchdringung der Welt in einem anderen Geist, ist
deswegen die natürliche Vereinigung von Weisheit und Mitgefühl,
welches unsere Welt so dringend benötigt. Unser Üben darin sollten
wir nicht länger auf morgen verschieben, denn indem wir unser spirituelles Leben außer Acht lassen oder eben auf morgen verschieben,
stehlen wir uns selbst mit jedem weiteren Tag unser eigenes Glück
und berauben auch die anderen ihres möglichen Glücks. Wenden wir
uns allerdings wieder suchend unserem spirituellen Wesen zu, geht
sich der Weg auch nicht von allein, da wir ja gar nicht mehr so recht
wissen, was es denn im spirituellen Geist zu finden gilt.

Das richtige Maß finden

In der Hektik der Zeit ist unser Leben eher selten noch ein langer,
ruhiger Fluss, auf dem wir gemächlich dahintreiben könnten. Wollen
wir im Fluss des Lebens die Orientierung nicht verlieren, müssen wir
als unser eigener Steuermann oder unsere eigene Pilotin zu navigieren
wissen, um Kurs zu halten. Viele Menschen kommen auf ihrem Weg
durchs Leben jedoch von einem sinnvollen Kurs ab. Sie verlieren die
Orientierung, und beim Studieren ihrer inneren Landkarte spricht
ihnen die Ratlosigkeit aus den Augen. Sie sind falschen, verlockenden
Fährten gefolgt, welche sie in die Irre geführt haben, weit weg von
ihrer inneren Heimat. Aus sich selbst verbannt, suchen sie einen Ausweg oder Rückweg, um wieder heimisch im eigenen Körper oder in
der eigenen Seele zu werden. Dieser Rückweg ist seltenst ein gut aus-
gebauter »Highway zur Seele«, sondern eher ein Pilgerweg mit verschiedenen spirituellen Stationen, auf welchem auch das Mitgefühl zu
entdecken ist. Um ihn zu beschreiten, müssen wir unser ganz persön-
liches Tempo sowie das für uns geeignete Maß finden.

Sagenhaftes: Dädalus und Ikarus

Nach dem Motto: »Klassiker neu gelesen« biete ich Ihnen für Ihren eigenen Pilgerweg zunächst einen Auszug aus der Sage des Klassischen Altertums um den griechischen Helden und großen Erfinder Dädalus und seinen Sohn Ikarus zur Besinnung an. Was hat sie uns in neuer Lesart zu bieten in Sachen Pilgerweg, mitfühlender Lebenskunst und achtsamer Selbstkultur?

Indessen wurde dem Dädalus die lange Verbannung aus der geliebten Heimat doch allmählich zur Last, und es quälte ihn, bei einem tyrannischen und selbst gegen seinen Freund misstrauischen König sein ganzes Leben auf einem vom Meer rings umschlossenen Eiland zubringen zu sollen. Sein erfinderischer Geist sann auf Rettung. Nachdem er lange gebrütet, rief er endlich freudig aus: »Der Ausweg ist gefunden; mag mich Minos immerhin von der Flucht zu Land und Wasser aussperren, die Luft bleibt mir doch offen; über sie hat er keine Herrschergewalt. Durch die Luft will ich davongehen!« Gesagt, getan. Er fing an, Vogelfedern von verschiedener Größe aneinanderzureihen, wobei er mit der kleinsten begann und zu der kürzeren stets eine längere fügte, so dass man glauben konnte, sie seien von selbst ansteigend gewachsen. Diese Federn verknüpfte er in der Mitte mit Leinenfäden, unten verband er sie mit Wachs. Die so Vereinigten beugte er mit kaum merklicher Krümmung, so dass sie ganz das Aussehen von Flügeln bekamen.

Dädalus hatte einen Knaben namens Ikarus. Dieser stand bei der Arbeit neben ihm und nahm neugierig teil; bald griff er nach dem Gefieder, dessen Flaum vom Luftzug bewegt wurde, bald knetete er das gelbe Wachs, dessen der Künstler sich bediente, mit Daumen und Zeigefinger. Der Vater ließ es sorglos geschehen und lächelte zu dem unbeholfenen Bemühen seines Kindes. Nachdem er die letzte Hand an sein Werk gelegt hatte, passte er sich selbst die Flügel an den Leib, setzte sich mit ihnen ins Gleichgewicht und schwebte leicht wie ein Vogel empor in die Lüfte. Dann, nachdem er sich wieder zu Boden gesenkt hatte, belehrte er auch seinen jungen Sohn Ikarus, für den ein kleineres Flügelpaar gefertigt war und bereitlag. »Fliege immer«, sprach er, »auf mittlerer Höhe, damit nicht, wenn du den Flug zu sehr nach unten senkst, die Fittiche ans Meerwasser streifen und, von Feuchtigkeit beschwert, dich in die Tiefe der Wogen hinabziehen oder, wenn du dich zu hoch in die Luftregionen versteigst, dein Gefieder den Sonnenstrahlen zu nahekomme und plötzlich Feuer fange. Zwischen Wasser und Sonne fliege dahin, immer nur meinem Pfade durch die Luft folgend.« Unter solchen Ermahnungen knüpfte Dädalus auch dem Sohne das Flügelpaar an die Schultern, doch zitterte die Hand des Greises, während er das tat. Dann umarmte er den Knaben und gab ihm einen Kuss, der auch sein letzter sein sollte.

Nun erhoben sich beide mit ihren Flügeln. Der Vater flog voraus, sorgenvoll wie ein Vogel, der seine zarte Brut zum ersten Mal aus dem Nest in die Luft führt. Doch schwang er besonnen und kunstvoll das Gefieder, damit der Sohn es ihm nachtun lerne, und blickte von Zeit zu Zeit rückwärts, um zu sehen, wie es diesem gelinge. Anfangs ging es ganz gut. Bald lag ihnen die Insel Samos zur Linken, bald waren Delos und Paros, die Eilande, vorübergeflogen. Noch mehrere Küsten sahen sie schwinden, als der Knabe Ikarus, durch den glücklichen Flug zuversichtlich gemacht, seinen väterlichen Führer verließ und in verwegenem Übermut mit seinem Flügelpaar einer höheren Zone zusteuerte. Aber die angedrohte Strafe blieb nicht aus. Die Nachbarschaft der Sonne erweichte mit allzu kräftigen Strahlen das Wachs, das die Fittiche zusammenhielt, und ehe es Ikarus nur bemerkte, waren seine Flügel aufgelöst und zu beiden Seiten den Schultern entsunken. Noch ruderte der unglückliche Jüngling und schwang seine nackten Arme, aber er bekam keine Luft zu fassen, und plötzlich stürzte er in die Tiefe. Er hatte den Namen seines Vaters als Hilferuf auf den Lippen; doch ehe er ihn aussprechen konnte, hatte ihn die blaue Meeresflut verschlungen.

Bodenhaftung oder Flügelschlag?

Ikarus verliert sein Leben, weil er die Mitte verliert. Orientiert er sich zu Anfang am sicheren Erfahrungswissen seines Vaters Dädalus, wird er alsbald übermütig. Er strebt in die Lüfte, nach Höherem, der Sonne entgegen, welche ihm prompt die Flügel versengt. Sein Höhenflug endet mit seinem jähen Absturz.

In unserer modernen Zeit braucht es keinen tyrannischen König mehr, der die Menschen in die Verbannung schickt: dafür sorgen wir schon selbst. Unser Lebensstil nach der Devise »Immer weiter, immer höher, immer schneller« führt einen Teil der Menschen zwar in Glitzerwelten, andere dagegen in bittere Armut. Vor allem aber führt er nicht zu einem Leben, welches uns innerlich ausfüllt und befriedigt. Allumfassende Gefühle von Leere breiten sich in vielen Menschen aus. Sie finden im Konsum keine innere Erfüllung, denn wenn uns im Herzen etwas fehlt, können wir nicht glücklich sein, und lebten wir im größten Luxus. Fragen nach dem Sinn unseres Da-Seins, nach dem Sinn des Lebens stellen sich folglich wieder neu. Wir sollten sie jedoch nicht stellen in der Vorstellung oder Erwartung, auf einen finalen Sinn des Lebens oder einen bestimmten Lebenszweck zuzusteuern, denn dann wären wir wieder befangen in einem Streben danach. Die Frage nach dem Sinn und Zweck des Lebens ist vielleicht angemessener umschrieben mit den offeneren Fragen »Worum dreht sich das Leben? Und wohin führt es uns?«. Wer sich, angefüllt und angetrieben von Fragen nach Sinnhaftigkeit, auf den Weg seiner individuellen Sinnsuche begibt, hält vergeblich nach Sicherheit versprechenden Wegweisern Ausschau. Er ist auf sich allein gestellt. Wer letzte Gewissheiten oder Sicherheiten sucht, läuft Gefahr, sich in Abhängigkeiten zu begeben und zu verlieren. Blickt er sich orientierungssuchend um, findet er sich nämlich auf einem riesigen Marktplatz wieder. So wie die Konsumgesellschaft für jedes Bedürfnis Güter, Waren und Dienstleistungen bereithält, so bietet sie auch auf einem Basar ein buntes Angebot für die Bedürfnisse unserer Innenwelten feil.

Wie trennen suchende Menschen mit einem aufrichtigen, tiefen Wunsch nach innerem Wachstum, nach Beseelung durch Sinnfragen, nach Beglückung und Freude, nach uraltem menschlichem Erfahrungswissen und nach Spiritualität die Spreu vom Weizen? Welche der unüberblickbaren Angebote auf dem Markt der Psychotherapien, Selbsterfahrungskurse, Workshops zur Bereisung der eigenen Innenwelten, Esoterikseminare, spirituell angehauchten Jahresgruppen und Heilsversprechen sind seriös und eine echte Wohltat für Körper, Geist und Seele, und welche führen letztlich ebenso in die Irre wie unser mit keiner Sinnfrage mehr behafteter *Way of Life*?

Wir brauchen uns gar nichts vorzumachen: Lebenssinn suchende Menschen können in neue innere Nöte und Abhängigkeiten geraten, weil sie wie Ikarus auf seinem Flug in die ersehnte Freiheit wiederum die Mitte verfehlen und zu hoch hinaus wollen. Sie finden ihren eigenen Kurs nicht, über den sie schließlich bei sich selbst ankämen, obwohl sie genau dies verzweifelt anstreben. Sie sind auf der Suche nach sich selbst und ihrer Bestimmung im Leben. Wer auf dem bunten Markt der Möglichkeiten nach dem Motto verfährt: »Immer mehr desselben«, was nichts anderes als ein suchtartiges Verhaltensmuster ist, hat große Chancen, sich selbst lange Zeit ebenso zielstrebig zu verfehlen wie die innere Verbundenheit mit anderen. Nichtsdestoweniger ist Selbsterfahrungs- und Gruppen-Hopping eine vertraute Zeiterscheinung. Innerlich rastlos suchende Menschen springen von Gruppe zu Gruppe, immer getrieben von der Hoffnung, hier endlich den Stein der Weisen zu finden, der sie von ihren quälenden existenziellen Sinnfragen erlösen möge. Sie arbeiten sich hier in einem thematisch fokussierten Selbsterfahrungsseminar ein Stück weit zu sich vor, probieren es dort mit Yoga, Autogenem Training, Progressiver Muskelentspannung oder Feldenkrais, lassen sich bewegen von Tai Chi oder Qi Gong, springen weiter in ein Tantra-Seminar oder zum Holotropen Atmen, machen ein Retreat in einem indischen Ashram oder einem buddhistischen Zentrum, suchen sogar ihr Heil in psycholytisch spirituellen Drogenerfahrungen, binden sich an eine esoterisch orientierte Jahresgruppe, fühlen sich verlockt von Berührungen verheißenden Kuschelgruppen, testen eine Meditationsmethode nach der anderen durch, lernen die menschliche Aura sehen, machen Energie- und Chakra-Arbeit, finden zum Rebirthing und zum Rebalancing, zum Channeling und zur Rückführung und suchen schließlich oder obendrein noch Zuflucht bei Beraterinnen und Heilern. In ihrem Bedürfnis nach guter geistiger und spiritueller Nahrung verlieren sie mehr und mehr den authentischen Kontakt zu sich selbst und jegliche Bodenhaftung. Dann stehen sie da als »armer Tor« und sind »so klug als wie zuvor.« Es geht ihnen nach wie vor wie anfangs Siddhartha in Hermann Hesses (1877–1962) gleichnamiger indischer Dichtung (1974): Sie haben zwar die Fülle der erfahrenen Lehren und Weisheiten in ihr »wartendes Gefäß gegossen«, aber ihr inneres »Gefäß war nicht voll, der Geist war nicht begnügt, die Seele war nicht ruhig, das Herz nicht gestillt. Die Waschungen waren gut, aber … sie heilten nicht Geistesdurst, sie lösten nicht Herzensangst«. Ins »Innerste, dies Letzte«, das weder Denken noch Bewusstsein ist, waren sie nicht vorgedrungen. Das Trinken vieler Menschen »an heiligen Quellen«, ihre unermüdliche Suche nach diesem Unbestimmten, Unzerstörbaren, Spirituellen, die lange einem ewigen Nichtfinden gleichen kann, kommt frühestens dann an ihr Ende, wenn sie den »Urquell im eigenen Ich« entdecken und zum Entspringen bringen. Das dürstende Herz wird erst dann erstmalig annähernd gestillt, wenn die Menschen den wahrhaft mitfühlenden Geist in sich erwecken. Doch bei aller Suche im Außen, bei allem, was sie tun, ist keinerlei Gewähr gegeben, dass sie dabei jemals etwas über aufrichtiges, perlendes Mitgefühl erfahren, das zwar nichts alles ist, ohne das aber alles nichts ist. Mitgefühl ist der Urquell, der spirituell getragene Menschen in die Lage versetzt, nicht einer Lehre oder einer Methode zu folgen, von der sie sich Erlösung durch Erleuchtung ersehnen, sondern sich vorbehaltlos der größten aller Herzensqualitäten anzuvertrauen. So mag sich der Schleier schließlich lüften und sich sogar ein Blick ins »Allerheiligste« auftun, denn wahres Mitgefühl ist zweifellos ein Teil des »Allerheiligsten«.

Damit hier nun keine Missverständnisse aufkeimen: Ich habe höchsten Respekt vor allen Menschen, die sich aufmachen, um sich den Sinnfragen des Lebens zu nähern. Jede der eben erwähnten Methoden und Erfahrungen kann ihnen im Prozess der Selbstfindung auf eigene Weise dienlich sein und weiterhelfen, sofern sie in die eigene Psyche und Erfahrungswelt integriert wird, das seelische Wachstum fördert und den mitfühlenden Geist belebt. Lüftet sich mehr und mehr der Schleier, kann am Ende nur die weise Erkenntnis warten, dass keinerlei Methode, keine Technik, kein Dogma, kein organisierter Heilsglaube uns den Weg zur Wahrheit zu weisen vermag. Es gibt nicht das *eine* Tor, durch welches wir zur Erleuchtung schreiten, zur höchsten Form von Selbsterkenntnis. Was wir so bemüht anstreben, findet sich nirgendwo im Außen. Jeder sichere Ort liegt in letzter Erkenntnis einzig in uns selbst. Auf dem Weg, diesen sicheren Ort der Zuflucht in uns selbst zu entdecken, würde ich von allen oben erwähnten Methoden absolut nichts absolut verwerfen oder geringschätzen wollen. Das reale Risiko für rastlos Suchende besteht jedoch darin, sich in der Vielfalt prinzipiell hilfreicher Verfahren zu verlieren, sich an falsche Propheten, Heilsversprecher und narzisstisch bedürftige Gurus zu binden und sich von ihnen abhängig zu machen. Ikarus' Absturz kostet ihn sein Leben. Der Absturz solcherart sich auf der Suche befindenden Menschen führt sie nicht selten in eine Seelenblindheit und -taubheit gegenüber den eigenen Gefühlen. Sie können sich sowohl in geistigen Höhenflügen ohne Bezug zu ihrer Lebenswirklichkeit verlieren wie auch eine regelrechte Depression erleiden, weil sie nicht mehr zuverlässig auszumachen vermögen, was noch gut und förderlich für sie ist und was sie weiter und weiter von sich selbst entfernt. Sie haben das Maß für sich selbst verloren, und so fragen sie sich wörtlich: »Was ist eigentlich mein Maß, das mir guttut und weiterhilft?« Verzweiflung an sich selbst, was schmerzlicher ist, als über etwas zu verzweifeln, oder Depression droht den Sinnsuchenden auch dort, wo die Trauben auf der Suche nach geistiger Nahrung so hoch hängen, dass sie nicht mehr daran reichen. Will sagen, sie schrauben die Anforderungen an sich selbst, an das Maß ihrer Vergeistigung, an spirituelles Denken und Fühlen so hoch, dass sie sie gar nicht mehr einlösen können. Es schwebt ihnen das Ideal des absolut in sich selbst ruhenden geistigen Lehrers, verwirklichten Meisters oder Yogis, des buddhistischen Mönchs in einem entlegenen Kloster vor. Mit weniger wollen oder können sie sich nicht zufriedengeben, weil sie auf ihrer Sinnsuche in Welten hineingeschnuppert haben, welche ihnen als Idealzustand nun permanent vorschweben.

Nahrung erhalten können derartige Sehnsüchte überaus leicht, schon allein durch die Bekanntschaft mit einem so berühmten Werk wie der »Autobiographie eines Yogi« (1950). Yoganandas Berichte über seinen eigenen spirituellen Lebensweg sowie seine Begegnungen mit verwirklichten »Lichtgestalten«, die aufeinanderfolgen wie die Perlen einer Kette, üben ungeheure Faszination aus. Allerdings können sie Wahrheitssucher, welche nicht bereits über ein stabiles inneres Gleichgewicht verfügen, ungeheuer entmutigen, sofern derartige Lichtgestalten zum Maß des eigenen sehnsuchtsvollen Verlangens werden. Wenn die am weitesten entwickelten menschlichen Wesen, Meister und Yogis ihren irdischen Körper verlassen, jegliche Form des Leidens hinter ihnen liegt und sie eingehen in die ewig währende Vereinigung mit einer alles umschließenden Göttlichkeit, appelliert das an unser tiefstes Heimweh: das göttliche Heimweh. Allein schon irdisches Heimweh kann Menschen sich leidvoll verzehren lassen. Das von Erlösungssehnsüchten getragene, rastlose Bemühen, geistige Idealzustände anzustreben, um das göttliche Heimweh zu lindern, verspricht wenig erfolgreich zu verlaufen, sofern es keine Zentrierung findet im Rühren an den eigenen »Urquell«. Eine wesentliche, inneren Frieden verleihende Zentrierung wie ein Urquell für Leben ist die Herzensqualität Mitgefühl. Je ausgeprägter sie ist, desto leichter können wir das Streben aufgeben und stattdessen unser Vertrauen dareinsetzen, dass wir letztlich alle *unseren* Weg finden und gehen werden. Vertrauen ins Leben heißt vertrauen, dass sich alle inneren Wandlungsprozesse gut fügen, wir aber nichts erzwingen können durch Unduldsamkeit.

Einige rastlos getriebene Wahrheitssucher mit göttlichem Heimweh und einer kaum zu ertragenden Erlösungserwartung waren und sind meine Klienten und Patientinnen. Durch welche Resonanz auch immer, in der wir miteinander stehen, hat sie ihr Weg zu mir geführt. Es verlangt sie nach ihren vielen umherschweifenden Höhenflügen nach neuer Bodenhaftung, Verortung, Orientierung für ihren weiteren Weg hin zum Sinn ihres Lebens. Ihr bisheriger Weg war auch beileibe nicht umsonst oder sinnlos, weil es eben ganz einfach ihr Weg war. Eine solche Sicht, auch auf unsere Umwege, befreit uns alle von falschen

Bewertungen oder gar anklagenden Selbstzweifeln. Suchende, die bei mir ankommen, um Station zu machen, suchen zunächst einmal wieder bei sich selbst anzukommen, sich in sich selbst wieder heimisch und wohl zu fühlen, im Körper wie in der Seele oder im Geist. Ihr Wunsch wie ihr Auftrag an mich beinhaltet unter anderem regelmäßig: »Ich wünsche mir Unterstützung darin, das für mich richtige Maß zu finden.« Nun bin ich als Therapeut wie Realperson selbstverständlich nicht das Maß der Dinge. Es wäre zweifelsfrei vermessen, den Steuermann für meine Klienten abgeben zu wollen. Was sie aber zu Recht erwarten können, ist Spiegelung, Rückmeldung, Respekt für ihren Suchprozess, eine Begegnung auf Augenhöhe und vor allem Mitgefühl. Ohne Mitgefühl bewegt sich gar nichts im zwischenmenschlichen Dialog. Mitgefühl mit sich selbst zu empfinden ist jedoch für eine Vielzahl von Menschen unserer Denk- und Lebensweise nicht die leichteste Übung. Aus diesem traurigen Grunde zielen auch so viele Imaginations-, Achtsamkeits- und Meditationsübungen darauf ab, genau dieses Mitgefühl als zutiefst menschliche Qualität zu wecken und zu fördern. Wahrhaftiges Mitgefühl ist wie eine Heimstatt, die jegliches empfundene Heimweh zu besänftigen vermag.

Wer zu tiefem Mitgefühl in der Lage ist, betreibt in aller Regel auch eine gut bemessene Innenschau, eine Klärung geistiger Fragen, welche ihn seinem Ziel annähert, die Geheimnisse und Sinnzusammenhänge seiner Existenz zu beantworten. Er scheut nicht die Begegnung mit sich selbst. Wer gar nicht mehr zu verstehen sucht, was Sinnhaftigkeit in heutiger Zeit bedeutet, oder wer seinen Lebensinhalt im Midnight-Shopping oder im verkaufsoffenen Sonntagnachmittag sieht, verfehlt sicherlich ein wesentliches Maß des Lebens. Er kann zwar Vergnügen empfinden, aber keine an den tiefen Grund reichende innere Erfüllung finden. Schlimmstenfalls ist er *der* grassierenden Krankheit des Geistes verfallen: »Es ist *die* zu glauben, dass das Leben nicht gut genug ist.« (Beisser, 1997)

Diesseits oder Sehnsucht nach dem Jenseits

Spiritualität ist keine Weltflucht. Nichtsdestoweniger kann in spirituell suchenden Menschen genau dieser Wunsch nach einem Entfliehen aus unserer diesseitigen Welt erwachsen und sich steigern bis zu einer kaum noch zu bezähmenden Sehnsucht nach einem Leben in einer jenseitigen Welt.

Nahezu alle spirituellen Lehrer und Lehrerinnen betonen, der Mensch müsse auf seinem Weg zu seinem inneren Kern und damit zu seinem wahren Wesen finden. Wie die Menschen das bewältigen sollen, bleibt aber oft im Abstrakten. Kein Wesen und keine Lehre ist im Besitz der Wahrheit, wiewohl sie es bisweilen so verkünden mögen. In letzter Konsequenz vermag niemand uns zu unterweisen, wo und wie unser ganz persönlicher Weg zu verlaufen hätte. Wir gehen ihn ganz auf uns selbst gestellt, denn »die Wahrheit ist ein pfadloses Land«. Kaum jemand hat das so unmissverständlich ausgesprochen wie Krishnamurti im August 1929 in einer seiner berühmtesten Reden (2001).

Setzt sich der Eindruck fest, der spirituelle Weg sei ein Weg des inneren Rückzugs oder der beständigen Kontemplation und Meditation, bleiben viele unermüdlich Suchende unter Umständen lange Zeit in der Unzufriedenheit mit sich selbst gefangen. Sie hadern mit sich, weil sie auf dem Weg, der ihnen vorschwebt, nicht schnell genug vorankommen: »Jetzt habe ich schon so viel gemacht und komme doch nicht weiter.« Diesen Satz höre ich oft. Manche kommen nicht weiter, weil sie sozusagen die Grundstufen jeglichen mitfühlenden und fürsorglichen Umgangs mit sich selbst übersprungen haben. In anderen wächst mit jedem spirituellen Erlebnis der Drang zur Weltflucht, bis sie sich unter veränderten Umständen wieder heimisch fühlen können auf dieser Seite ihrer Existenz. Rudy Alexander Daniel, der heute als Heiler lebt und arbeitet, beschreibt sein Risiko, sich zu Anfang des von ihm begangenen spirituellen Weges in einem sehnsuchtsvollen Jenseits zu verlieren, sehr freimütig: Zweifelt er ganz zu Beginn seines spirituellen Entwicklungsprozesses wie nahezu alle rational denkenden Menschen noch hartnäckig: »Kann ich denn mit meinem immer wieder an Grenzen stoßenden Verstand das Göttliche, das Unendliche erfassen?« (1998), so fühlt er sich bald danach von der Welt, in welche er zunehmend eintaucht, nahezu überwältigt: »Gleichzeitig empfinde ich eine große Sehnsucht, aus meinem Körper zu treten. Ich fühle mich sehr mit Sai Baba, mit der Welt der Engel, verbunden und möchte die Erde verlassen, um in die Göttliche Welt zurückzukehren. Das Weltliche ist mir fremd. Ich möchte nicht mehr hier sein. Die Sehnsucht nach der Welt meiner Seele ist überwältigend. Ich möchte dorthin gehen.« (2006)

Auch Menschen, die im Westen die meditative Kultivierung der buddhistischen Lehren praktizieren, können von einer heftigen Sehnsucht nach einer jenseitigen Welt gepackt werden, welche sie mit sich selbst ungeduldig werden lässt. Im Herz-Sutra stellt Buddha den Weg zur Erleuchtung in einer kurzen, tiefgründigen Aussage dar: »Es ist so: Gehe, gehe, gehe jenseits, gehe ganz jenseits, sei in Erleuchtung verwurzelt.« (Dalai Lama, 2002a) Buddhas Lehre rät den Übenden, sie sollen zum jenseitigen Ufer gehen, weg vom diesseitigen Daseinskreislauf hin zum jenseitigen Ufer, welches über den Weg von Mitgefühl und Weisheit als Zustand der Erleuchtung im Nirvana zu erreichen sei. In diesem Zustand sind alle Praktizierenden über jegliches Leiden hinausgegangen. Wer wollte nicht vom Leiden und seinen Ursachen erlöst sein? Der Dalai Lama warnt jedoch höchstpersönlich immer wieder davor, solche und ähnliche Belehrungen des Buddhismus allzu wörtlich und »naiv« auf unsere westlichen Vorstellungen zu übertragen, weil sich dann in der Tat eine Sehnsucht nach Weltflucht breitmachen kann, die einem Leben im Hier und Jetzt hinderlich ist.

Wiederholen wir also noch einmal: Spirituelle Bedürfnisse, wie sie tief im kollektiven menschlichen Unbewussten angelegt sind, stellen keinen Aufruf dar zur Weltflucht, sondern zur Durchdringung unserer Welt in einem anderen Geist. Das ist umso mehr von Bedeutung, als wir uns einer weiteren Dimension von Spiritualität und Transzendenz zuwenden, die unser herkömmliches rationales Denken noch weit stärker herausfordert.

Mitgefühl und das eigene göttliche Wesen: Verstand contra Gefühl

Kein Mitgefühl ohne ein besonderes inneres Bekenntnis, ohne eine tiefreichende Verbindung zum eigenen inneren Wesen und zu dem der anderen, die transzendent über uns hinausweist. Nahezu alle Lehren der alten Zeiten haben dem Menschen eine Geistesebene zuerkannt, die sie so etwas wie »die innere Gottheit« nannten, über welche sich die Menschen wiederum mit etwas Universellem verbunden haben. Unser Problem ist sicherlich, dass Vorstellungen von etwas Göttlichem immer direkt mit einem religiösen Glaubensbekenntnis verbunden scheinen. Doch was verstehen wir eigentlich unter »Religion«? Etliche Kirchenväter und Sprachforscher neigen zu der Ansicht, das lateinische »*religio*« stamme ab vom Verb »*religare*«, was »festmachen«, »zurückbinden« bedeutet. Diese als pure Selbstverständlichkeit vorgetragene Meinung zieht eine bestimmte Vorstellung von Religion nach sich, nämlich die Religion verbinde Unverbundenes, uns als einzelne Menschen über den Glauben mit der Gesamtheit oder mit Gott. Eine andere Wurzel für »Religion« ist aber ebenso denkbar und vielleicht sogar wahrscheinlicher. Demnach meinen viele Sprachforscher und Philosophen, dass »*religio*« von »*relegere*« stamme, was »sammeln« und »wiederlesen« bedeutet. Nach diesem Verständnis wäre Religion nicht in erster Linie das Verbindende, sondern das Gesammelte und immer wieder Gelesene oder das, was Menschen gesammelt lesen: Schöpfungstexte, biblische Texte, Mythen, uralte Wissenstexte, überlieferte Lehrreden und Ähnliches.

Bindung erfolgt dann über Wissen, welches die Menschen tief verwurzelt und kollektiv in sich tragen und das die Vergangenheit mit der Gegenwart verknüpft. Vor diesem Hintergrund plädiert der zeitgenössische französische Philosoph André Comte-Sponville mit seiner

Philosophie für alle für eine »Spiritualität ohne Gott«, ohne perso-
nalisierten Schöpfergott. Das hindert ihn indes nicht, sich zu den
Mysterien zu bekennen, welche die Menschen über das Alltägliche
hinausheben. Comte-Sponvilles Spiritualität für nicht religiös gläu-
bige Menschen oder für Atheisten ist eine klare »Spiritualität des Be-
kennens statt des Glaubens, des Handelns statt des Hoffens ... der
Liebe statt der Furcht oder Unterwerfung«. (2008) Er kommuniziert
und übermittelt eine Spiritualität der Ethik und Weisheit. Sein Bekenntnis gilt den absoluten, ewigen und unendlichen Werten, die den
Menschen zum ethisch denkenden, fühlenden und handelnden Menschen machen. Ohne das Wort ausdrücklich zu verwenden, tritt er ein
für eine Spiritualität umfassenden Mitgefühls.

Das klingt wie eine west-östliche Vereinigung, gibt doch der indische
Gelehrte Krishnamurti den Menschen ermutigend mit auf den Weg:
»Wahre Religion ist keine Frage von Dogmen, Orthodoxien und Ri-
tualen, sie ist kein organisierter Glaube. Der organisierte Glaube tötet
die Liebe und Güte. Religion ist ein Gefühl von Heiligkeit, Mitgefühl
und Liebe.« (2007)

Wahrhaft prophetische Worte mit Weitsinn, die in den Ohren gläubig
organisierter Fundamentalisten voller blindwütiger Gewalt und leer
von jedwedem mitfühlenden Geist leider ungehört verhallen.

Eine Spiritualität umfassenden Mitgefühls stellt uns als Menschen
jenseits allen organisierten Glaubens trotzdem sofort wieder in einen
größeren Zusammenhang, der über uns hinausweist und der früher
oder später auch wieder »das Göttliche« ins Spiel bringt, zumindest
»das Göttliche« in uns selbst.

Ist es anmaßend, sich selbst als »göttlich« zu begreifen, mit der damit verbundenen Freiheit wie Verbundenheit? Ist es vielleicht für viele gar erschreckend? Oder blasphemisch, gotteslästernd? Für die heutige katholische Amtskirche, die ohne Unterlass das Wort »Sünde«
und »Sünder« im Munde führt, ist es sicherlich noch ein langer, weiter und beschwerlicher Weg, bis sie zu den Wurzeln des »Göttlichen«
in uns selbst zurückfindet. Es gibt genügend überlieferte Hinweise auf

Aussagen von Jesus oder Christus selbst, dass wir als menschliche Wesen unsere eigene »Göttlichkeit« in uns tragen. So heißt es beispielsweise im Johannes-Evangelium (14,20): »An dem Tag werdet ihr erkennen, dass ich in meinem Vater bin und ihr in mir und ich in euch« und bei Lukas (17,20): »Das Reich Gottes ist inwendig in euch«. Viele heutige spirituelle Lehrer berufen sich darauf und bekräftigen, dass Jesus oder Christus als göttlicher Geist in uns ist und wir in ihm. Das ist urchristliches Denken. Mit unserem Geist leben wir in der Schöpfung und führen diese fort. »Gibt es ein anderes Verständnis, das weder unser Herz noch unseren Verstand verletzt?«, fragt Jakob Bösch und folgert: »Die Menschen werden umso liebender sein, je mehr sie ihre eigene Göttlichkeit erkennen und darin leben.« (2008)

Der Weg des Mitgefühls bringt uns in Kontakt mit dem göttlichen Geist in uns, der an keinen Schöpfergott gebunden zu sein braucht. Letzten Endes geht es dabei auch um das Bekenntnis des Menschen zu seiner Menschlichkeit, zur Liebe und zu seiner Verbundenheit mit allem, was ist. In diesem Sinne dürfen wir ohne Hochmut und Anmaßung wieder zu unserem »Herzen« mit seinem »göttlichen Kern« finden und darin leben. Auch Blaise Pascal, einer der großen Denker des 17. Jahrhunderts, bekennt sich in einer ursprünglichen Tradition zu einem göttlichen Geist in uns: »Es ist das Herz, das Gott fühlt, und nicht der Verstand. Das ist der Glaube: Gott dem Herzen fühlbar, nicht dem Verstand.« (1997)

Anderswo haben die Menschen weit weniger Angst vor der Berührung des Göttlichen im eigenen Wesen. So schreibt der indische Yogi und Philosoph Sri Aurobindo (1872–1950) ganz ähnlich wie Pascal: »In Indien wußte man immer, daß der Verstand und seine Logik oder sein Urteil nicht die Verwirklichung spiritueller Wahrheiten vermittelt, sondern nur zu einer intellektuellen Darlegung von Ideen beitragen kann; Verwirklichung kommt durch Intuition und innere Erfahrung. Verstand und Intellektualität können nicht bewirken, daß du das Göttliche siehst – es ist die Seele, die sieht.« (1983)

Glaube ist genau das: die Seele oder der Geist, welche sehen und deshalb an einen göttlichen Geist in uns oder auch an etwas »Größeres« außerhalb von uns glauben, das aber dennoch in uns wirksam ist. Viele Menschen glauben allerdings erst einmal weder das eine noch das andere. Sie tun sich schwer damit, dass jeder Glaube, gleichgültig, ob religiös gebunden oder der Spiritualität des Göttlichen in uns selbst verbunden, einer anderen Erkenntnisdimension angehört als die Regeln der Kausalität oder die Beweisführungen der wissenschaftlichen Logik mit ihrer vermeintlichen Transparenz der Erklärungen und Freiheit von Mysterien. Gerade, was nicht zu beweisen ist, was auch einen Teil des Menschen unerforschbar bleiben lässt, ist die Quelle für Glauben. Es ist nicht gerade ein logischer Schluss, wenn der Kirchenvater Tertullian bekennt: »*Credo, quia absurdum est*«, »Ich glaube, weil es absurd ist.«

Und noch ein überraschendes Bekenntnis zum Glauben, weder aus christlicher oder buddhistischer noch sonstiger religiös geprägter Sicht, sondern von Seiten der Wissenschaft. Erinnern wir uns an ein Theorem der Quantenphysik, die längst bewiesen hat: »Die Grundlage der Welt ist nicht materiell, sondern geistig.« Sich der Grenzen des eigenen rationalen Denkens und Verstehens bewusst, übt sich die Quantenphysik in Demut vor den Grenzen des Wissens, indem sie akzeptiert: »Es gibt ein Wissen um *prinzipielles Unwissen.*« Weit davon entfernt, diese Beschränkung negativ zu bewerten, wechselt sie den Blickwinkel: »Im Gegenteil, die prinzipiellen Grenzen des Wissens öffnen uns in unserer vorgestellten Wirklichkeit wieder Räume, die nur durch *Glauben* zugänglich sind, ein Glauben, der mehr bedeutet als Noch-nicht-Wissen.«

Die neue Weltsicht der Quantenphysik, die dem urbuddhistischen wie hinduistischen Verständnis von der Verbundenheit allen Seins folgt, verbindet sich mit dem Transzendenten oder dem, was wir »in tiefer Versenkung als das Göttliche« erleben. Unsere Welt erwächst nicht aus dem Materiellen, sondern aus Potenzialität und Beziehung, unter Anerkennung der Tatsache: »Als Beziehung können wir Potenzialität nicht wissen, sondern nur erleben, erfahren. Wir zerstören sie, wenn wir sie begreifen wollen.« Die Frage nach der Sinnhaftigkeit unseres Da-Seins kann deshalb auch nicht im Rahmen unseres begrifflichen Denkens gestellt werden. Die Sinnhaftigkeit verlangt nach einer höheren Ebene. Sie »steckt in dem System als Ganzem von Anfang an: Die Sinnhaftigkeit ergibt sich aus der Beziehung des Einzelnen, des nur *konstruiert* Abgetrennten, in Bezug auf den Hintergrund. In der Erfahrung dieser Beziehung begegnen wir dem Religiösen.« (Dürr, 2009, s. a. Dalai Lama, 2005) Glaube und Wissen, Religion und Wissenschaft sind in diesem Denken komplementär, durchdringen sich wechselseitig.

Eine neu denkende Wissenschaft für die Welt von heute und morgen öffnet sich für die Dimensionen des Glaubens, des Spirituellen und Transzendenten – das ist wahrlich ein Perspektivenwechsel mit Quantensprungqualität.

Es ist vielleicht nicht logisch, aber selbst jenseits religiöser Bekenntnisse keinesfalls absurd zu glauben, dass uns Menschen ein göttlicher Kern innewohnt, zu dem wir uns bekennen und von dem wir uns leiten lassen können. Darin liegt jedenfalls ein unendliches, kraftvolles Potenzial, das sich in umfassendem Mitgefühl heilstiftend zeigen kann.

Jesus Christus war nicht das einzige spirituelle oder göttliche Wesen, das den Menschen verkündete: Ihr seid in mir und ich in euch. Im Buddhismus finden wir den gleichen Gedanken, dass die Menschen ein eigenes göttliches Wesen in sich tragen. Bloß nennen die Buddhisten es nicht »Gott«, sondern »Buddha«. Jeder Mensch trägt die Buddhanatur in sich. Folgt er den Lehren und vor allem dem Weg des grenzenlosen Mitgefühls, wird er zu guter Letzt seine Buddhanatur verwirklichen und zur Erleuchtung finden, wird die Buddhaschaft doch verstanden »als höchste Güte, als Verwirklichung der Güte im innersten Kern des Bewusstseins«, wie Matthieu Ricard erklärt. (Goleman, 2003) Da prinzipiell alle Menschen im innersten Wesen ihres Geistes diese Buddhanatur, unsere Göttlichkeit, in sich tragen, gehen die Buddhisten auch viel menschenfreundlicher als die katholische Kirche von der Urgüte der Menschen aus und nicht von ihrer Ursünde. Wir sollten uns uneingeschränkt freuen darüber, dass wir als Menschen das innere Potenzial in uns tragen, genau das in unserem Leben

zur Entfaltung zu bringen, was »Buddhanatur«, »Christusbewusstsein« oder »innere Göttlichkeit« genannt wird.

Die darüber zur Entfaltung gebrachte Menschlichkeit, die Güte,
das altruistische Mitgefühl nennt Emmanuel Lévinas in einem Interview das »Primäre im Menschen«, und er fügt hinzu: »Ich sage aber,
Mensch-Sein ist, die Heiligkeit verstehen.« Sich der »Heiligkeit« in
uns selbst zuzuwenden, lässt die meisten Menschen zögern. »Heilig«,
das waren und sind in verbreitetem Verständnis gemeinhin doch immer nur wenige auserwählte Wesen: die von der Kirche heilig Gesprochenen oder »Seine Heiligkeit« der Dalai Lama, »Seine Heiligkeit«
Maharishi Mahesh Yogi sowie andere verstorbene wie lebende Persönlichkeiten der Zeitgeschichte, denen diese Ehrentitel zuerkannt
werden. Die »Heiligkeit« eines jeden menschlichen Wesens anzuerkennen scheint dem der reinen Rationalität und Säkularität zugeta-
nen Verstandesmenschen ziemlich unzeitgemäß. Doch das war es von
der Warte der Zweifelnden und »Kleingläubigen« aus schon immer,
und ebenso schon immer haben aus eben diesem guten Grunde große
Geister das Heilige ins Lebendige gestellt, weshalb Friedrich Nietzsche in seinen »Unzeitgemäßen Betrachtungen« schreibt: »Und so bedarf die Natur zuletzt des Heiligen, an dem das Ich ganz zusammen-
geschmolzen ist und dessen leidendes Leben nicht oder fast nicht
mehr individuell empfunden wird, sondern als tiefes Gleich-, Mit-
und Eins-Gefühl in allem Lebendigen. ... Es ist kein Zweifel, wir alle
sind mit ihm verwandt und verbunden ... es gibt Augenblicke und
gleichsam Funken des hellsten liebevollsten Feuers, in deren Lichte
wir nicht mehr das Wort ›ich‹ verstehen, es liegt jenseits unseres Wesens etwas, das in jenen Augenblicken zu einem Diesseits wird, und
deshalb begehren wir aus tiefstem Herzen nach den Brücken zwischen
hier und dort.« (1874)

Das Lebendige in uns wie in der Welt bedarf dringend der »Heiligkeit«. Deshalb bloß keine falsche Scheu vor solch großen Worten.
Doch solange wir im Diesseits an unseren physischen Körper gebunden sind, schlagen wir die Brücken nach »dort« bloß in den Augenblicken, in denen wir den göttlichen Funken in uns selbst verspüren
dürfen. Dann sind wir uns selbst die Brücke zur »Heiligkeit«.

Manche meiner Klienten, Patientinnen oder Gruppenteilnehmer, die sich auf eine derart verstandene »Heiligkeit« verstehen, sprechen selbst mit Achtung von ihren »göttlichen Funken«, den »heiligen Räumen« oder »heiligen Feldern«. Menschen tun dies allerdings ausschließlich unter der Voraussetzung, dass sie den anderen offen sehen für ein geteiltes Verständnis oder besser: einer Ahnung von der Natur des Heiligen.

Leben wir ein Mensch-Sein, das etwas von unserer Heiligkeit und Göttlichkeit zum Ausdruck bringt, werden wir schon allein dadurch vollkommener, weil wir uns immer vollkommener zu sehen vermögen. Erneut entspricht das urchristlichem Glauben: »Darum sollt ihr vollkommen sein, gleichwie euer Vater im Himmel vollkommen ist.« (Matthäus 5,48) Darüber erleben wir gleichzeitig Paradoxes und Schönes: Indem wir uns vollkommener sehen dürfen in unserem eigenen göttlichen Kern, können wir uns bedingungsloser annehmen und lieben. Je mehr wir das können und dürfen, desto leichter wird uns das Leben. Wir machen nämlich die Erfahrung, dass sich die Dinge in schöner Weise fügen. Viele Türen und Tore öffnen sich uns dann wie von selbst, manchmal sogar ohne dass wir uns dessen anfänglich bewusst werden.

Ich gebe ein alltägliches Beispiel: Einer meiner Klienten, der wegen Selbsterfahrung zu Ausbildungszwecken mit mir arbeitete, machte während unseres gemeinsamen Weges ebendiese Erfahrung, dass sich die Dinge in seinem Leben auf eine schöne, ihn überraschende Weise fügten, gegen jede gedachte Wahrscheinlichkeit. Befragt, wie er sich als systemisch denkender und ausgebildeter Therapeut diese Fügungen erkläre, gestand er ebenso überrascht: »Darüber habe ich bis jetzt noch gar nicht nachgedacht«. Auf meine nachgeschobene Frage, bei wem er sich denn für diese Fügungen bedankt habe oder sich bedanken könne, antwortete er nach kurzem Zögern: »Dank Gottes.«

Ich rede mit dem Beispiel nicht einem Schöpfergott das Wort. Aber ich ermuntere sehr dazu, den Blick verstärkt auf die Veränderungen und wirklichen Fügungen in unseren Alltagsangelegenheiten zu richten, wenn wir uns gestatten, den Kontakt zum Geist des Göttlichen, Transzendenten, Spirituellen in uns wiederherzustellen. Die Folgen sind erfreulich und heilsam für uns und für alles und jedes, womit wir verbunden sind.

Ob wir uns letztlich zu einem eigenen göttlichen Wesenskern in uns Menschen bekennen mögen oder nicht, allein mit der Vorstellung, es könnte so sein, mit der inneren Erlaubnis, es denken zu dürfen, leben wir mitfühlender, friedfertiger, freudiger, verbundener, gelungener, als wenn wir unseren göttlichen Kern absolut verneinen oder verächtlich machen.

Mitgefühl als heilende Kraft
durch heilsame Behandlung in Beziehung

Der Wunsch, die Hoffnung, die Sehnsucht, die Notwendigkeit eines jeden Menschen, der einen Arzt, einen Therapeuten oder eine Heilerin aufsucht, ist es, in dem, was er vorträgt, was er verschweigt, was sein Körper und seine Seele signalisieren, zutiefst verstanden zu werden. Bisweilen werden wir sogar in einem Lebensanliegen gesehen, verstanden und geheilt, ohne dass wir uns in der Begegnung mit einem verstehenden Gegenüber überhaupt als Patient gefühlt haben.

Am Beispiel des Emotionsforschers Paul Ekman haben wir sehen dürfen, wie Mitgefühl und liebende Güte als die pure Präsenz liebevoller Verbundenheit ihre heilenden Kräfte sogar dann entfalten, wenn wir gar nicht bewusst damit rechnen. Beide Herzensqualitäten sind zwar die beiden Seiten einer Medaille und stehen in Eintracht beisammen. Doch während Mitgefühl den Fokus eher auf das Leiden der anderen legt und auf den Wunsch, sie mögen von ihrem Leiden und seinen Ursachen befreit sein, nimmt die liebevolle Güte mehr das Glück der anderen in den Blick und den Wunsch, sie mögen glücklich sein. Ihre heilenden Wirkungen entfalten beide Kräfte über gänzlich andere Kanäle, als es dem Verständnis vom Heilen im Denken der westlichen Schulmedizin entspricht. Paul Ekman sah sich nicht bloß von seinem Leiden erlöst, sondern es zog auch vermehrte Freude in sein Leben ein.

Fühlen wir uns heutzutage an Leib und/oder Seele krank, kommt zur Krankheit als Schicksal immer häufiger noch das Erleben einer als kalt bis gnadenlos empfundenen Schulmedizin hinzu. Das nahezu mafiöse Geflecht der Pharma-, Gesundheits-, Medizin- und Behandlungstechnokratie kann bloß noch in seltenen Einzelfällen einmal als ein heilender Raum erfahren werden, in dem noch Menschlichkeit und Mitgefühl beheimatet sind. Selbst die Jahrtausende alte »Idee des Arztes« (Jaspers, 1986) hat sich daraus verflüchtigt.

In der verbreiteten Abwesenheit dieser für den Heilungsprozess so wesentlichen Idee vom Arzt, vom Heiler, von der Therapeutin kann der Arzt und Medizinhistoriker Heinrich Schipperges (1918–2003) aus der puren Not heraus formulieren: »Wir verstehen jetzt auch besser, warum das Heildenken und die Heilkunde des ganzen Mittelalters von einem Leitsatz getragen war, den wir bei Hildegard von Bingen ebenso finden wie noch bei Paracelsus und der lautet: das Ethos des Arztes liegt gar nicht im Sanieren, im Heilmachen um jeden Preis, sondern in der Barmherzigkeit, der ›misericordia‹, die einer für den anderen zu bringen bereit ist.« (1983)

All jene Ärzte, Heilerinnen und Therapeuten, die heutzutage versuchen, »Krankheit als Weg« (Dethlefsen/Dahlke, 1983) oder »als Sprache der Seele« (Dahlke, 1992) zu verstehen, stellen sich erneut in die uralte Tradition der antiken Priesterärzte, der Schamanen, der Medizinmänner und der weisen, heilkundigen Frauen. Alle waren sie in der Idee verbunden, den kranken Menschen auch spirituell zu heilen, ihm zu einem höheren Bewusstseinsstand zu verhelfen und seine Krankheit dadurch zu transzendieren. Heilung in diesem Sinne war immer ein zutiefst ideelles, spirituelles Geschehen, eingebunden in den Geist der »misericordia«, der Barmherzigkeit.

Heiler, Therapeuten, Ärztinnen, die ihre Heilkunde im Sinne mitfühlender Barmherzigkeit verrichten, sind Menschen, die sich dienend verbinden und darüber die wesentlichen heilsamen Wirkungen in der Tätigkeit des Heilens erwirken. Sie verbinden sich mit sich selbst, mit ihren Fähigkeiten und Gaben, mit ihrem eigenen geöffneten Herzen sowie mit einer Kraft außerhalb ihrer selbst. Wer Barmherzigkeit, Mitgefühl und liebende Güte beim Heilen walten lässt, kann sich getragen fühlen von der spirituellen Erfahrung, dass er als Heiler, Therapeut oder Ärztin verbunden handelnder Teil von etwas Größerem ist, das über die eigene Person hinausweist, aber gleichzeitig durch sie hindurch heilend wirkt. Diese elementare Erfahrung bewahrt ihn einerseits vor magischen Größenfantasien oder auch vor dem falschen medizinischen Ego des Halbgottes in Weiß und andererseits – und noch wichtiger – vor Entmutigung und Resignation angesichts von Leid, Tod und irdischer Vergänglichkeit.

Heilende Menschen und Helfer, die ihre Tätigkeit im Geiste des Mitgefühls verrichten, verbinden sich auch mit ihren Patienten und den Hilfe suchenden Menschen. Sie verbinden sich sogar existenziell mit ihnen, denn schließlich kann es beim Heilen im Extremfall nicht bloß im geistigen, sondern im ganz konkreten Sinne um die Existenz an sich gehen: um Leben oder Tod. Folglich treten der Heiler oder der Arzt wie der zu Heilende oder der Hilfesuchende im wahrsten Sinne des Wortes in eine Beziehung ein, in welcher es um Sein oder Nicht-Sein geht. Diese Beziehung ist getragen von Zuwendung, Wohlwollen, Mitgefühl, Barmherzigkeit und Güte aus der Öffnung des Herzens heraus. Ein solches Verständnis von Heilen vollzieht sich zwischen den beteiligten Menschen. Es schließt den heilend Helfenden gleichermaßen mit ein wie den, der Heilung sucht oder der Hilfe bedarf. Carol Montgomery bringt dieses Verhältnis auf den Punkt: »Wenn wir zulassen, dass jemand Teil unseres Herzens wird, dann heilen wir, indem wir dem anderen helfen, heil und gesund zu werden, auch unser eigenes Herz.« (zit. n. Gottschlich, 2007)

Heilung in der mitfühlenden Logik des Herzens schließt noch weitere Aspekte ein: den Gedanken, dass letztlich alles mit allem verbunden ist, sowie das Wissen darum, dass jeder Mensch mit Zugang zu seiner Spiritualität über Heilkräfte verfügen kann, selbst der Kranke. Die Krebsspezialistin Rachel Naomi Remen, die sich »aus Liebe zum Leben« (2002) und aus Verbundenheit mit ihren Patienten von einer zu professioneller Distanz ausgebildeten Fachärztin zu einer mitfühlenden Heilerin des Herzens wandelte, beschreibt diese Verbundenheiten mit klaren Worten: »Wissen Sie, jeder von uns ist verwundet, und jeder verfügt über Heilkräfte. Ich heile dich und du heilst mich. So ist es im Leben. Mehrmals täglich vertauschen wir vielleicht die Positionen. Es geht dabei jedoch nicht um Fachkenntnis, sondern um etwas viel Natürlicheres. Wir alle sind verwundete Heiler.«

Erinnern wir uns: »Der Mensch wird am Du zum Ich.« Niemand kann ohne Verbundenheit heil sein oder heil werden. Letztlich ist der Urquell allen Heilens die liebende Güte oder zumindest das mitfühlende Wort. Die Abwesenheit oder das Gegenteil von Mitgefühl und Güte in der verbreiteten Realität der Medizintechnokratie ist die unpersönliche Gleichgültigkeit. Nehmen wir uns noch einmal die Worte von Rachel Naomi Remen zu Herzen, welche aus der Schattenseite ihres Berufs heraus über die Berufung zum Heilen schreibt: »Viele Patienten erzählen uns, dass sie im Krankenhaus mit Gleichgültigkeit berührt würden. Ich glaube übrigens nicht, dass es wirklich Gleichgültigkeit ist. Ein gewisser Prozentsatz der Patienten in meiner Praxis sind Ärzte, die völlig ausgebrannt und nicht mehr fähig sind, Gefühle zu zeigen, sie sind wie betäubt. Und wenn ich ihr Arzt bin und ich bin wie betäubt, dann erscheine ich ihnen vielleicht als gleichgültig. Aber ich bin so erstarrt geworden, weil ich zu viel Anteil nehme. Wir müssen lernen, Ärzte so auszubilden, dass sie ihre Arbeit weit geöffneten Herzens ausführen können. Das ist eine echte Herausforderung.« (zit. n. Moyers, 1996)

Die Krebsspezialistin legt den Finger in eine entscheidende Wunde von Krankheit, Heilung und Leben. Und hier schließt sich der Kreis wieder. Heilen wohnt ein Risiko inne: das Risiko, selbst zum Patienten zu werden. Das völlige Ausgebranntsein, also das Burnout bei Ärzten und bei Tätigen in anderen heilenden und helfenden Berufen, ist ein sich rasend schnell verbreitendes Symptom. Ein Kennzeichen ist die Narkotisierung aller positiven Gefühle. Folglich bleiben auch sämtliche heilkräftigen Gefühle wie Mitgefühl und Barmherzigkeit auf der Strecke.

Es ist eine völlige Illusion, wir könnten täglich hautnah mit Leiden und Verlust zu tun haben, ohne davon berührt zu werden. Sich dagegen abzuschotten hilft nicht. Und so lässt uns erneut Rachel Naomi Remen wissen: »Die Art und Weise, wie wir mit Verlust umgehen, wirkt sich auf unsere Fähigkeit, uns dem Leben zu stellen, mehr als alles andere aus. So, wie wir uns vor den mit Verlust verbundenen Gefühlen schützen, distanzieren wir uns wahrscheinlich auch vom Leben.«

Mittendrin im Leben blieben wir eher, wenn wir um Leid und Verlust angemessen zu trauern wüssten und wenn wir die eigenen Verletzungen auskurierten, welche uns anfällig machen fürs Ausbrennen. Die meisten Menschen denken zu Beginn diese Prozesses nicht einmal daran, sie könnten an Ausbrennen leiden. Die Heilerin des Herzens bekommt von ihren Patienten gewöhnlich zu hören: »Mit mir stimmt irgendetwas nicht. Ich sorge mich nicht mehr um meine Patienten. Vor meinen Augen können die schlimmsten Dinge passieren, und ich empfinde nichts.«

Hier ereignet sich katastrophale Selbstabwertung, welche zudem auf einem Denkfehler beruht. Denn diejenigen Menschen, die sich wirklich nicht mehr um andere sorgen, sind kaum so verletzlich, dass sie ausbrennen. Bloß Psychopathen kann das nicht treffen, weshalb es grundsätzlich keine ausgebrannten Despoten oder Diktatoren gibt. Fakt ist: »Nur Menschen, die zur Sorge fähig sind, können diesen Betäubungszustand erreichen. Wir brennen nicht deshalb aus, weil wir uns um nichts mehr sorgen, sondern weil wir nicht trauern. Wir brennen aus, weil wir so randvoll mit Verlusterfahrungen und Enttäuschungen sind, dass für die Sorge um andere kein Platz mehr bleibt.« (Remen, 2001)

Welches sind die wirksamen Gegenmittel? Das wichtigste vorbeugende wie heilende Mittel ist jeweils unsere eigene innere psychische Haltung gegenüber dem Zusammenwirken von Körper, Geist, Seele und Bewusstsein in Bezug auf Heil-Sein und Krankheit. Die Aufrechterhaltung von Mitgefühl wie liebevoller Güte wirkt wie ein somatopsychoneuroimmunologischer Schutz. Geht dieser Schutz verloren, können wir als Heilende wie zu Heilende infiziert werden vom Leid. Als Ärzte, Therapeutinnen oder Heiler können wir in der Tat zu stark Anteil am Leiden anderer nehmen. Wir leiden dann mit ihnen mit, statt mitzufühlen. Wir nehmen ihre Schwingungen in uns hinein. Auf Dauer kann das niemand von uns ertragen, weshalb wir erstarren, uns verhärten, unsere Herzen verschließen und mit Gleichgültigkeit unser Werk verrichten. Mit dieser Haltung, diesem Gift in uns, werden wir zur Bedrohung für unsere Patienten wie für uns selbst.

Als Heilende unsere Arbeit weit geöffneten Herzens zu verrichten setzt voraus, in einem klaren Geist unsere Fähigkeit zu Mitgefühl aufrechtzuerhalten. Je mehr wir uns im Geiste des Mitgefühls üben, desto leichter fällt uns das auf Dauer. Zusätzlich hilft uns ein Bewusstsein für Transzendenz, über das wir uns zu unserem eigenen Schutz und in wohlverstandener Demut mit etwas Größerem außerhalb von uns verbinden. Für wirklich heilkräftige Heiler und Heilerinnen war das zu allen Zeiten eine Selbstverständlichkeit. Im Zeitalter der »Apparatemedizin« ist diese Idee vom Mysterium des Heilens leider zunehmend geopfert worden. Die technischen Möglichkeiten unserer Hochleistungsmedizin sind gleichwohl nicht zu verachten. Sie sind in Teilen sogar ein Segen, aber nur dann, wenn sie eingebunden bleiben in ein ärztlich oder therapeutisch heilendes Ethos von Zuwendung, Zuneigung, Wertschätzung, Mitgefühl und Wohlwollen, das als eine Art Liebe und als verwandelnde Kraft leib-seelisch auf die Patienten wirkt. Entseelte Behandlungstechnik ist für beide Seiten Krankheit produzierende Medizin.

Gesundheitsfürsorge aus dem Geiste des wahrhaftigen Mitgefühls heraus korrigiert nebenbei auch eines unserer meist, aber leider unreflektiert zitierten Lebensmottos zur Charakterisierung unseres *Way of Life*: »Leben und leben lassen.« Dieses Motto trägt weit weniger zu unser aller Gesundheit wie zum »Bruttosozialglück« unseres Gemeinwesens bei als der leicht veränderte Leitgedanke: »Leben und leben helfen«, wie ihn Bill Moyers (1996) vertritt.

Persönlich bestärkt mich jeder weitere Tag, den ich in Prävention, Behandlung und Therapie nach der Leitidee: »Leben und leben helfen« zubringe, in meiner Überzeugung, dass viel weniger meine Behandlungstechnik, meine therapeutischen Ausbildungen und Methoden heilend wirken – wiewohl ich die Synthese körperpsychotherapeutischer, imaginativer und spiritueller Verfahren ungemein schätze –, als deren Eingebundensein in die heilsame Kraft mitfühlender Bezogenheit. Je länger ich im Geiste von Mitgefühl sowohl arbeite wie präsent bin, desto öfter sage ich mir selbst an einem neuen Morgen: »Welch unglaubliches Glück ist es doch, dass ich eine solch schöne Arbeit verrichten darf.«

Mitgefühl und Meditation

Was war zuerst da: das Ei oder das Huhn? Auf diese Wendung nimmt der Volksmund gern Bezug, wenn wir mal wieder nicht zu beantworten wissen, was von den vielen Erscheinungen in unserem Alltag denn zuerst vorhanden war. Vielleicht weder noch, und wir müssen etwas Drittes hinzufügen: Vielleicht war von allem zuerst die Potenzialität vorhanden, als Idee oder Bewusstsein. Ähnlich verhält es sich mit Mitgefühl und Meditation.

Jede Meditation gleich welcher Schule ebnet über kurz oder lang den Weg zum Mitgefühl. Kein Mensch kann längerfristig meditieren, ohne diesem Gefühl in sich zu begegnen. Und umgekehrt gilt das Gleiche: Wohl kaum ein Mensch auf dem Weg zum Mitgefühl, welcher nicht der ein oder anderen Form von Meditation begegnet. Gehen wir in die Meditation, gehen wir gleichzeitig und notwendigerweise auch in die Stille.

Räume der Stille als Oasen des Verweilens und der Beseelung

Wann haben Sie sich zuletzt an einem Ort aufgehalten, der so ruhig war, dass Sie die Stille und in der Stille Ihren eigenen Herzschlag oder das Strömen Ihres Blutes durch den Körper hören konnten? Nicht wenige Menschen sind der Stille so entwöhnt, dass sie nahezu in Panik geraten, wenn sie in einem Augenblick der vollkommenen Stille derart zu sich selbst geführt werden.

Andere Menschen schwärmen von Räumen der Ruhe. Sie suchen ganz gezielt die Stille dort auf, die jeglichen Lärm der Welt draußen hält. Räume der Stille sind auch beileibe keine exotischen Orte mehr. Wir können sie mittlerweile häufig finden, auch dort, wo wir sie nicht unbedingt vermuten würden. Ein solch unvermutetes und frühes Vorbild für Jahre später eingerichtete Räume der Stille war der Meditationsraum, den der damalige Generalsekretär der Vereinten Nationen, Dag Hammarskjöld, 1961 im UN-Gebäude in New York einrichten ließ. Heutzutage finden sich Ruhe- und Stilleräume auf Flughäfen und Bahnhöfen, in Verwaltungsgebäuden, an Firmenstandorten, in Universitäten und Fachhochschulen, in Krankenhäusern und Kliniken und selbst in Polizeidienststellen; freilich nicht überall, aber immer weiter verbreitet. Auf allen Kirchentagen gleich welcher Konfession sowie auf vielen großen Kongressen und Tagungen werden Räume der Stille als Orte der Ruhe und Besinnung eingerichtet.

Auch im Nordflügel des Brandenburger Tors in Berlin ist seit 1994 ein Raum der Stille installiert. Eine Architektin der Bauhaus-Universität Weimar betont die Gemeinsamkeiten dieser besonderen Orte: »Stille Räume sind Zufluchtsstätten vor einer Welt der Hektik, des sofort Erreichbaren und eines ständigen Online-Zustandes.« In den »Räumen der Slow Motion«, der Entschleunigung, gerinnen Zeit und Raum.

Doch Räume der Stille sind weit mehr als eine launisch vorüberziehende Modeerscheinung. Es sind Oasen der Zuflucht, des inneren wie äußeren Rückzugs, an welchen zivilisationsgestresste Männer, Frauen und Kinder die Seele baumeln lassen, zur Ruhe finden, in sich gehen, atmen und meditieren können. Die stille Botschaft der Räume ist sprachlos, sie bedarf der Worte nicht. Räume der Stille sind Stätten, in welchen sich die Menschen, die sie aufsuchen, atmosphärisch in poetische, mystische und spirituelle Welten geleitet sehen können. In der Stille können sie in die Dimensionen des Menschlichen eintreten und sich beseelt fühlen. Sie können sich verbinden und mitfühlen.

Was haben derartige Räume nun mit Ihnen und Ihrem eigenen Leben zu tun? Sofern Sie sich ermuntert sehen, mitfühlender und daher auch achtsamer mit sich und Ihrem eigenen endlichen Leben umzugehen, denken Sie darüber nach, wie Sie sich selbst Ihren persönlichen Raum der Stille einrichten können, um willentlich einen Ort des ruhigen

Verweilens in Ihrem Leben zu schaffen. Nicht, um an dieser Oase des Verweilens Ihre Ruhe zu bewahren, sondern um die Ruhe zu nähren, als kostbare Nahrung Ihr Leben zu nähren. Durch die Ruhe und in der Ruhe dieses speziellen Ortes erneuern Sie Ihre Kräfte, tanken Sie auf, ziehen Sie sich zurück von den Geschäften des Alltags, den Sorgen ums tägliche Allerlei, den Lästigkeiten und Nichtigkeiten des Lebens. Sie verschließen sich gegen die unentwegten Störungen, die aus der Außenwelt in Ihr Leben drängen wollen. Sie dürfen auch einfach sagen: Sie entspannen sich an Ihrem Ort der Ruhe, indem Sie sich der Spannungen entledigen, welche Ihnen der Alltag aufbürdet. Sie suchen keine Zerstreuung der Spannungen und Ärgernisse des Lebens an Ihrer Oase des Verweilens, sondern die Hinwendung der Aufmerksamkeit zu sich selbst.

Exakt diese Wendung hin zu sich selbst suchen nicht wenige Menschen zu fliehen wie der Teufel das Weihwasser. Sind wir durch unseren *Way of Life* erst einmal aus unserer Mitte gerissen, dem eigenen Leben so weit entfremdet, dass wir sagen: »Ich komme in meinem eigenen Leben gar nicht mehr vor« oder »Ich spüre mein Herz nicht mehr«, dann können wir uns veranlasst sehen, einen untauglichen Lösungsversuch für unser Dilemma zu unternehmen, indem wir den Verlust unserer eigenen inneren Lebendigkeit durch Reize in der Außenwelt zu übertünchen suchen. Wir landen in der medialen Zerstreuung und entfernen uns darüber immer weiter von unserem ureigensten Lebenspotenzial. Unser Nähren des Lebens mit guter, bekömmlicher Nahrung kommt zum Stillstand. Das Vitale verliert sich im Toten. Das ist ein urmenschliches Thema, weshalb bereits Blaise Pascal in seinen »Pensées« (1978) formuliert: »Nichts ist dem Menschen so unerträglich, wie in einer völligen Ruhe zu sein ... Das Einzige, was uns in unserem Elend tröstet, ist die Zerstreuung, aber gerade das ist unser größtes Unglück. Denn das hält uns hauptsächlich davon ab, an uns zu denken, und richtet uns zugrunde, ohne daß wir es merken. Sonst würde die Langeweile über uns kommen, und diese Langeweile würde uns dazu treiben, ein zuverlässigeres Mittel zu suchen, um ihr zu entrinnen. Aber die Zerstreuung unterhält uns und treibt uns unmerklich dem Tode entgegen.«

Visionäre Worte, die aus einer viel früheren Zeit zu uns herüberwehen und die Oberflächlichkeit unserer Event-Gesellschaft treffen wie ein Peitschenhieb.

Wie können Sie sich nun Ihren privaten Raum zur inneren Einkehr einrichten? Sofern Sie in Ihrer Wohnung oder Ihrem Haus über genügend Platz verfügen, dafür einen besonderen Raum vorzusehen, gehören Sie zu den Privilegierten. Dann können Sie diesen Ort ganz nach Belieben gestalten: Materialien, Einrichtung, Farben, Dekoration, Lichtquellen nach Ihrem persönlichen Geschmack auswählen. Leben Sie aber wie viele Menschen und Familien eher auf weniger großzügig bemessener Fläche, können Sie immerhin noch eine spezielle Ecke eines auch anderweitig genutzten Raumes zu einem Fleckchen der besinnlichen Stille erwählen. Sogar ein symbolisch besetzter Stuhl oder Sessel oder ein schönes Sitz- und Meditationskissen können zu Ihrem Ort der inneren Kontemplation werden, sofern Sie ihm diese Bedeutung verleihen. Mit der nötigen Vorstellungskraft und Improvisationsgabe lässt sich vieles arrangieren.

Sind Sie der Überzeugung, in Ihrem eigenen Heim unter keinen Umständen einen Raum der Stille einrichten zu können, bleibt Ihnen die Möglichkeit, äußere Räume der Stille in Ihrer örtlichen Umgebung aufzusuchen. Recherchieren Sie, ob es nicht tatsächlich einen solchen der Öffentlichkeit zugänglichen Ort des ruhigen Verweilens an Ihrem Wohnort gibt. Oder suchen Sie die Stille in einer Kirche Ihres Heimatortes, sofern Gott gerade Sprechzeit hat und die Tore der Kirche nicht verschlossen sind, weil die Gemeindeverwaltung es so beschlossen hat. In der Regel sind Kirchen tagsüber geöffnet. Sie brauchen nicht im konfessionellen Sinne gläubig, ja sogar nicht einmal Mitglied einer der beiden konfessionellen Amtskirchen zu sein, um ein von Menschenhänden erbautes Gotteshaus aufzusuchen, in dem Sie die Stille suchen, um sich mitfühlend mit sich selbst wie der Mitgeschöpflichkeit zu verbinden.

Oasen des Verweilens, des Schauens nach innen, können ersatzweise auch Parkbänke im Grünen oder zur Ruhe einladende Bänke in einem Wald ganz in Ihrer Umgebung sein. Ein privater Raum der Stille schließt solche zusätzlichen Orte des Rastens übrigens nicht aus.

Jeder beliebige Raum der Stille, jede Oase des Verweilens dient Ihrer täglichen Auszeit. Es ist weitaus mitfühlender und damit gesünder, achtsamer und selbstfürsorglicher, täglich für gut gewählte Auszeiten selber zu sorgen, als die Zwangsauszeit dem Herzinfarkt, einem Erschöpfungssyndrom oder einer tiefen Depression als Folge innerer Leere zu überantworten. In jedem Falle gibt es im Geiste des Mitgefühls ein lebenswertes Leben vor dem Tode, und dazu gehören regelmäßige Auszeiten, für welche Sie nicht extra Urlaub nehmen müssen.

Sich öfters von der äußeren Betriebsamkeit zu lösen tut nicht allein Ihnen gut, sondern obendrein Ihren gelebten Beziehungen. Eckhart Tolle (2003), ein aus unserer westlichen Kultur hervorgegangener Weisheitslehrer, betont: »Beziehungen, vor allem enge Beziehungen, brauchen unbedingt Stille.

Keine Beziehung gedeiht, wenn ihr der weite Raum fehlt, den Stille eröffnet … Stille kann nicht und braucht nicht hergestellt zu werden. Seid einfach empfänglich für die Stille, die bereits da ist, aber für gewöhnlich vom mentalen Lärm überlagert wird. Wenn die weite Stille fehlt, wird die Beziehung vom Denken dominiert und kann leicht von Problemen und Konflikten erschüttert werden. Sobald Stille da ist, hat alles Raum.«

Meditation: Ein Kleinod im Alltag

Es mag sein, dass Sie auf Grund wenig ermunternder eigener Erfahrungen, aus Vorurteilen oder massenmedialer Prägung heraus bis heute schon allein beim Wort »Meditation« auf innere Abwehr schalten möchten. Vielleicht ist es aber auch genau umgekehrt, und das Wort »Meditation« bringt in Ihnen als Praktizierendem oder Wissender direkt eine Saite zum Klingen.

Viele Wege führen nach Rom, und so gibt es auch nicht bloß den einen Königsweg zum Meditieren. Die ausgeübte Praxis der täglichen Innenschau kann ganz unterschiedlich sein. Es gibt rein säkulare, also weltlich ausgerichtete Meditation ohne weiteren spirituellen Hintergrund, die mehr Entspannungscharakter hat. Es gibt aber ebenso die

Fülle der spirituell inspirierten Meditationsformen: die vielen Prak-
tiken buddhistischer Meditation, die Zen-Meditation, die Vipassana-
Meditation, die Transzendentale Meditation, die Meditation mit
und ohne Mantra, Atem- und Lichtmeditation, Gehmeditation oder
Meditieren im Sitzen, mit oder ohne Konzentration auf einen Gegenstand oder eine Kerze, mit geschlossenen oder geöffneten Augen,
Meditation allein oder in der Gruppe und viele andere Möglichkeiten.
Anzunehmen, alle Verfahren brächten die gleichen Wirkungen hervor, wäre allerdings verfehlt. Zwischen traditionellen buddhistischen
Meditationsverfahren, Zen-Meditation, Transzendentaler Meditation
oder rein kontemplativer Meditation sowie zwischen Gelegenheits-
meditation und regelmäßiger Praxis existieren einige qualitative Unterschiede. Zweifelsfrei erwiesen ist, dass Meditationen mit geistig-
spiritueller Weltenschau sich längerfristig heilsamer und wohltuen-
der auswirken als bloße Entspannungsmeditationen ohne spirituellen
Kerngedanken. Ich werbe für keine spezielle Meditation, lege Ihnen
die tiefe Innenschau allerdings entschieden als ein Kleinod zur mitfühlend achtsamen Lebensgestaltung ans Herz. Jeder und jede kann
auf dem Pilgerweg zum Geiste des Mitgefühls zu einer ganz persönlichen Meditationspraxis finden, die als stimmig und passend erlebt
wird. Wer allerdings jede Form von Innenschau fürchtet, wird sich
auch der Meditation enthalten wollen. Er könnte ja in seinem Inneren
auf sich selber treffen.

Was ist das Wesen einer meditativen Praxis, die sie im Alltag so wertvoll macht? Denn kostbar ist sie in der Tat: Meditation ist ein Kleinod
für den Alltag. Sie brauchen kein ins Klosterleben eingebundener
Mönch zu sein und auch nicht Ihr komplettes Leben um das Meditieren herum zu organisieren, um von Meditation zu profitieren. Ebenso
wenig brauchen Sie sich im Lotossitz Ihre Glieder zu verrenken. Sie
können ganz normal im unangestrengten Sitzen meditieren, den
Rücken halbwegs aufrecht, den Kopf gerade oder leicht geneigt. Sie
brauchen sich auch keine strenge Disziplin aufzuerlegen, um jeden
Tag unbedingt einen festgelegten Meditationsrhythmus einzuhalten,
selbst wenn regelmäßige Praxis überaus förderlich ist. Wenn Ihnen
danach ist, dürfen Sie Ihre Meditationspraxis selbstbestimmt für Tage

oder Wochen unterbrechen und gestrenge absolutistische Reinheits-
gebote in den Lehren milde auslegen. Zwar werden sich unverzüglich
Lehrende wie Praktizierende einer bestimmten Meditationsmethode
finden, die vehement widersprechen wollten. Sie dürfen es dennoch
mit dem indischen Weisen Krishnamurti halten, der zeitlebens selber
meditierte, den Menschen aber in die »Vollkommene Freiheit« stellte,
verbunden mit der Verantwortung, sich dieser Freiheit gewachsen
zu erweisen. Wie gegen sämtliche Religionen, Systeme und Schulen,
welche den freien Menschen letztlich in Abhängigkeit binden, wendet
sich Krishnamurti auch gegen festgelegtes Praktizieren beim Meditieren: »Gibt es irgendeine Methode, irgendein System, irgendeinen
Weg, den Sie verfolgen können, um zu verstehen, was Meditation
oder die Wahrnehmung der Realität ist? Unglücklicherweise kommen
die Leute aus dem Osten mit ihren Systemen, Methoden und so weiter hierher: Sie sagen: ›Tut dies‹ und ›Tut jenes nicht‹, ›Praktiziert Zen
und ihr werdet zur Erleuchtung gelangen.‹ Manche der hier Anwesen-
den sind vielleicht nach Indien oder Japan gereist und haben dort
Jahre verbracht, ein religiöses System zu studieren, sich selbst zu dis-
ziplinieren, zu versuchen, sich der eigenen Fußzehe oder Nase bewußt
zu werden und unablässig zu praktizieren. Vielleicht haben sie auch
bestimmte Worte wiederholt, um den Geist ruhigzustellen, damit in
dieser Ruhe die Wahrnehmung einer Realität jenseits des Denkens
möglich würde. Ein sehr dummer, unsensibler Geist kann solche
Tricks einüben. Ich gebrauche das Wort ›dumm‹ im Sinne von ›abge-
stumpft‹. ..., aber Sie müssen etwas herausfinden. ... Sie müssen die
Essenz, den Gehalt, die Fülle, die Schönheit, die Ekstase all dessen
kennen.«

Krishnamurtis Worte mögen vielen Menschen fast schroff erscheinen.
Doch sind sie sein Weckruf zur Freiheit. Für ihn stumpft der menschliche Geist selbst dann ab, wenn er sich auf dem Weg zur vermeintlichen Erleuchtung binden lässt von Schulen, Dogmen oder Glaubens-
sätzen, seien deren Ziele und Vorsätze noch so edel. Für ihn existiert
kein einzig gültiger Weg zur Erleuchtung oder Wahrheit. Es gibt
entweder viele Wege oder keinen. Das Problem für den Menschen
besteht in seiner Freiheit wie Verantwortung, den seinen zu finden.

Das schließt nicht aus, bestimmte Methoden und Wege zu praktizieren. Es schließt aber im Umkehrschluss ein, sie jederzeit auch wieder aufzugeben, zu verändern, zwischen Methoden und Wegen zu wechseln und vieles mehr. Keineswegs im Sinne von Beliebigkeit, sondern im Sinne der beherzten Frage: »Welcher ist mein Weg?« Krishnamurti, der ja selber lehrte, gibt bloß eine offene Anleitung zur Meditation: »Meditation bedeutet herauszufinden, ob der Verstand mit all seinen Aktivitäten, all seinen Erfahrungen absolut still sein kann. Nicht durch Zwang, denn in dem Moment, in dem man Zwang ausübt, ist man schon wieder in der Dualität, existiert jene Entität, die sagt: ›Ich würde so gern wunderbare Erfahrungen machen, deshalb muß ich meinen Verstand zwingen, still zu sein‹ – Sie werden es nie erreichen. Aber wenn Sie anfangen, alle Regungen Ihres Verstandes, seine Konditionierungen, seine Bestrebungen, seine Ängste und seine Vergnügungen zu erforschen und zu beobachten, wenn Sie beobachten, wie der Verstand funktioniert, dann werden Sie feststellen, daß er außerordentlich still wird. Diese Stille hat nichts mit Schlaf gemein, sondern ist ungeheuer aktiv und deshalb still.«

Die Wahrnehmung des Lebens in Liebe und Mitgefühl entzündet ein Licht in uns, welches nicht mehr erlischt und uns sehen lässt, was Meditation sein kann: »Der unschuldige Geist umfaßt jenes Ganze, das den Menschen ausmacht, den Körper, das Herz, das Gehirn und den Verstand. Dieser unschuldige Geist, der nie von Gedanken berührt wird, kann sehen, was Wahrheit ist, was Wirklichkeit ist; er kann sehen, ob es etwas jenseits des Meßbaren gibt. Das ist Meditation. Um zu dieser außergewöhnlichen Schönheit der Wahrheit mit ihrer Ekstase zu finden, müssen Sie zuerst das Fundament legen. Und das Fundament besteht darin, die Struktur des Denkens, welches Angst erzeugt und Lust aufrechterhält, zu durchschauen und zu verstehen, was Ordnung und daher Tugend ist, so daß daraus eine Freiheit von allen Konflikten, von jeglicher Aggression, Brutalität und Gewalttätigkeit erwächst. Wenn man das Fundament der Freiheit einmal gelegt hat, verfügt man über eine Sensibilität, eine Empfänglichkeit, die höchste Intelligenz darstellt, und das ganze Leben verändert sich total.« (1995)

Wer von der Freiheit zur Meditation kostet, wird diese Freiheit nicht wieder hergeben wollen. Insofern ist gewiss: Wer das Wesen von Meditation erst einmal an Leib und Seele erspürt hat, wird diese Form des Zur-Ruhe-Findens, den Geschmack der Meditation, nie wieder dauerhaft in seinem Leben missen wollen, selbst wenn er sich in Freiheit und Verantwortung Auszeiten von seinen Stillepraktiken gewährt.

In die vollkommene Freiheit gestellt, streben selbst meditierende Menschen nicht allesamt gleichermaßen an, über das Meditieren in letzte innere Tiefen geistiger Welten vorzudringen. Insofern spreche ich hier erst einmal nur von Alltagsmeditation, quasi auf der Grundstufe. Gute Meditation hat nichts Anstrengendes, sie vollzieht sich im Grunde mühelos. Sie kann Sie in ein Erleben von Ruhe, von Stille, von Spiritualität führen, welches Sie schwerlich auf anderem Wege erreichen.

Wissen Sie noch aus eigenem Erleben oder können Sie es sich zumindest noch vorstellen, wie befreiend es sich anfühlt, wenn Ihr Kopf mit seinen drängenden Gedanken tatsächlich Ruhe gibt, wenn er quasi abschaltet und Sie »Leere im Kopf« genießen dürfen? Keine »leere Leere«, sondern einen gedankenfreien Zustand schwebender Gegenwärtigkeit, angefüllt mit innerem Frieden. In Meditationskursen und Gruppenanleitungen zum Meditieren kommt das gelegentlich wie ein Rezept, eine Regieanweisung daher, wenn es in etwa heißt: »Ihr Kopf ist leer, die Gedanken ziehen einfach vorüber.« Manche Teilnehmende solcher Kurse, die sich sehr bemühen, genau diesen Zustand zu erreichen, möchten schier verzweifeln, weil er sich partout nicht einstellen mag. Stoppen Sie jedwedes Bemühen. Zwar bedeutet Meditation das Entleeren des Bewusstseins von seinem Inhalt, doch suchen Sie das nicht über die Kontrolle Ihres Bewusstseins zu erreichen. Jeder Kontrollversuch wäre vergebliche Liebesmüh. Meditation ist niemals Sich-Abmühen, in der Freiheit des Geistes letztlich nicht einmal eine festgelegte Methode oder Technik, sondern Stille, Präsenz, Beobachtung, Hingabe und Aufgehen.

Das idealisierte Ziel des »leeren Kopfes« anzustreben kann obendrein sogar eine falsche Erwartung sein. Über Meditation vermag sich nämlich in Ihrem Kopf auch völlig anderes zu vollziehen. Ihr Kopf leert sich vielleicht nicht von Gedanken, aber Sie können erleben, dass die Gedanken nicht mehr andrängen, weil Sie denken. Sie können den verblüffenden Unterschied erfahren, wie es sich anfühlt oder wie es sich denkt, wenn Sie während des Meditierens den Punkt erreichen, ab welchem nicht mehr Sie es sind, welcher bewusst denkt, sondern es denkt in Ihrem Kopf. Gedanken tauchen aus Tiefen und Quellen eines unschuldigen Geistes auf, ohne dass Sie sie denken würden. Die Gedanken stellen sich in aller Ruhe ein, und es vollzieht sich ein kleines Wunder in der geistigen Schau. Die wundersam auftauchenden Gedanken, die Sie nicht denken, ordnen sich völlig ohne Ihr willentliches verstandesmäßiges Zutun. Sie klären sich in Ihnen ohne Denkleistung. Es geschieht einfach in Ihnen. Etwas vollzieht sich ohne Ihr Zutun. Sie fühlen sich inspiriert. Und so können Sie andächtig zur Kenntnis nehmen und würdigen, dass Sie nach einer meditativen Weile aus Ihrer Innenschau auftauchen und Sie haben die Lösung eines Problems erfahren, welches Ihr bewusstes Denken nicht zu lösen in der Lage war. Dieser Zustand des »nicht leeren Kopfes«, aber des Trotzdem-nicht-Denkens, während dessen sich nicht gedachte Gedanken ordnen und klären, ist schwer zu beschreiben. Aber er ist Genuss, Wohltat und Fügung in einem, oder einfach purer Geist. Sie erinnern sich vielleicht an die Erzählungen und Berichte vereinzelter weltberühmt gewordener Forscher, die in Ihren Nacht- oder Wachträumen plötzlich die über Jahre hinweg gesuchte Lösung für eines ihrer Erkenntnisprobleme vor Augen sahen. Sie wachten auf und trugen die Lösung in sich. Der Chemiker Kekulé beispielsweise sah in einem Wachtraum nach langem vergeblichem bemühtem Forschen die Formel für den Benzolring vor sich. In der Kunst findet sich Vergleichbares: Von Wolfgang Amadeus Mozart, einem der größten klassischen Komponisten, hieß es stets, er habe seine Musik immer schon fertig in seinem Inneren hören und sehen können, bevor er sie zu Papier brachte. So ähnlich können unter Umständen auch Sie über Meditation zur Klärung und Lösung mancher Ihrer eigenen Lebensfragen geführt werden oder einen bislang nicht betretenen Weg sehen, um das Ihnen geschenkte Lebenspotenzial sich öffnen zu sehen und auszuschöpfen.

So kann es sein, so muss es aber nicht sein. Im Geiste des Mitgefühls muss überhaupt gar nichts sein, wenn Sie meditieren. Recht betrachtet, sollten Sie daher auch nicht zu viel und vor allem nichts Falsches erwarten. Meditation ist kein Unterhaltungsprogramm, das Ihnen psychonautische Weltraumreisen, visionäre Jenseitserfahrungen oder Lichtgestalten frei Haus liefern würde. Meditation ist nichts Übernatürliches. Als normal sterblicher Meditierender wird es mehr als einmal vorkommen, dass Sie sitzend meditieren und den Eindruck haben, es passiere gerade rein gar nichts. Sie langweilen sich sogar. Aber lassen Sie sich von Ihrem vordergründigen Erleben nicht täuschen. In den Tiefen des Hintergrunds vollziehen sich feinste Veränderungen; umso eher, je weniger Sie in einer Erwartungshaltung auf große Erfahrungen lauern.

Wir können, ähnlich wie Sogyal Rinpoche, schlicht sagen: Wenn wir meditieren, bringen wir unseren Geist heim. Wir wenden ihn nach innen und ruhen in der Natur unseres puren Geistes, während unser gewöhnlicher zerstreuter Geist schweigt. Eine Psychotherapiepatientin resümiert über ihre meditative Praxis mit innerer Klarheit ähnlich poetisch: »Wenn ich meditiere, fliegt meine Seele nach Hause, sie kommt dann geordneter und regenerierter zurück.«

Sollte das alles noch nicht ausreichend dafür sprechen, Ihr Herz für Meditation zu erwärmen, ziehen wir einen letzten irdischen Vergleich über eine Wohlfühlfantasie, neudeutsch Wellness: Stellen Sie sich vor, Sie haben einen sehr anstrengenden Tag hinter sich. Sie fühlen sich müde, verspannt, erholungsbedürftig. Obendrein herrschen draußen arktische Minustemperaturen und Sie kommen ziemlich durchgefroren bei sich zu Hause an. Ihnen steht der Sinn nach Wärme und Entspannung. Da fügt es sich doch gut, dass Sie in Ihrem Heim ein heimeliges Badezimmer erwartet. In Ihren flauschigen Bademantel gekuschelt, öffnen Sie die Tür zu Ihrer Wohlfühloase. Angenehm gewärmt, blitzsauber, in Ihren Lieblingsfarben gefliest, ganz nach Ihrem Geschmack dekoriert nimmt der Raum Sie auf. Wohlig gleiten Sie in Ihr Bad oder gönnen Sie sich eine ausgiebige Dusche.

So dürfen Sie sich getrost das Wesen von Meditation vorstellen. »Meditation ist wie ein geistig spirituelles Wohlfühlbad«, bietet mir eine Meditationslehrerin selbst als ein vergleichendes Bild an. Sie waschen sich dort allerdings nicht bloß den Schmutz des Tages ab, sondern vollziehen eine Tiefenreinigung, welche Sie an Leib und Seele von Schlacken, Altlasten und tief in den Poren sitzenden Verschmutzungen reinigt. »Wellness« für Körper und Seele, bloß: jederzeit zu haben und viel billiger als ein real gebuchtes Wellnesspaket in einem schicken Luxushotel.

Es gibt das geflügelte Wort: »Glück ist das Einzige, das sich verdoppelt, wenn man es teilt.« Die beruhigenden, entspannenden, reinigenden, klärenden oder spirituell nährenden Wirkungen von Meditation können sich nicht bloß verdoppeln, sondern sogar potenzieren, wenn Sie gemeinsam mit einem Partner oder in einer Gruppe von Menschen meditieren, die Ihrem Herzen nahestehen. Je mehr Menschen meditieren, sich in Mitgefühl, liebender Güte und Achtsamkeit üben und verbundene Friedfertigkeit praktizieren, desto größer ist die Chance auf eine bessere Welt und eine Politik völlig anderer Art.

Machen Sie sich mit offenem Herzen auf die Suche: Nach einer für Sie geeigneten Meditationsweise, um das Wort »Methode« zu vermeiden, welche Ihnen wahrhaftigen inneren Frieden beschert und Sie von Verstrickungen entbindet. Schauen Sie sich an Ihrem Wohnort um, was dort an Meditation angeboten wird. Eine derartige Möglichkeit im Leben für den eigenen Seelenfrieden nicht zu nutzen wäre alles andere als ein mitfühlender Akt. Es käme eher einer unterlassenen eigenen Hilfeleistung gleich.

Ich gehe, also bin ich

Eine höchst vergnügliche Sonderform eines kontemplativen Geschehens betreiben Sie vielleicht sogar seit Jahren, ohne das jemals als ausgesprochen meditativen Akt empfunden zu haben. Es handelt sich um eine Gehmeditation, nicht im Sinne von Zen, sondern als eine sehr erdverbundene Angelegenheit. Nichtsdestoweniger vermag sie in einem höchst spirituellen Geiste vollzogen zu werden. Viele Menschen gehen in ihrer Freizeit gern wandern. Zaubert Ihnen das gleichfalls ein Leuchten in die Augen, gönnen Sie sich Auszeiten in Form verlängerter Wochenenden, an denen Ihre Arbeit ruht und Sie auf den Berg gehen.

Wer gern im sanfteren Mittelgebirge oder im anspruchsvolleren Hochgebirge unterwegs ist, weiß, welche bedeutende Rolle der körpereigene Rhythmus beim Gehen spielt. Seien Sie sanft mit sich. Die absolut irdische Wanderung über Höhen und Tiefen als eine Art Gehmeditation zu gestalten ist ein erfrischendes, regenerierendes Labsal für Körper, Geist und Seele. Letztlich können Sie gar nicht anders, als Ihren ganz eigenen Rhythmus zu finden. Hören Sie beim Gehen in Ihren Körper hinein, und er wird Sie zweifelsfrei auf direktem Wege zu Ihnen selbst geleiten. Sie finden Ihren Tritt und Schritt. Öffnen Sie gleichzeitig Ihr Herz sowie alle Sinne für Ihren Weg, können Sie im völlig verbundenen Einklang mit sich und der Mitgeschöpflichkeit im Außen sein. Sie gehen, Sie nehmen wahr, Sie schauen, Sie riechen, Sie lauschen, Sie atmen, Sie spüren, Sie fühlen. Sie kommen bei sich an. Innerer Friede kehrt mit Ihrem eigenen Rhythmus in Ihnen ein. Sie fühlen sich wohl in Ihrer Haut und mit sich im Reinen. Haben Sie auf Ihrem Gang einen Menschen mit an Ihrer Seite, mit welchem Sie sich innerlich wahrhaftig verbunden fühlen, können Sie die Stille teilen, ein verbundenes Schweigen genießen. Das meint nicht, dass Sie überhaupt nicht miteinander reden dürften. Aber im eigenen wie geteilten Rhythmus zu wandern stimmt eher besinnlich auf längere Phasen andächtig empfundener Stille ein. Stille wohnt als mächtiger Zauber eine ganz eigene heilsame Kraft inne.

Während Sie über das Gehen in die Stille in Ihnen einkehren, lässt Ihr denkender Geist nach und nach los und locker. Er kommt zum Stillstand, und Sie haben die schöne Gelegenheit zu erkennen, dass sich jenseits Ihres denkenden Geistes eine geistige Dimension auftut, die wie ein natürlicher großer Friede ist. Sie finden darin Klarheit und ein Zuhause.

Schluss:
Mitgefühl öffnet die Tore zum Hinübergehen

Wir alle wissen, dass wir nicht ewig leben werden, dass unser Leben endlich ist, zumindest im diesseitigen Daseinskreislauf. Was danach kommt, ob überhaupt etwas in einer jenseitigen Existenz kommen wird, werden wir nie *wissen*. Wir können es bestenfalls *glauben* oder ahnend *fühlen*. Und wenn wir etwas glauben – was ist es, woran wir glauben? Und falls wir etwas ahnen – was sehen wir vor uns? Der gelähmte Gestalttherapeut Arnold Beisser hat, sein Hinübergehen fest im Blick, gewagt in Worte zu fassen, worauf er sich zubewegt: »Da ich Teile von Wahrheit in jeder Religion und jeder Philosophie entdecken kann – und keine scheint sich selbst genügen zu können –, orientiere ich mich nicht ständig an relativ einfachen Bezugsrahmen. Die Zukunft, auf die ich mich hin bewege, beinhaltet für mich nur schemenhafte Details. Es ist eine Zukunft, die ich nicht ganz verstehen kann. Aber mein Glaube sagt mir, daß sie existiert und dass sie es wert ist, gelebt zu werden.

Es ist keine Zukunft, die mit meinem Schicksal in meinem Körper mit der mir gegebenen Zeit endet. Sie ist etwas viel umfassenderes. Meine innere Welt kreist um ein rätselhaftes Etwas, das ich als ›Ich‹ bezeichne. Das ganze Universum kreist um etwas noch Rätselhafteres und Ehrfurchtgebietenderes. Aber es gibt immer häufigere und längere Zeiten, in welchen ich und dieses umfassendere Etwas in Übereinstimmung sind. In diesen Zeiten verschwinden die Grenzen, verliert die Zeit an Bedeutung, und auch der Raum hat keine Bedeutung mehr. Dann vermögen alle konventionellen Begriffe nicht mehr zu beschreiben, was ist, denn das, was ist, befindet sich jenseits von Friede, von Freude, von Tragödie, von Komödie – natürlich auch jenseits von Gesundheit und Behinderung.« (1997)

Vielen Menschen flößt die Vorstellung, irgendwann sterben zu müssen, Furcht und Schrecken ein. Sie blenden den Tod aus und tun so, als lebten sie ewig. Sie verschwenden keine Gedanken an eine nicht fassbare Zukunft in einem »Jenseits«. Wer sich ernsthaft auf den Weg des Mitgefühls begibt, wird allerdings irgendwann beiläufig feststellen, dass sich seine Einstellung gegenüber dem Tod verändert. Er wird den Schrecken verlieren vor dem Lebensende, denn Mitgefühl wohnt die Eigenheit inne, die Tore zum Hinübergehen derart in uns zu öffnen, dass wir uns sehr frühzeitig mit dem Tode vertraut machen können, selbst wenn wir erwarten dürfen, noch viele Lebensjahre vor uns zu haben. Mittendrin im Leben, mitten in der Fülle, vertraut Mitgefühl auf ein »Jenseits«, ohne den Funken eines Gedankens es vorwegzunehmen.

In diesem Sinne schlage ich Ihnen eine letzte Übung vor. Als ich sie, durch eine Anregung und Eingebung ermutigt, vor Jahren zum ersten Mal spontan in einer Seminargruppe erprobte, gab es ganz unterschiedliche Reaktionen. Einigen wenigen Teilnehmern verdarb sie als für sie »unschöner Abschluss« eine ansonsten schöne Seminarwoche. Andere Teilnehmer reagierten mit mildem Erschrecken und mussten danach ihre Empfindungen neu ordnen. Wieder andere sahen sich – für sie selbst überraschend – ganz gelassen in der Übung oder sogar beglückt, weil sie ein gewachsenes Vertrauen in sich wahrnehmen konnten, dass ein Hinübergehen nicht ein absolutes Ende zu bedeuten braucht.

Ich habe die Übung nicht leichtfertig improvisiert, dafür ist das Thema viel zu heikel und sensibel. Ich fragte mich vorher schon: »Darfst, sollst, kannst du das wagen?« Eingedenk eines Sinnspruchs oder Leitgedankens des Psychoanalytikers und Ethnologen Patrick Declerk in einer Sonderausgabe des »Nouvel Observateur« aus dem Frühjahr 2002: »Vergesst nicht, dass es zwei Arten von Verrückten gibt: diejenigen, die nicht wissen, dass sie sterben müssen, und diejenigen, die vergessen haben, dass sie lebendig sind«, dachte ich aber auch: »Das Wagnis ist nicht die Übung. Das Wagnis liegt woanders.« Es liegt im Leben selbst, darin, dass wir erkennen oder verkennen, wofür es sich zu leben lohnt. Es gibt ein Leben vor dem Tode. Und das können wir umso besser leben, wenn wir den Tod nicht daraus zu verbannen trachten. Schauen wir ihn an und können wir uns auf ihn vorbereiten, ihn willkommen heißen, so wachsen wir daran und bereichern unser Leben, bevor er uns ereilt.

Eine letzte Übung im Futur II:
Gehen Sie in Ihr Zukunftsgedächtnis

Viele Menschen leben mit ihrem Gedächtnis permanent in der Vergangenheit. Wir Deutschen mit unserer höchst belasteten Geschichte sind dafür besonders anfällig. Es macht zweifelsfrei Sinn, unsere historische wie individuelle Vergangenheit anzuerkennen, aufzuarbeiten und sich davon zu entbinden, um eine Brücke zur lebenswerten Gegenwart zu schlagen. In der Gegenwart angekommen, fehlen uns allerdings vielfach die lebendigen Visionen und Bilder einer erstrebenswerten Zukunft, individuell wie kollektiv. Manchmal zieht ihr Leben deshalb an den Menschen vorüber, ohne dass sie wirklich darin gelebt hätten.

ÜBUNG

✳ Gehen Sie deshalb für einen Moment in Ihr Zukunftsgedächtnis. Stellen Sie sich vor, wie Sie weiter altern, und überlegen und entscheiden Sie sich auch, wie alt Sie eigentlich werden möchten. Scheuen Sie sich nicht, Ihr Wunschlebensalter ins Auge zu fassen. Möchten Sie 50 Jahre alt werden, 63 Jahre, 77, 86, 94 oder sogar 103 Jahre? Welches Alter würden Sie sich wünschen? ... Treffen Sie Ihre Wahl, selbst wenn Sie keine Gewähr haben können, dass es kommen wird, wie Sie es wünschen. Es unterliegt jedoch völlig Ihrem Einflussbereich, in Zukunft jeden kommenden Tag freudig zu begrüßen, ihn zu durchleben und sich an seinem Ende zu vergegenwärtigen, was Sie höchstselbst dazu beigetragen haben, ihn zu einem guten Ende gebracht zu haben.

Und während Sie sich vor Ihrem inneren Auge vorstellen, wie Sie altern, sich auf Ihr Wunschlebensalter zubewegen, begrüßen Sie jede neue Falte und jede körperliche Veränderung vor Ihrem Spiegel als ein Zeichen für Ihre wachsende Weisheit, statt mit den

Zeichen des Alterns zu hadern. Sie sind sich auch gewiss, dass Ihr Leben hier auf Erden nicht endlos dauern wird. Sie haben sich aus dieser unabweisbaren Gewissheit heraus gerade überlegt, wie alt Sie eigentlich zu werden wünschen. Unabhängig von Ihrem Welt- und Menschenbild wird Ihr Lebenslicht irgendwann löschen, und Sie werden hinübergehen, wohin auch immer.

Fragen Sie sich deshalb in Ihrem Zukunftsgedächtnis schon heute einmal in der wenig gebräuchlichen Form des Futurs II: »Wenn ich gegen Ende meines Lebens noch einmal vor den Spiegel treten und mir in die Augen schauen werde, wer werde ich dann noch gewesen sein wollen?« Und sobald Sie es wissen, fragen Sie sich noch: »Und was kann und möchte ich ab jetzt jeden neuen Tag genau dafür tun?«

Die Betonung in dieser Frage liegt nicht auf Ihrer Endlichkeit, nicht auf einem Enden des Lebens und dem Hinübergehen, weshalb Sie sich diese Szene völlig ohne Beklemmungsgefühle vorzustellen vermögen. Die Betonung liegt darauf, wie Sie Ihr Potenzial verwirklichen und was Sie im »Heiligen Geist« des Mitgefühls weiter aus der Zeit zu machen wünschen, die Ihnen als zukünftige Lebenszeit noch geschenkt ist.   ✳

Zugabe, Zugabe, Zugabe

Das Leben besteht aus Augenblicken

Wenn ich mein Leben noch einmal leben könnte –
im nächsten Leben würde ich versuchen,
mehr Fehler zu machen.

Ich würde nicht so perfekt sein wollen,
ich würde mich mehr entspannen.

Ich wäre ein bisschen verrückter,
als ich gewesen bin,
ich würde viel weniger Dinge so ernst nehmen.
Ich würde nicht so gesund leben.

Ich würde mehr riskieren,
ich würde mehr reisen,
Sonnenuntergänge betrachten,
mehr bergsteigen,
mehr in Flüssen schwimmen.

Ich war einer dieser klugen Menschen,
die jede Minute ihres Lebens fruchtbar verbrachten;
freilich hatte ich auch Momente der Freude,
aber wenn ich noch einmal anfangen könnte,
würde ich versuchen, nur mehr gute Augenblicke zu haben.

Falls du es noch nicht weißt,
aus diesen besteht nämlich das Leben:
nur aus Augenblicken,
vergiss nicht den jetzigen.
                        (Jorge Luis Borges zugeschrieben)

Oder, und damit schließen wir den Kreis, wie Buddha sagte:

Es gibt nur eine Zeit, in der
es wesentlich ist aufzuwachen.
Diese Zeit ist jetzt.

Literatur

Da Menschen nicht nur einen Familiennamen tragen, sondern auch einen Vornamen, der einen Teil ihrer Identität und ihres Selbstgefühls ausmacht, führe ich alle Autoren im Literaturverzeichnis mit ihrem vollen Namen an.

Adorno, Theodor W. (1951/2001): Minima Moralia. Reflexionen aus dem beschädigten Leben. Suhrkamp, Frankfurt a.M.

Bauer, Joachim (2006): Warum ich fühle, was du fühlst. Intuitive Kommunikation und das Geheimnis der Spiegelneurone. Heyne, München
Bauer, Joachim (2007): Prinzip Menschlichkeit. Warum wir von Natur aus kooperieren. Hoffmann und Campe, Hamburg
Beisser, Arnold R. (1997): Wozu brauche ich Flügel? Ein Gestalttherapeut betrachtet sein Leben als Gelähmter. Hammer, Wuppertal
Bergson, Henri (1992): Die beiden Quellen der Moral und der Religion. S. Fischer, Frankfurt a.M.
Bösch, Jakob (2008): Versöhnen und Heilen. Spiritualität, Wissenschaft und Wirtschaft im Einklang. AT-Verlag, Baden und München
Braden, Gregg (2009): Zwischen Himmel und Erde. Der Weg des Mitgefühls. KOHA, Burgrain
Brennan, Barbara Ann (1989): Licht-Arbeit. Heilen mit Energiefeldern. Arkana, München
Buber, Martin (1936): Ich und Du. Schocken, Berlin

Comte-Sponville, André (2008): Woran glaubt ein Atheist? Spiritualität ohne Gott. Diogenes, Zürich

Dahlke, Rüdiger (1992): Krankheit als Sprache der Seele. Goldmann, München
Dalai Lama (2000): Das Buch der Menschlichkeit. Eine neue Ethik für unsere Zeit. Lübbe, Bergisch Gladbach
Dalai Lama (2002): Mit weitem Herzen. Mitgefühl leben. Theseus, Berlin
Dalai Lama (2002a): Der Weg zum Glück. Sinn im Leben finden. Herder, Freiburg

Dalai Lama (2004): Der Weg zum inneren Frieden. Eine Meditation über die Vier Edlen Wahrheiten des Buddha. Hugendubel, Kreuzlingen und München

Dalai Lama (2005): Die Welt in einem einzigen Atom. Meine Reise durch Wissenschaft und Buddhismus. Theseus, Berlin

Dalai Lama (2007): Das Leben tiefer verstehen. Erkenne dich selbst und lebe gelassener. Herder, Freiburg

Dalai Lama/Paul Ekman (2009): Gefühl und Mitgefühl. Emotionale Achtsamkeit und der Weg zum seelischen Gleichgewicht. Spectrum Akademischer Verlag, Heidelberg

Damasio, Antonio R. (1995): Descartes' Irrtum. Fühlen, Denken und das menschliche Gehirn. List, München

Daniel, Rudy Alexander (1998): Beobachtung des Augenblicks. Stationen auf dem Weg zu Sathya Sai Baba. Govinda Sai, Grafrath bei München

Daniel, Rudy Alexander (2006): Mit dem Herzen denken und mit dem Verstand fühlen. Wandlungen auf dem Weg zur inneren Kraft. ReLogos, Saarbrücken

Darwin, Charles (1871/2009): Die Abstammung des Menschen. S. Fischer, Frankfurt a. M.

Dethlefsen, Thorwald/Dahlke, Rüdiger (1983): Krankheit als Weg. Deutung und Bedeutung der Krankheitsbilder. Bertelsmann, München

Dornes, Martin (1997): Die frühe Kindheit. Entwicklungspsychologie der ersten Lebensjahre. Suhrkamp, Frankfurt a.M.

Dornes, Martin (2006): Die Seele des Kindes. Entstehung und Entwicklung. Suhrkamp, Frankfurt a. M.

Dürr, Hans-Peter (2009): Warum es ums Ganze geht. Neues Denken für eine Welt im Umbruch. Oekom, München

Federn, Paul (1956/1978): Ich-Psychologie und die Psychosen. Suhrkamp, Frankfurt a. M.

Frankl, Viktor E. (1946/2005): Ärztliche Seelsorge: Grundlagen der Logotherapie und Existenzanalyse. Deuticke, Wien

Fredriksson, Marianne (1998): Simon. Krüger, Frankfurt a. M.

Freud, Sigmund (1940/2009): Abriss der Psychoanalyse. S. Fischer, Frankfurt a. M.

Freud, Sigmund (1930/1994): Das Unbehagen in der Kultur. Und andere kulturtheoretische Schriften. S. Fischer, Frankfurt a. M.

Fromm, Erich (1955/1999): Wege aus einer kranken Gesellschaft. In: Erich Fromm: Gesamtausgabe, Bd. IV. dtv, München

Fromm, Erich (1968/1999): Die Revolution der Hoffnung. Für eine Humanisierung der Technik. In: Erich Fromm: Gesamtausgabe, Bd. IV. dtv, München

Fromm, Erich (1971): Psychoanalyse und Zen-Buddhismus. In: Erich Fromm, Daisetz Teitaro Suzuki, Richard de Martino: Zen-Buddhismus und Psychoanalyse. Suhrkamp, Frankfurt a. M.

Fromm, Erich (1976): Haben oder Sein. Die seelischen Grundlagen einer neuen Gesellschaft. Deutsche Verlags-Anstalt, Stuttgart

Fromm, Erich (1983/1999): Überfluß und Überdruß in unserer Gesellschaft. In: Erich Fromm: Gesamtausgabe, Bd. XI. dtv, München

Fuchs, Thomas (2000): Leib, Raum, Person – Entwurf einer phänomenologischen Anthropologie. Klett-Cotta, Stuttgart

Fuchs, Thomas (2008): Das Gehirn – ein Beziehungsorgan. Eine phänomenologisch-ökologische Konzeption. Kohlhammer, Stuttgart

Gadamer, Hans-Georg (1960/1975): Wahrheit und Methode. Grundzüge einer philosophischen Hermeneutik. Mohr, Tübingen

Gottschlich, Maximilian (2007): Medizin und Mitgefühl. Die heilsame Kraft empathischer Kommunikation. Böhlau, Wien, Köln, Weimar

Goleman, Daniel (2003): Dialog mit dem Dalai Lama. Wie wir destruktive Emotionen überwinden können. Hanser, München

Grof, Stanislav (1994): Das Abenteuer der Selbstentdeckung. Heilung durch veränderte Bewußtseinszustände. Rowohlt, Reinbek bei Hamburg

Gruen, Arno (1997): Der Verlust des Mitgefühls. Über die Politik der Gleichgültigkeit. dtv, München

Habermas, Jürgen (2005): Zwischen Naturalismus und Religion. Philosophische Aufsätze. Suhrkamp, Frankfurt a. M.

Havel, Václav (2010): Zivilisation ohne Gott. In: Die WELT (04.12.2010)

Hesse, Hermann (1922/1974): Siddhartha. Eine indische Dichtung. Suhrkamp, Frankfurt a. M.

Hillesum, Etty (1985): Das denkende Herz. Die Tagebücher der Etty Hillesum 1941–1943. Rowohlt, Reinbek bei Hamburg

Humboldt, Alexander von (1845–1862/2004): Kosmos. Entwurf einer physischen Weltbeschreibung. 5 Bände. Eichborn, Frankfurt a. M.

Hüther, Gerald (2001): Bedienungsanleitung für ein menschliches Gehirn. Vandenhoeck & Ruprecht, Göttingen

Ionesco, Eugène (1963/1985): Der König stirbt. In: Werke 3. Bertelsmann, München

Jaspers, Karl (1986): Der Arzt im technischen Zeitalter. Piper, München
Jullien, François (2006): Sein Leben nähren abseits vom Glück. Merve, Berlin
Jung, Carl Gustav (1971): Erinnerungen, Träume, Gedanken. Walter, Düsseldorf

Kästner, Erhart (1956): Die Stundentrommel vom heiligen Berg Athos. Insel, Wiesbaden
Kohut, Heinz (1975): Die Zukunft der Psychoanalyse ? Aufsätze zu allgemeinen Themen und zur Psychologie des Selbst. Suhrkamp, Frankfurt a. M.
Kohut, Heinz (1979): Die Heilung des Selbst. Suhrkamp, Frankfurt a. M.
Krishnamurti, Jiddu (1995): Wandel durch Einsicht. Gedanken des großen Weisheitslehrers über Glaube, Freiheit, Verantwortung und die Zukunft des Menschen. O. W. Barth, o. O.
Krishnamurti, Jiddu (2000): Über die Liebe. Aquamarin, Grafing
Krishnamurti, Jiddu (2000a): Das Licht in dir. Econ, München
Krishnamurti, Jiddu (2001): Vollkommene Freiheit. Das große Krishnamurti Buch. S. Fischer, Frankfurt a. M.
Krishnamurti, Jiddu (2007): Freiheit und wahres Glück. Meisterworte zeitloser Weisheit. Heyne, München
Kuntz, Helmut (1998): Ecstasy – auf der Suche nach dem verlorenen Glück. Vorbeugung und Wege aus Sucht und Abhängigkeit. Beltz, Weinheim und Basel, Erweiterte Neuausgabe 2001
Kuntz, Helmut (2000): Der rote Faden in der Sucht. Abhängigkeit überwinden und verstehen. Beltz, Weinheim und Basel, 4. überarbeitete und erweiterte Auflage 2009
Kuntz, Helmut (2005): Drogen & Sucht. Alles, was Sie wissen müssen. Beltz, Weinheim und Basel, 2. aktualisierte und erweiterte Auflage 2011
Kuntz, Helmut (2007): Sucht – Eine Herausforderung im therapeutischen Alltag. Klett-Cotta, Stuttgart
Kuntz, Helmut (2009); Imaginationen – Heilsame Bilder als Methode und therapeutische Kunst. Klett-Cotta, Stuttgart

Lelord, François (2004): Hectors Reise oder die Suche nach dem Glück. Piper, München
Lelord, François (2005): Hector und die Geheimnisse der Liebe. Piper, München

Lelord, François (2006): Hector und die Entdeckung der Zeit. Piper, München

Lévinas, Emmanuel (1983): Die Spur des Anderen. Untersuchungen zur Phänomenologie und Sozialphilosophie. Alber, Freiburg

Lévinas, Emmanuel (2006): Die Unvorhersehbarkeiten der Geschichte. Alber, Freiburg

Lommel, Pim van (2009): Endloses Bewusstsein. Neue medizinische Fakten zur Nahtoderfahrung. Patmos, Düsseldorf

Mantese, Mario (1993): Vision des Todes. Meine Reise durch das Jenseits. Drei Eichen, Hammelburg

Mantese, Mario (1998): Im Land der Stille. Drei Eichen, Hammelburg

Moser, Tilmann (2005): Psychotherapie auf Krankenschein. Gutachten und Diagnosen. Klett-Cotta, Stuttgart

Moyers, Bill (1996): Die Kunst des Heilens. Vom Einfluss der Psyche auf die Gesundheit. Goldmann, München

Nietzsche, Friedrich (1874/1997): Unzeitgemäße Betrachtungen. In: Werke in drei Bänden. 1. Bd. Wissenschaftliche Buchgesellschaft, Darmstadt

Nietzsche, Friedrich (1878/1997): Menschliches, Allzumenschliches. Ein Buch für freie Geister. In: Werke in drei Bänden. 1. Bd. Wissenschaftliche Buchgesellschaft, Darmstadt

Osho (2006): Mitgefühl. Die höchste Blüte der Liebe. Ullstein, Berlin

Pascal, Blaise (1997): Gedanken. Parkland, Köln

Peichl, Jochen (2007): Innere Kinder, Täter, Helfer & Co. Ego-State-Therapie des traumatisierten Selbst. Klett-Cotta, Stuttgart

Reddemann, Luise (2001): Imagination als heilende Kraft. Zur Behandlung von Traumafolgen mit ressourcenorientierten Verfahren. Klett-Cotta, Stuttgart

Reddemann, Luise (Hrsg., 2011): Kontexte von Achtsamkeit in der Psychotherapie. Kohlhammer, Stuttgart

Reddemann Luise/Wetzel, Sylvia (2011): Der Weg entsteht unter deinen Füßen – Achtsamkeit und Mitgefühl in Übergängen und Lebenskrisen. Kreuz, Freiburg

Remen, Rachel Naomi (2001): Dem Leben trauen. Geschichten, die gut tun. Arkana, München

Remen, Rachel Naomi (2002): Aus Liebe zum Leben. Geschichten, die der Seele gut tun. Arbor, Freiburg

Ricard, Matthieu (2009): Glück. Knaur, München

Rizzolatti, Giacomo/Sinigaglia, Corrado (2008): Empathie und Spiegelneurone. Die biologische Basis des Mitgefühls. Suhrkamp, Frankfurt a. M.

Rogers, Carl R. (1981): Der neue Mensch. Klett-Cotta, Stuttgart

Rogers, Carl R. (1989): Eine Theorie der Psychotherapie, der Persönlichkeit und der zwischenmenschlichen Beziehungen. GwG, Köln

Rogers, Carl R. & Buber, Martin (1992): Carl Rogers im Gespräch mit Martin Buber. In: M. Behr, U. Esser, F. Petermann, W. M. Pfeiffer & R. Tausch (Hrsg.): Personenzentrierte Psychologie und Psychotherapie. Jahrbuch 1992. GwG, Köln

Roth, Gerhard (2003): Aus Sicht des Gehirns. Suhrkamp, Frankfurt a. M.

Roth, Joseph (2003): Die Filiale der Hölle auf Erden. Schriften aus der Emigration. Kiepenheuer & Witsch, Köln

Rousseau, Jean-Jacques (1998): Emile oder über die Erziehung. Reclam, Stuttgart

Sartre, Jean-Paul (1982): Der Ekel. Rowohlt, Reinbek bei Hamburg

Schmid, Wilhelm (2004): Mit sich selbst befreundet sein. Suhrkamp, Frankfurt a.M.

Schipperges, Heinrich (1983): Arzt und Patient in der Welt von Morgen. Konturen einer modernen Medizin in Bewegung. Verlag für Medizin Fischer, Heidelberg

Schopenhauer, Arthur (1989): Preisschrift über die Grundlage der Moral. In: A. Schopenhauer: Werke, Bd. III. Wissenschaftliche Buchgesellschaft, Darmstadt

Schopenhauer, Arthur (1989): Paralipomena. In: A. Schopenhauer: Werke, Bd. V. Wissenschaftliche Buchgesellschaft, Darmstadt

Singer, Wolf/Ricard, Matthieu (2008): Hirnforschung und Meditation. Ein Dialog. Suhrkamp, Frankfurt a. M.

Sogyal Rinpoche (2004): Das tibetische Buch vom Leben und vom Sterben. Ein Schlüssel zum tieferen Verständnis von Leben und Tod. S. Fischer, Frankfurt a. M.

Sri Aurobindo (1983): Briefe über den Yoga. Die Umwandlung, Bd. 4. Sri Aurobindo Ashram Trust, Pondicherry

Sri Chinmoy (2006): Schwingen der Freude. The Golden Shore, Nürnberg

Staemmler, Frank-M. (2009): Das Geheimnis des Anderen – Empathie in der Psychotherapie. Wie Therapeuten und Klienten einander verstehen. Klett-Cotta, Stuttgart

Stern, Daniel N. (1992): Die Lebenserfahrung des Säuglings. Klett-Cotta, Stuttgart

Stern, Daniel N. (2005): Der Gegenwartsmoment. Veränderungsprozesse in Psychoanalyse, Psychotherapie und Alltag. Brandes & Apsel, Frankfurt a. M.

Thich Nhat Hanh (1989): Die Sonne, mein Herz. Über die Verbundenheit allen Seins. Theseus, Berlin

Thich Nhat Hanh (1992): Umarme deine Wut. Theseus, Berlin

Thich Nhat Hanh (2003): Mit dem Herzen verstehen. Theseus, Berlin

Thich Nhat Hanh (2004): Jeden Augenblick genießen. Übungen zur Achtsamkeit. Theseus, Berlin

Tolle, Eckhart (2003): Stille spricht. Wahres Sein berühren. Arkana, München

Varela, Francisco J. (2001): Traum, Schlaf und Tod. Der Dalai Lama im Gespräch mit westlichen Wissenschaftlern. Piper, München

Waldenfels, Bernhard (1971): Das Zwischenreich des Dialogs – Sozialphilosophische Untersuchungen in Anschluss an Edmund Husserl. Nijhoff, Den Haag

Watkins, John G./Watkins, Helen (2003): Ego-States – Theorie und Therapie. Carl Auer, Heidelberg

Yogananda, Paramahansa (1950/2007): Autobiographie eines Yogi. Self-Realization Fellowship, Los Angeles